für Ulrike

Jobst Scherler

Smart Running

effektives und gesundes Lauftraining
vom Anfänger bis zum Profi

www.smart-running.de

Bibliografische Informationen der Deutschen Nationalbibliothek:
Die Deutsche Nationalbibliothek verzeichnet diese Publikation
in der Deutschen Nationalbibliografie; detaillierte bibliografische
Daten sind im Internet über http://dnb.dnb.de abrufbar.

© 2018 Dr. Jobst Scherler
Herstellung und Verlag
BoD – Books on Demand, Norderstedt

ISBN: 9783744885515

Inhalt

Erster Teil: Interessanter und unterhaltsamer Überblick für Neugierige

1 Smart Running: Laufen ist gesund! ... Aber, wie laufe ich gesund?

Ausdauertraining hat erstaunlich positive Auswirkungen auf Körper und Psyche. Dies konnte in vielen Studien eindrucksvoll belegt werden. Es verbessert nicht nur die Gesundheit, die Vitalität und die Lebensqualität, sondern kann sogar das Leben deutlich verlängern. Laufen ist die natürlichste und einfachste Form des Ausdauertrainings. Die evolutionäre Entwicklung des Menschen ist die des Läufers. Die Fähigkeit lange Strecken zu laufen, sicherte dem Menschen in prähistorischen Zeiten das Überleben als Jäger und Sammler.

Bewegungsmangel, Übergewicht und Stress sind die wichtigsten Merkmale einer ungesunden Lebensweise in heutigen Zeiten. Die Folge ist die dramatische Zunahme sogenannter Zivilisationskrankheiten. Das Auto fährt uns von A nach B und der Fahrstuhl von unten nach oben. Der Tisch ist stets reich gedeckt. Die Lebensmittelindustrie entwickelt mit hohem finanziellen Aufwand ausgeklügelte Methoden, mit denen sie uns verführt mehr zu essen, als wir eigentlich brauchen. Die Nahrungsmittel, die uns angeboten werden, enthalten oft wenig Nährstoffe, dafür umso mehr einfache Kohlenhydrate und minderwertige Fette. Sie versprechen eine schnelle Befriedigung und schüren das Verlangen nach mehr. Wir arbeiten von morgens bis in die Nacht. Über unsere Smartphones sind wir ständig verfügbar und stets auf dem Sprung. Momente der Ruhe und Besinnung werden als unangenehm, unproduktiv oder als Faulheit wahrgenommen. Dafür zahlen wir mit unserer Gesundheit: Herzerkrankungen, chronische Rückenschmerzen, Adipositas, Diabetes, Burn-Out, Depression und viele andere Erkrankungen.

Der Gegenentwurf zu dieser Lebensweise ist die Fitnessbewegung. Die Ziele, Motive und Interessen sind hier jedoch sehr vielfältig und widersprechen sich teilweise. Die Steigerung von Wohlbefinden und Lebensfreude, die Stärkung von Vitalität und

Leistungsfähigkeit, die Förderung der Gesundheit, sich im sportlichen Wettstreit beweisen sowie das Streben nach einem ästhetischen Körperideal sind einige der individuellen Antriebsquellen. Auf gesellschaftlicher Ebene stehen der Erhalt der Arbeitskraft, die Förderung der Produktivität und vor allem die Eindämmung der ausufernden Krankheitskosten im Vordergrund. Nicht zuletzt ist die Fitnessbranche ein bedeutender Wirtschaftsfaktor. Schon die alten Römer wussten um den Zusammenhang zwischen einem gesunden Körper und einem gesunden Geist: Mens sana in Corpore sano. Die Wissenschaft hat in den letzten Jahrzehnten viele Erkenntnisse über die große Bedeutung von Bewegung für unser Leben in allen Altersgruppen gewonnen. Bewegung hat auf die kognitive Entwicklung von Kindern und Jugendlichen einen entscheidenden Einfluss. Ein angepasstes körperliches Training ist auch im hohen Alter sinnvoll und führt zu vielen positiven Effekten. Ein Slogan bringt es auf den Punkt: turne bis zur Urne!

Die Realität ist jedoch eine andere. Nach einer Umfrage von 2013 der Techniker Krankenkasse zum Bewegungsverhalten machen 52% der Deutschen nie oder selten Sport. In der gleichen Umfrage von 2007 waren es noch 45%. Das Problem des Bewegungsmangels nimmt also eher zu als ab. Besonders ausgeprägt ist der Bewegungsmangel in der Altersgruppe von 36 bis 45 Jahren. Im Bewegungsverhalten der Befragten gibt es deutliche Geschlechtsunterschiede. Der Bewegungsmangel besteht bei Frauen und Männern, ist bei den Männern aber deutlich ausgeprägter. Im gemäßigten Gesundheitssport ist der Anteil von Frauen besonders hoch. Im intensiven und Wettkampf orientierten Sport ist hingegen der Anteil der Männer sehr hoch. Von den Personen, die regelmäßig sportlich aktiv sind, investieren 27% ein bis drei Stunden pro Woche in den Sport, 13% drei bis fünf Stunden und 6% fünf Stunden und mehr.

Anreize, Angebote und Möglichkeiten für Bewegung und Training gibt es inzwischen reichlich. Das Lauftraining nimmt hier eine besondere Stellung ein. Laufen ist die natürlichste Form der Bewegung, die jeder beherrscht. Es bedarf wenig Ausrüstung. Ein geeigneter Parcours findet sich vor jeder Haustür und Laufen ist zu jeder Jahreszeit möglich. Mit Laufen lässt sich in kurzer Zeit ein effektives Training durchführen. Wer in einer Läufergruppe schwitzend durch den Wald läuft, erlebt das archaische Gefühl der Verbundenheit mit anderen in der Bewegung. Der Alltagsstress entfernt sich, und wir können für Momente wieder zu dem werden, der wir einmal waren: der Urmensch in seiner Horde.

Laufen ist sehr beliebt in allen Alters- und Leistungsklassen. Nach Angaben des Deutschen Leichtathletik Verbandes laufen in Deutschland etwa 19 Millionen Menschen, davon 8 Millionen regelmäßig. Die Anzahl der Läufer nimmt seit Jahren kontinuierlich zu. Es gibt 3900 Lauftreffs, in denen Läuferinnen und Läufer mindesten einmal in der Woche gemeinsam laufen. Es laufen ungefähr gleich viele Frauen wie Männer. Die Hälfte der Läufer ist zwischen 30 und 50 Jahre alt. Je ein Viertel ist älter als 50 oder jünger als 30 Jahre. Im Jahr 2013 gab es 3613 Volksläufe, an denen insgesamt 2.248.241 Läufer teilnahmen, davon absolvierten etwa 110.000 einen Marathon. Der Anteil der Männer an den leistungsbetonten Volksläufen beträgt 75% und der der Frauen 25%.

So weit, so gut. Aber, es ist leider nicht so einfach, wie es scheint. Wer den natürlichen Bewegungsdrang in sich selbst wiederentdeckt und zum Laufen gefunden hat, dem stellt sich sogleich die nächste Frage: Wie laufe ich gesund? Die Antwort ist einfach und schwierig zugleich. Im Rahmen der Kopenhagener Herzstudie, die vom Kardiologen Peter Schnohr geleitet wird, werden seit 1976 19.329 Männer und Frauen regelmäßig auf ihre Gesundheit und ihre Lebensgewohnheiten untersucht. Von 2001 bis 2013 wurden 1098 Läufer und Läuferinnen aller Altersgruppen mit 413 gesunden Nichtläufern, die sich auch sonst wenig bewegen, verglichen. Die Studie wurde methodisch sehr sorgfältig durchgeführt. Die Daten wurden prospektiv im Rahmen einer Längsschnittstudie erhoben. Mögliche Faktoren, die das Ergebnis verfälschen könnten, wie Vorerkrankungen und ungesunde Verhaltensweisen, wurden berücksichtigt. Die Studie fand in Fachkreisen große Beachtung und gilt als richtungsweisend für die Frage der angemessenen Dosierung von Ausdauertraining im Freizeitsport.

Das wichtigste Ergebnis ist: Regelmäßiges Laufen verlängert das Leben sehr deutlich. Bei den Männern sind es im Mittel 6,2 und bei den Frauen 5,6 Jahre. Die zweite sehr erfreuliche Nachricht ist: Dieser gesundheitliche Gewinn ist leicht zu erreichen. Die Läufer, die pro Woche 1:00 - 2:30 Stunden trainierten, dies auf 2-3 Einheiten verteilten und in einem langsamen bis moderaten Tempo liefen, erzielten die besten Ergebnisse hinsichtlich ihrer Lebensverlängerung. Die schlechte Nachricht ist: Wer mehr als 2:30 Stunden pro Woche oder in einem intensiven Tempo läuft, riskiert den Verlust des gesundheitlichen Gewinns. Wer sein Laufen richtig dosiert, kann seine Lebenserwartung gegenüber den Bewegungsmuffeln deutlich verlängern, durch eine Überdosierung diesen positiven Effekt jedoch wieder zunichtemachen. Ähnliche Ergebnisse zeigten sich auch in anderen Studien, wie die Autoren betonen.

Ist also intensives und umfangreiches Laufen gefährlich? Diese Frage muss mit einem klaren Nein beantwortet werden. Aber es ist mit Risiken verbunden, die in etwa mit denen verglichen werden können, die aus einem Bewegungsmangel resultieren. Die Risiken intensiven und umfangreichen Laufens sind jedoch überschaubar und lassen sich durch gezielte Maßnahmen gut kontrollieren. Unter dieser Voraussetzung lassen sich zusätzliche und bedeutsame gesundheitliche Gewinne erzielen.

Anlässlich der weltweit enormen Zunahme von Krankheiten als Folge von falscher Ernährung und Bewegungsmangel hat die Weltgesundheitsorganisation (WHO) 2010 Empfehlungen zur Förderung körperlicher Bewegung definiert. Zu diesem Zweck wurden alle verfügbaren und qualitativ hochwertigen Studien zu diesem Thema von einem Expertenteam ausgewertet und in Form von Leitlinien zusammengefasst. Hinsichtlich der Dosierung von Umfang und Intensität liegen die Bewegungsempfehlungen der WHO deutlich über denen der Kopenhagener Herzstudie. Ursachen und

Auflösung dieses Widerspruches werden in Kapitel 6 ausführlich behandelt.

Mit steigender Dosierung von Umfang und Intensität im Lauftraining nehmen nicht nur die gesundheitlichen Gewinne zu, sondern auch die Risiken. Das ist eine der zentralen Aussagen dieses Buches. Wer mit einer Trainingsbelastung läuft, die über der liegt, die in der Kopenhagener Herzstudie empfohlen wird, bekommt erhebliche Zugewinne an Gesundheit, Fitness und Leistungsfähigkeit. Diese Läuferinnen und Läufer sind aber gut beraten, ihr Lauftraining durch ein geeignetes Risikomanagement zu ergänzen.

Kern des Buches ist ein Test, der die Effekte des Lauftrainings abbildet. Es ist ein einfaches und effektives System der Belastungssteuerung, das Antworten auf die folgenden Fragen gibt: Wann ist mein Training effektiv? Wie entwickelt sich meine Fitness? Wann trainiere ich zu wenig und wann zu viel? Wann ist die Mischung aus Belastung und Erholung optimal? Wann ist mein Körper bereit für einen neuen Trainingsreiz, und wann braucht er Ruhe und Erholung? Es handelt sich also um eine Ampel für Läufer, die einem entsprechend der körperlichen Verfassung Signale für das Training gibt. Die Laufampel ist Teil des angesprochenen Risikomanagements. Zum Risikomanagement gehören die jährliche Untersuchung der Sporttauglichkeit, der Trainingsstopp bei Infekten und die Laufampel zur Belastungssteuerung im Training.

Wer läuft, wird in seinem Handeln von unterschiedlichen Motiven geleitet. Die Motive mögen zahlreich und individuell sein. Aber sie lassen sich grundsätzlich nach zwei Hauptkategorien unterscheiden. Ein Leitmotiv ist die Förderung und der Erhalt von Gesundheit und Fitness. Sie sind die Garanten für Wohlbefinden und Funktionsfähigkeit im Alltag. Ein weiteres Leitmotiv ist die Verbesserung der sportlichen Leistungsfähigkeit, um im Wettstreit mit anderen zu bestehen oder um über sich selbst hinaus zu wachsen. Beide Motive, Gesundheit und Sportlichkeit, werden oft als Gegensätze wahrgenommen. Bei näherer Betrachtung sind sie aber untrennbar verbunden. Ein gewisser sportlicher Geist bringt Schwung in das Gesundheitstraining. Und wer in seinem sportlichen Streben die Gesundheit aus den Augen verliert, wird allenfalls kurz- aber nicht langfristig erfolgreich sein.

Entsprechend der beiden Leitmotive lassen sich Läufer zwei Hauptgruppen zuordnen: die Gesundheitsläufer und die ambitionierten Freizeitläufer. Sie unterscheiden sich nicht nur deutlich in ihrer Motivationsstruktur, sondern auch in ihrem Lauftraining und ihrem Risikoprofil. Für die Hälfte der Bevölkerung geht es erst einmal darum, zum Gesundheitssportler oder -läufer zu werden. Gesundheitsläufer stehen vor der Herausforderung, nicht in den Zustand der Bewegungsarmut zurückzufallen, den Sport regelmäßig auszuüben und langfristig in ihr Leben zu integrieren. Ambitionierte Freizeitläufer haben dieses Motivationsproblem nicht. Es tritt häufig aber wieder auf, wenn die Leistungen aufgrund von Krankheit oder Alter nachlassen und sie nicht mehr wie gewohnt mithalten können. Das motivationale Hauptproblem der ambitionierten Freizeitläufer ist jedoch, dass sie häufig in ihrem sportlichen Streben wichtige Aspekte ihrer Gesundheit ausblenden.

Das Laufen kann in seiner Wirkung mit einem sehr wirksamen Medikament verglichen werden. Und so kommt es wie bei einem Medikament auf die exakte Dosierung an, um die optimale Wirkung zu erzielen. Es stellen sich ebenso die Probleme der Über- oder Unterdosierung. Dies gilt für Anfänger wie für Profis. Die Dosierung will in jedem Training und in jeder Trainingswoche neu austariert und an den aktuellen Zustand des Organismus angepasst werden. Erfahrene Läufer wissen, wie schwierig es ist, immer wieder die passende Dosierung zu finden. Aber das Spiel mit der Dosierung macht das Laufen zusätzlich interessant und belebt das Training. So nutzen erfahrene Läufer die gesamte Bandbreite der Dosierung von Dauer und Intensität des Lauftrainings, um seine Effektivität zu steigern und sich durch das Training einen motivationalen Schub zu verschaffen.

In diesem Buch werden die Erkenntnisse aus verschiedenen wissenschaftlichen Disziplinen zu einem neuen Laufkonzept zusammengefügt, das Gesundheit und sportliche Leistungsfähigkeit eng und effizient integriert. Zu den wissenschaftlichen Disziplinen zählen die Sportphysiologie, die Trainingswissenschaft, die Gesundheitsforschung und die Psychologie. Die Sportphysiologie beschreibt, wie sich das Laufen auf den Organismus auswirkt. Die Trainingswissenschaft entwickelt und prüft Trainingsmethoden hinsichtlich ihrer Effektivität zur Steigerung von Fitness und sportlicher Leistungsfähigkeit. Die Gesundheitsforschung beschäftigt sich mit der Frage, wie sportliche Aktivität genutzt werden kann, um die Gesundheit zu erhalten, zu stärken und Krankheiten vorzubeugen. Die Psychologie weist Wege, wie Menschen angeleitet und motiviert werden können, ihr Verhalten so zu steuern, dass ihre Lebensqualität unter psychischen und gesundheitlichen Aspekten nachhaltig bewahrt und verbessert wird. Die Kernaussage des Buches kann mit dem Begriff „Smart Running" veranschaulicht werden. Das Ziel ist die Maximierung der gesundheitlichen Gewinne und die Optimierung einer nachhaltigen sportlichen Leistungsfähigkeit für alle Läufer, ob Anfänger, Gesundheitsläufer oder ambitionierte Freizeitläufer. Die Laufampel ist die verbindende Klammer zwischen den genannten wissenschaftlichen Disziplinen, Läufertypen und dem praktischen Training. Sie ist der Spiegel des Smart Running.

Das Buch spannt den Bogen von den wissenschaftlichen Grundlagen zum konkreten Handeln mit praktischen Anleitungen für das Training. Es richtet sich an Läuferinnen und Läufer oder diejenigen, die es werden wollen. Es richtet sich ebenso an Sportpädagogen und Trainer, die nach Anregungen für ihre Arbeit suchen. Laufen mit Köpfchen ist die Einladung, die wissenschaftlichen Erkenntnisse für ein schlaues und effektives Training zu nutzen. Für den internationalen Sprachgebrauch kann diese Maxime am besten mit dem Begriff „Smart Running" übersetzt werden.

Im Buch wird darauf Wert gelegt, komplexe Zusammenhänge einfach und anschaulich darzustellen und konkrete

Handlungsanleitungen daraus zu gewinnen. Das Buch besteht aus zwei Hauptteilen. Der erste Teil gibt einen anschaulichen Einstieg in das Smart Running. Im Mittelpunkt stehen die Geschichten der Gesundheitsläuferin Eva und des ambitionierten Freizeitläufers Michael. Beide sind auf ihre Art erfolgreich. Aber auf ihrem Weg zum Erfolg müssen sie einige Klippen umschiffen und Hürden überwinden. Den Geschichten vorangestellt ist die Einführung in die Funktionsweise der Laufampel. Beschrieben wird ihre Einbettung in die Trainingslehre und eine Strategie zur Optimierung von Nutzen und Risiken des Laufens. Die beiden Erfolgsgeschichten von Eva und Michael werden unter verschiedenen Gesichtspunkten kommentiert. Hier werden Aspekte des Trainings, der Gesundheit und vor allem der Motivation beleuchtet.

Im zweiten Teil stehen die praktischen Anleitungen und ihre wissenschaftlichen Grundlagen im Vordergrund. Vorgestellt wird ein Trainingskonzept in drei Stufen, dessen wesentlicher Teil die Laufampel ist. Für Gesundheitsläufer und ambitionierte Freizeitläufer werden detaillierte Anleitungen für das Lauftraining gegeben und die Steuerung des Trainings mithilfe der Laufampel beschrieben. Es werden ausführliche Antworten auf die folgenden Fragen gegeben:

- Zu welchen Veränderungen und Anpassungsprozessen führt das Lauftraining im Körper?
- Wie werden diese Veränderungen in der Laufampel abgebildet?
- Welches Training führt zu welchen gesundheitlichen Gewinnen?
- Welche motivationalen Hürden stehen der Realisierung der gesundheitlichen Gewinne im Weg?
- Wie motiviere ich mich für ein erfolgreiches Lauftraining nach den Grundsätzen des Smart Running?

2 Die Laufampel: Optimierung von Nutzen und Risiken des Lauftrainings

Dieses Kapitel zeigt dem Läufer, vom Anfänger bis zum ambitionierten Freizeitläufer, wie er sein Lauftraining so organisiert, dass Gesundheit, Fitness, Leistung und Freude am Laufen optimal integriert werden. So erschließt sich der dauerhafte und nachhaltige Nutzen des Lauftrainings. Von zentraler Bedeutung ist die Kontrolle von Risiken, die aus zwei grundlegenden Gefahrenquellen resultieren: Erkrankungen, die nicht erkannt oder nicht beachtet werden und Schäden durch Überlastung. Diesen Gefahrenquellen können die Begriffe Sportgesundheit und Belastungssteuerung zugeordnet werden. Sportgesundheit bedeutet, dass der Läufer seinen Gesundheitszustand und die Eignung für den Sport ärztlich überprüfen lässt und bei Krankheit, z.B. bei einem grippalen Infekt, auf das Training bis zur Gesundung verzichtet. Die Belastungssteuerung bezieht sich auf die angemessene Dosierung der Trainingsreize, um gesunde Anpassungsprozesse des Organismus zu fördern und Überlastungen zu vermeiden.

Im letzten Kapitel wurde beschrieben, dass Laufen die Gesundheit nachhaltig verbessern und das Leben deutlich verlängern kann. Die Kopenhagener Herzstudie ergab jedoch: wer mehr als 2:30 Stunden pro Woche oder in einem intensiven Tempo läuft, riskiert den Verlust des gesundheitlichen Gewinns. Diese wissenschaftliche Erkenntnis soll aber denen, die mehr laufen, nicht die Lauffreude trüben und zur Verunsicherung führen. Lauftraining mit höheren Belastungen ist nicht grundsätzlich ungesund und kann zu vielen zusätzlichen positiven Effekten hinsichtlich der Fitness, der Gesundheit und der Lebensfreude führen. Neben den Gewinnen steigen aber auch die Risiken. Die Laufampel schärft den Blick auf die Risiken und zeigt Wege auf, wie sie einfach und effektiv kontrolliert werden können.

Für viele Nichtläufer oder Gelegenheitsläufer ist das Ergebnis der Kopenhagener Herzstudie eine sehr gute Motivationshilfe, regelmäßig zu laufen. Denn mit einem recht geringen Trainingsaufwand (1:00 - 2:30 Stunden pro Woche, verteilt auf 2-3 Einheiten in einem langsamen bis moderaten Lauftempo) lässt sich bereits der maximale gesundheitliche Gewinn erreichen. Für die große Zahl der begeisterten Volksläufer und ambitionierten Freizeitläufer wäre es jedoch lebensfremd, das Laufen auf den definierten Sicherheitsbereich zu reduzieren. Wer immer nur „vernünftig" lebt, hat wenig vom Leben. Das Leben bewegt sich dann nur noch in einem engen Bewegungs- und Erfahrungsraum. Dies fördert Mutlosigkeit und die Angst vor dem Unbekannten jenseits der Sicherheitszone. Erst die dosierte Unvernunft erschließt neue Dimensionen der Lebensfreude. Einen Marathon zu laufen ist unter gesundheitlichen Aspekten sicher unvernünftig. Aber wer bereits Marathon gelaufen ist, weiß, wie glücklich es machen kann, unvernünftig zu sein.

Es geht nicht nur um die Verbesserung oder den Erhalt der Gesundheit, sondern auch um das Erleben von Freude am Laufen. Vom Freizeitsport bis zum Leistungssport gilt hier die einfache Weisheit, dass dies nur möglich ist, wenn man mit seinem Körper und nicht gegen ihn läuft. Leistungssportler sind in ein engmaschiges medizinisches Kontrollsystem eingebunden. Mögliche Erkrankungen können so frühzeitig erkannt und die Risiken der hohen sportlichen Belastungen reduziert werden. Durch eine regelmäßige Leistungsdiagnostik kann das Training optimal dosiert werden. So ist ein für den Organismus schonender Formaufbau möglich, der eine gute und nachhaltige sportliche Leistung gewährleistet. Verletzungen und Schäden des Organismus durch Überforderung oder Übertraining können so vorgebeugt werden.

Für Freizeitläufer ist z.B. in Frankreich seit vielen Jahren ein Gesundheitszeugnis für die Teilnahme an einem Volkslauf erforderlich. Darin bescheinigt ein Arzt, dass keine medizinischen Kontraindikationen für die Teilnahme an einem Wettkampf bestehen. Das Attest darf nicht älter als ein Jahr sein. Ohne die entsprechende

Bereitschaft zur Selbstverantwortung ist eine solche Vorschrift natürlich sinnlos. Besonders Männer tun sich bekanntlich schwer mit der Gesundheitsvorsorge. Sich um die eigenen gesundheitlichen Risiken und Defizite zu kümmern, passt nicht so recht in das gern gepflegte Selbstbild von Stärke und Unverletzbarkeit. So wird häufig ausgeblendet, was nicht aus den Augen verloren werden sollte. Denn wahre Stärke resultiert erst aus der mutigen und klugen Auseinandersetzung mit den eigenen Schwächen.

Ein effektives System zur Kontrolle der Risiken und der Optimierung des Nutzens im Laufsport besteht aus drei grundlegenden Komponenten: regelmäßige Vorsorgeuntersuchungen, Trainingspausen bei Krankheit und Leistungsdiagnostik. Dabei ist zu berücksichtigen, ob die Maßnahmen objektiver oder subjektiver Natur sind. Objektiv bedeutet, dass sie unabhängig vom Einfluss der Person sind. Dabei handelt es sich in der Regel um Messungen der biologischen Funktionen mit speziellen Geräten. Subjektive Ansätze basieren auf der Selbsteinschätzung der Person anhand des eigenen Körpergefühls.

Die wichtigste Komponente sind regelmäßige Untersuchungen zur Früherkennung von Krankheiten oder ihren Vorstufen. Sie dienen der Diagnose von Erkrankungen mit Gefährdungspotential, das sich unter sportlicher Belastung zusätzlich erhöht. So ist die Legende des griechischen Botenläufers Pheidippides, der von Marathon nach Athen lief, dort den Sieg über die Perser verkündete und tot zusammenbrach, mit dem Namen der Laufdisziplin Marathon verknüpft. Auch heute trüben gelegentliche Berichte in den Medien über Läufer, die bei einer Laufveranstaltung einen plötzlichen Herztod erlitten, die Lauffreude. In Untersuchungen zur Früherkennung werden noch nicht erkannte oder bereits bekannte Erkrankungen diagnostiziert und kontrolliert. Zur Anwendung kommen kardiologische, internistische und orthopädische Verfahren. Am Ende der Untersuchung steht die Einschätzung der Sportgesundheit. Die Feststellung von Einschränkungen sollte mit entsprechenden Empfehlungen hinsichtlich der Behandlung und der weiteren Kontrolle der Erkrankung sowie konkreten Trainingsempfehlungen verbunden werden. Die Untersuchung zur Früherkennung sollte von qualifizierten Sportmedizinern durchgeführt werden. Über Adressen von Ärzten und Instituten informiert die Deutsche Gesellschaft für Sportmedizin und Prävention auf ihrer Homepage.

Bei akuten Erkrankungen gilt es, die Füße still zu halten und sich zu schonen. Wer z.B. bei Erkältungen oder grippalen Infekten trainiert, tut sich keinen Gefallen und setzt sich unnötigen Gefahren aus. Zu den gravierendsten Gefahren zählt die Herzmuskelentzündung, die zum plötzlichen Herztod oder dauerhaften Schädigungen des Herzens führen kann. Die Trainingspause gilt von den ersten Symptomen bis zum vollständigen Abklingen des Infektes. Der Wiedereinstieg in das Training sollte in kleinen Dosierungen erfolgen. Der Körper benötigt die Ruhe, um den Infekt zu bewältigen. Unnötige Belastungen können zur Verlängerung der Erkrankung und Verstärkung ihrer Intensität führen. Infekte mögen zu Beginn als „harmloser Schnupfen" abgetan werden. Zu diesem Zeitpunkt ist aber oft noch nicht ersichtlich, wie das Immunsystem reagiert und wie sich der Infekt entwickelt. Wer glaubt, den „Schnupfen" durch Sport „herausschwitzen" zu können, erreicht damit genau das Gegenteil. Diese Regeln mögen als Binsenweisheit erscheinen. In der Praxis werden sie aber häufig missachtet, insbesondere von ambitionierten Läufern. Wer sich hoch motiviert mit einem Trainingsplan intensiv auf ein sportliches Ziel vorbereitet, dem fällt der Infekt bedingte Ausstieg verständlicherweise schwer. Bei Problemen und Verletzungen des Bewegungsapparates gelten differenziertere Verhaltensregeln. Hier empfiehlt sich die Abstimmung mit einem Physiotherapeuten oder Orthopäden.

Die ersten beiden Komponenten des Kontrollsystems (regelmäßige Vorsorgeuntersuchungen und Trainingspausen bei Krankheit) beziehen sich auf die gesundheitlichen Voraussetzungen für das Lauftraining, während die Leistungsdiagnostik als dritte Komponente für die Gestaltung und die Effektivität des Trainings bedeutsam ist. Hier geht es vor allem darum, die richtige Dosierung für das Lauftraining zu finden. Wird der Organismus durch Training zu sehr belastet, gibt es keine Fortschritte oder die sportliche Leistung verschlechtert sich. Bei anhaltender Überlastung steigt das Risiko für gesundheitliche Schäden. Ist hingegen die Trainingsbelastung zu gering, gibt es keine Fortschritte. Die Trainingsreize verpuffen und es gibt keine Änderungen am Status von Gesundheit, Fitness oder Leistungsfähigkeit. Das Finden der optimalen Dosierung der Trainingsbelastung ist schwierig und anspruchsvoll. Zwar gibt es Trainingspläne und Vorgaben von Trainern, die einen mehr oder weniger passenden Rahmen bieten, sie berücksichtigen aber nicht den aktuellen Zustand des Organismus des Läufers. Dies erfolgt über die subjektive Selbsteinschätzung anhand des Körpergefühls oder kann extern mittels einer sportmedizinischen Leistungsdiagnostik bestimmt werden. Beide Ansätze ergänzen sich, da ihre jeweiligen Stärken die Schwächen des anderen ausgleichen.

Mithilfe der sportmedizinischen Leistungsdiagnostik wird die Leistungsfähigkeit des Organismus in einer Sportart ermittelt. Für Läufer wird der Belastungstest auf dem Laufband durchgeführt. Auf einem niedrigen Niveau beginnend wird die Belastung stufenweise gesteigert. Der Test wird beendet, wenn der Läufer seine maximale Leistungsgrenze erreicht hat. Während des Tests wird ein EKG aufgezeichnet, mehrfach der Blutdruck gemessen und über eine Maske die Zusammensetzung des Atems analysiert. Auf jeder Belastungsstufe wird Blut abgenommen, um den Anstieg des Laktats zu messen. Die Leistungsdiagnostik gibt Hinweise für das Training und die Gestaltung des Trainingsplanes. Durch wiederholte Messungen können wichtige Fragen der Trainingssteuerung beantwortet werden: Führt das Training zu einem guten Formaufbau? Wird der Formaufbau durch falsches Training behindert? Gibt es Hinweise auf ein Übertraining durch zu viel Belastung? Durchführung und Auswertung der Leistungsdiagnostik verlangen ein hohes Maß an Kompetenz und spezielle medizinische Geräte. Sie wird daher überwiegend an Sporthochschulen oder ähnlich spezialisierten Einrichtungen angeboten.

Das eigene Körpergefühl ist mit Abstand das wichtigste Überwachungssystem, mit dem wir sehr präzise und mit hoher Auflösung den Zustand unseres Organismus erfassen können. Bezogen auf sportliche Belastung findet das Körpergefühl seinen sprachlichen Ausdruck in Adjektiven, die den Zustand der Ermüdung (z.B. müde, platt, ausgelaugt, kraftlos, schwere Beine) oder der Erholung (z.B. ausgeruht, energievoll, kraftvoll) beschreiben. Von Sportpsychologen wurden Fragebogen entwickelt, mit denen verschiedene Zustände des Organismus über die subjektive Selbsteinschätzung bestimmt werden können. Durch den Einsatz komplexer statistischer Verfahren bei der Konstruktion dieser Fragebogen können die damit erhobenen Parameter sehr genau und verlässlich gemessen werden. Insbesondere das Übertraining lässt sich auf diesem Weg deutlich besser diagnostizieren als mit medizinischen Verfahren.

Die geschickte Kombination von objektiven Messungen biologischer Werte mit persönlichen Einschätzungen über den aktuellen Zustand des eigenen Organismus führt zu den besten Ergebnissen in der Leistungsdiagnostik. Professionelle Leistungssportler sind in der Regel in ein solches Betreuungssystem eingebunden. Für Freizeitläufer wäre ein solches System zu teuer, zu aufwändig und schlicht überdimensioniert. Die bisherigen Ausführungen zeigen jedoch, dass ein solches System in angepasster Form für Freizeitläufer durchaus sinnvoll ist. Es sollte von Experten unabhängig, einfach durchzuführen und leicht verständlich sein. Ein smarter Trainingsbegleiter, der Antworten auf die folgenden Fragen gibt: Wann ist mein Training effektiv? Wie entwickelt sich meine Fitness? Wann trainiere ich zu wenig und wann zu viel? Wann ist die Mischung aus Belastung und Erholung optimal? Wann ist mein Körper bereit für einen neuen Trainingsreiz, und wann braucht er Ruhe und Erholung? Genau dies leistet die Laufampel, die im Folgenden vorgestellt wird.

2.1 Grundlagen der Trainingslehre im Überblick

Bevor die Laufampel erklärt wird, müssen noch einige grundlegende Prinzipien der Trainingslehre erläutert werden, da sie die Voraussetzung für das Verständnis der Laufampel sind. An dieser Stelle soll eine kurze Übersicht genügen. Ausführliche Informationen folgen in den Kapiteln 3 und 4.

Training führt zu ungewohnten Belastungen des Organismus. Für die sportliche Leistung muss die Energie bereitgestellt werden, und die daran beteiligten Strukturen werden strapaziert. Es kommt zu einer Ermüdung des Organismus, die umso ausgeprägter ist, je belastender das Training ist. Um das Energiedefizit wieder auszugleichen, benötigt der Organismus Nährstoffe, die er in biochemischen Prozessen verarbeitet und in die Bereiche des Körpers transportiert, in denen er Defizite feststellt. Zudem werden Reparaturarbeiten an den durch das Training strapazierten Strukturen durchgeführt. Ein bekanntes Phänomen ist hier der Muskelkater, der das Symptom kleinster Verletzungen von Muskelfasern ist.

Die durch das Training ausgelösten Regenerationsprozesse sind sehr komplex und finden auf allen Ebenen des Organismus statt. Die dafür benötigte Zeit ist sehr variabel und abhängig von vielen individuellen und äußeren Faktoren. In seiner Anpassung beschränkt sich der Organismus jedoch nicht auf die Wiederherstellung des Status vor der Belastung. Er richtet eine zusätzliche Sicherheitsreserve für den Fall ein, dass eine noch größere der vorhergehenden Belastung folgt. Dieser Vorgang wird als Superkompensation bezeichnet. Im Wechselspiel von sportlicher Belastung und regenerativer Anpassung des Organismus nehmen im Zeitverlauf Leistung und Widerstandsfähigkeit zu.

Eine Verbesserung von Gesundheit und Leistung ist nur möglich, wenn Belastung und regenerative Anpassungsfähigkeit des Organismus zueinander passen. Entscheidend sind die Intensität und die zeitliche Aufeinanderfolge der Belastungsreize. Ist die Intensität der Belastung zu gering, wird der Organismus nicht gefordert und es findet keine Anpassung statt. Ist die Intensität zu hoch, führt sie zu Überforderung, und das Risiko von Überlastungsschäden steigt. Sind die Zeitabstände zwischen den Belastungsreizen zu groß, findet eine vorübergehende Anpassung statt, die sich bis zum nächsten Training aber wieder zurückbildet. Sind die Zeitabstände zu gering, ist die Regeneration unvollständig. Der Effekt der Superkompensation bleibt aus.

Das optimale Verhältnis von Intensität und zeitlicher Aufeinanderfolge der Belastungsreize ist sehr variabel, bezogen auf einen Läufer oder im Vergleich zwischen Läufern. Die Betrachtung einiger der wichtigsten Einflussfaktoren veranschaulicht die Komplexität und die Dynamik des Verhältnisses: genetische Veranlagung, Geschlecht, Alter, aktuelle gesundheitliche Verfassung, aktueller Trainingszustand, Ernährung, Ausmaß der aktuellen Alltagsbelastungen, Niveau des aktuellen internen Stresslevels.

Die verschiedenen Regenerationsprozesse variieren sehr in ihrer Zeitdauer und zwar in einem Rahmen von Sekunden bis zu mehreren Wochen. Bei Sportlern, die intensiv und wettkampforientiert trainieren, kommt es im Verlauf der Vorbereitungs- und Wettkampfperiode zu einer Summierung von Ermüdung. Dies betrifft nicht nur Leistungssportler, sondern auch ambitionierte Freizeitläufer. Um Gesundheit und Leistungsfähigkeit der Sportler zu erhalten, wird das Training in Zyklen organisiert. Auf Perioden mit intensiver Belastung folgen längere Phasen der Erholung, in denen nicht oder deutlich weniger trainiert wird. Je höher die Belastungen durch Training und Wettkämpfe sind, umso bedeutsamer ist die Zyklisierung.

Zusammenfassend kann festgestellt werden, dass drei Konzepte grundlegend für das Verständnis von Training sind: das Verhältnis von Trainingsbelastung und Regeneration, die Superkompensation und die Zyklisierung des Trainings. Mit ihrer Hilfe kann die Entwicklung von Gesundheit und Leistungsfähigkeit durch Training erklärt werden. Dabei sind drei Verläufe möglich: Verbesserung, Verschlechterung oder Gleichstand. Diese Informationen sind notwendig, um die Funktionsweise der Laufampel zu verstehen.

2.2 Die Fitness und ihre Entwicklung mit der Laufampel messen

Die Laufampel basiert auf einem Test, den jeder Läufer mit einfachen Mitteln durchführen und auswerten kann. Ausführliche Anleitungen für die Durchführung und Auswertung des Tests finden sich am Ende des Buches in Kapitel 10. Dieses Kapitel konzentriert sich auf die Informationen, die für das Verständnis des Tests und die Interpretation seiner Ergebnisse erforderlich sind.

Der Test wird in das übliche Lauftraining integriert. Es muss keine zusätzliche Zeit investiert werden. Er dauert etwa 30-35 Minuten und wird in der Regel einmal pro Woche durchgeführt. Benötigt werden eine Pulsuhr guter Qualität und ein Programm zur Tabellenkalkulation, wie es sich auf fast jedem PC findet. Nach einem 10-minütigen langsamen Einlaufen wird eine festgelegte Teststrecke in einem gleichmäßigen, langsamen bis lockeren Tempo gelaufen. Anfang und Ende der Teststrecke werden durch fixe Markierungen im Gelände (z.B. Baum oder Weggabelung) definiert. Die Länge der Teststrecke wird so festgelegt, dass man für sie im angegebenen Tempo etwa 25 Minuten benötigt. Mit der Pulsuhr werden für die Teststrecke die Zeit und der Durchschnittspuls gemessen. Dabei müssen die in Kapitel 10 stehenden Regeln für eine sorgfältige Testdurchführung beachtet werden.

Der Test folgt einer einfachen Logik. Ein Läufer benötigt z.B. für die Teststrecke 25:00 Minuten bei einem Durchschnittspuls von 130 Herzschlägen pro Minute. Nach einer Woche weiteren Lauftrainings führt er den Test erneut durch. Diesmal legt er die Teststrecke in 24:40 Minuten bei unverändertem Durchschnittspuls zurück. Der Test könnte auch 25:00 Minuten bei einem Durchschnittspuls von

127 Schlägen pro Minute ergeben. In beiden Fällen hat sich seine Laufleistung verbessert. Denn er bewältigt dieselbe Teststrecke in einer kürzeren Zeit bei gleicher Pumpleistung des Herzens oder in gleicher Zeit bei geringerer Pumpleistung seines Herzens. Sein Organismus arbeitet ökonomischer. Im Vergleich eines Spitzenläufers mit einem Laufeinsteiger wird dieser Zusammenhang besonders deutlich. Bei gleichem Alter und Durchschnittspuls kann ein Spitzenläufer 10 km in 30 Minuten laufen, während der Laufeinsteiger etwa 60 Minuten oder länger benötigt. Geschwindigkeit und Herzfrequenz bilden alle relevanten körperlichen Parameter ab. In Kapitel 5 werden diese Parameter und ihre trainingsbedingten Veränderungen ausführlich beschrieben.

Da es von Test zu Test nicht möglich ist, die Geschwindigkeit oder den Durchschnittspuls konstant zu halten, bedarf es eines Verfahrens, mit dem beide Werte zusammengeführt werden können. Hätte der zweite Test im Beispiel eine Zeit von 24:48 und einen Durchschnittspuls von 131 ergeben, so wäre schwer zu erkennen, ob er eine verbesserte oder verschlechterte oder eine konstante Laufleistung anzeigt. Unmöglich wird der Vergleich, wenn viele Testwerte miteinander verglichen werden sollen.

Die Zusammenführung beider Werte erfolgt in zwei Rechenschritten. Beide Werte werden miteinander addiert und dabei so gewichtet, dass sie zu gleichen Anteilen in den neuen Wert mit dem Namen Laufeffizienz einfließen. Zum besseren Verständnis kann das Prinzip vereinfacht dargestellt werden. Die Muskelarbeit sorgt für die Geschwindigkeit, und die Pumpleistung des Herzens versorgt die Laufmuskulatur mit dem für die Muskelarbeit notwendigen Sauerstoff und Nährstoffen. Wenn für mehr Muskelarbeit weniger Pumparbeit des Herzens erforderlich ist, so arbeitet der Organismus effizienter, daher der Name Laufeffizienz. Man könnte dies mit einem neuen Automotor vergleichen, der mehr Leistung bei geringerem Kraftstoffverbrauch erbringt, als ein 20 Jahre älteres Modell.

Die Berechnung der Werte der Laufampel ist keine höhere Mathematik. Es reichen die Grundrechenarten und die üblichen Schulkenntnisse im Rechnen. Leserinnen und Leser, die Formeln in schlechter Erinnerung haben, mögen ihre Scheu für die folgende Denkgymnastik überwinden und ihrer Neugier folgen.

Die Laufeffizienz (LE) wird mit der folgenden einfachen Formel berechnet:

$$LE = (T * G) + HF$$

T = die Zeit, die für die Teststrecke benötigt wird, HF = die durchschnittliche Herzfrequenz für die Teststrecke, G = Gewichtungsfaktor. Je größer der Wert der Laufeffizienz ist, desto schlechter ist die Laufeffizienz, und je kleiner der Wert ist, desto besser ist sie.

Der Gewichtungsfaktor G wird wie folgt berechnet:

$$G = MT : MHF$$

MT = der Mittelwert der Zeitmessungen für alle Tests im aktuellen Kalenderjahr, MHF = der Mittelwert für die Messungen der durchschnittlichen Herzfrequenz für alle Tests im aktuellen Kalenderjahr. Der Gewichtungsfaktor gewährleistet, dass Lauftempo und Durchschnittspuls zu gleichen Teilen für die Laufeffizienz berücksichtigt werden.

Der Test ergibt, wenn er einmal pro Woche durchgeführt wird, im Zeitverlauf eine Reihe von Werten, die die Effekte des Lauftrainings auf den Organismus abbilden. Wenn die jeweils vier letzten Testergebnisse herangezogen werden, kann beurteilt werden, ob es in den vier Wochen Lauftraining zu einer Verbesserung, einer Verschlechterung oder einem Gleichstand gekommen ist, ob also eine Superkompensation stattgefunden hat oder nicht. Zur Berechnung werden alle Differenzen der vier letzten Testergebnisse LE1 - LE4 addiert.

Die Formel für die Berechnung der Superkompensation (SK) ist:

$$SK = (LE1 - LE2) + (LE1 - LE3) + (LE1 - LE4)$$
$$+ (LE2 - LE3) + (LE2 - LE4) + (LE3 - LE4)$$

LE1 = die Laufeffizienz des Tests vor vier Wochen, LE4 = die Laufeffizienz des letzten Tests

Wenn sich die Laufeffizienz im Verlauf der vier Wochen verbessert, ihre Werte also kleiner werden, so kommt es zu einem positiven Wert der Superkompensation, der umso größer ist, je ausgeprägter die Verbesserungen sind. Verschlechtert sich hingegen die Laufeffizienz (ihre Werte werden größer), so wird der Wert der Superkompensation negativ. Bei gleichbleibenden Werten der Laufeffizienz resultiert ein Wert um null für die Superkompensation, was einem Gleichstand entspricht. Da die Superkompensation gleitend für die jeweils vier letzten Testergebnisse berechnet wird, ist sie ein Maß der Veränderung, mit dem die Entwicklung der Laufeffizienz sehr übersichtlich dargestellt werden kann.

Um die abstrakten Formeln in das praktische Laufgeschehen zu übersetzen, werden die Zusammenhänge nun an einem Beispiel veranschaulicht. Dazu nehmen wir einige Testwerte der Gesundheitsläuferin Eva, deren Geschichte in Kapitel 3.1 erzählt wird. Da sie 35 Jahre alt ist, hat sie nach der Faustformel 220 minus Lebensalter eine geschätzte maximale Herzfrequenz von 185 Schlägen pro Minute. Den Laufampeltest läuft sie in einem lockeren Tempo mit einem Durchschnittspuls im Bereich von 140 Schlägen pro Minute, was einem Prozentwert der maximalen Herzfrequenz von 76% entspricht. In der folgenden Tabelle sind vier Testwerte aufgelistet, die jeweils im Abstand von einer Woche ermittelt wurden.

Beispiel 1:

Woche	Zeit	Zeit dezimal	Puls	Lauf-effizienz	Superkom-pensation
1	0:25:00	25,00	140	281,5	
2	0:24:40	24,67	141	280,6	
3	0:24:10	24,17	143	279,8	
4	0:25:10	25,17	135	277,5	12,8
	Mittel-wert:	24,75	140		
Gewichtungsfaktor:		5,66			

Für die Teststrecke benötigt sie etwa 25 Minuten bei einer durchschnittlichen Herzfrequenz von 140. Da ihre Teststrecke eine Länge von 3,571 Kilometern hat, beträgt ihr Lauftempo etwa 7 Minuten pro Kilometer. Durch ihr effektives Training verbessert sich die Laufeffizienz von Woche zu Woche mit einer gesamten Verbesserung von 4 Punkten von der ersten zur vierten Woche. Der gute Trainingseffekt wird zudem durch den Wert der Superkompensation von 12,8 unterstrichen, der im positiven Bereich weit über null liegt. Die folgende Graphik veranschaulicht die kontinuierliche Verbesserung der Laufeffizienz.

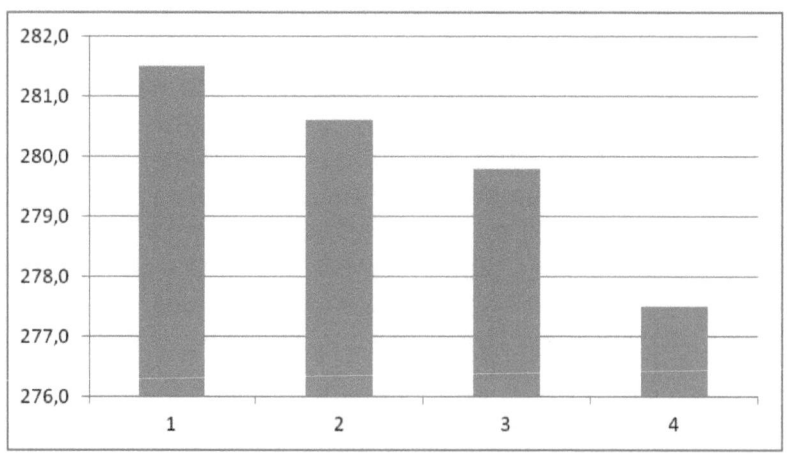

Beispiel 2:

Nehmen wir dieselben Testwerte und ordnen sie in eine umgekehrte Reihenfolge, so würden sie eine kontinuierliche Verschlechterung der Laufeffizienz abbilden. Der Grund könnte sein, dass Eva weniger trainiert oder sich durch zu viel Training überfordert.

Woche	Zeit	Zeit dezimal	Puls	Lauf-effizienz	Superkom-pensation
1	0:25:10	25,17	135	277,5	
2	0:24:10	24,17	143	279,8	
3	0:24:40	24,67	141	280,6	
4	0:25:00	25,00	140	281,5	-12,8
	Mittel-wert:	24,75	140		
Gewichtungsfaktor		5,66			

Wie die Graphik zeigt, steigen hier die Werte der Laufeffizienz im Zeitverlauf kontinuierlich an, was einer Verschlechterung entspricht. Der Wert der Superkompensation bleibt gleich, bekommt aber ein negatives Vorzeichen. Er liegt also weit unter null und unterstreicht somit die Verschlechterung.

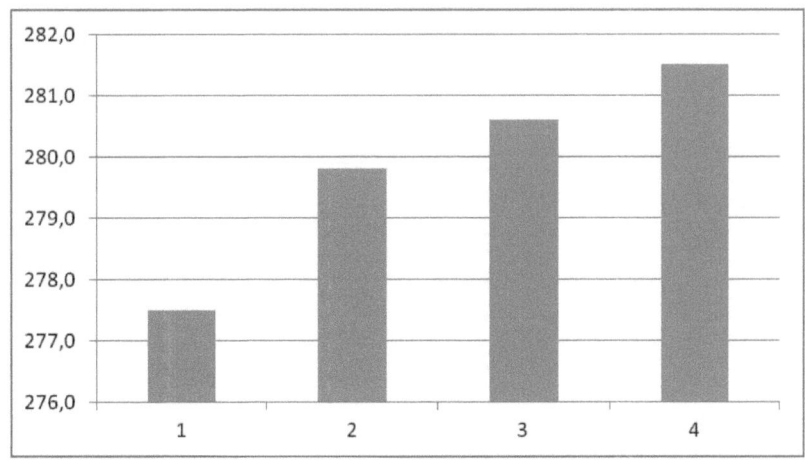

Beispiel 3:

Ein drittes Beispiel aus Evas Lauftraining zeigt eine Seitwärtsbewegung der Laufeffizienz. Die Werte schwanken hier um einen Mittelwert von 281 Punkten, ohne dass es im Verlauf zu einer Verbesserung oder Verschlechterung der Laufeffizienz kommt.

Woche	Zeit	Zeit dezimal	Puls	Laufeffizienz	Superkompensation
1	0:25:00	25,00	140	280,7	
2	0:25:20	25,33	139	281,6	
3	0:24:40	24,67	141	279,9	
4	0:24:50	24,83	142	281,8	-1,6
Mittelwert:		24,96	141		
Gewichtungsfaktor		5,65			

Eine weitgehend gleichbleibende Trainingsbelastung führt zur Erhaltung ihres Fitnessniveaus. Dies verdeutlicht der Wert der Superkompensation, der mit -1,6 nahe null liegt.

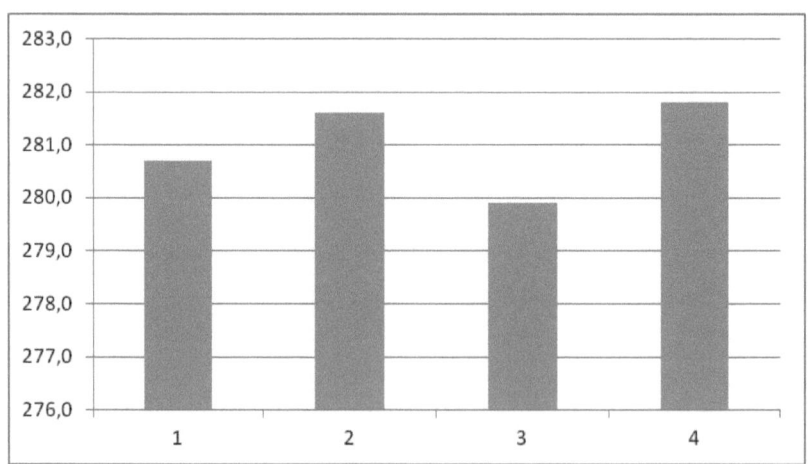

Im ersten Beispiel erreicht Eva durch ihr Lauftraining in vier Wochen eine Verbesserung ihrer Laufeffizienz um 4 Punkte. Was aber bedeutet diese Veränderung konkret? Die folgenden Zusammenhänge lassen sie anschaulich werden: Die Laufeffizienz setzt sich zu gleichen Anteilen aus dem Lauftempo und dem Durchschnittspuls zusammen. Somit können 2 der 4 Punkte dem Lauftempo und 2 dem Durchschnittspuls zugeordnet werden. Für den Durchschnittspuls bedeutet dies eine Verringerung um 2 Schläge pro Minute. Die pro Herzschlag ausgeworfene Blutmenge beträgt etwa 0,1 Liter. Bei 2 Schlägen pro Minute und 25 Minuten Laufzeit ergibt dies eine Verringerung der Blutzirkulation um 5 Liter oder 1,43% der gesamten zirkulierenden Blutmenge im Testlauf. Dieser Effekt beruht in Evas Beispiel vor allem auf einer verbesserten Verwertung des im Blut transportierten Sauerstoffes in der Muskulatur. Bei einem intensiveren und über eine längere Zeitdauer ausgeübten Training würde sich zusätzlich das Schlagvolumen des Herzens, die pro Herzschlag ausgeworfene Blutmenge, vergrößern. Auch die Zeit für den gelaufenen Kilometer (Pace) verbessert sich. Die anfängliche Laufzeit pro Kilometer von 7 Minuten verringert sich um 6 Sekunden. Für die gesamte Laufstrecke von 3,571 Kilometern reduziert sich die Laufzeit also um 21 Sekunden. Diese Werte, ein höheres Tempo bei niedrigerem Durchschnittspuls, bedeuten nicht nur eine deutlich verbesserte Fitness, sondern sie gehen auch mit der Verbesserung von vielen Gesundheitsparametern einher, die in Kapitel 8 näher erläutert werden.

Das Beispiel zeigt weiterhin, dass die Laufampel trainingsbedingte Veränderungen im Organismus in einer sehr hohen Auflösung abbildet. In Kapitel 5 werden die durch das Lauftraining bedingten Veränderungen im Organismus ausführlich beschrieben. Es wird erläutert, wie die Vielzahl der Veränderungen mit der Laufampel erfasst werden, und warum die Laufampel nicht nur die Verbesserungen von Fitness und Gesundheit abbildet, sondern auch ihre Verschlechterungen durch zu viel Training.

Die Ausführungen zeigen, dass der Test leicht verständlich ist und einfach in das gewohnte Training integriert werden kann. Für die Berechnung von Laufeffizienz und Superkompensation aus den Testwerten reichen Grundkenntnisse im Rechnen aus. Mithilfe eines Programms zur Tabellenkalkulation können die Berechnungen bequem erstellt und graphisch dargestellt werden. Ausführliche Anleitungen für die Testdurchführung und stehen am Ende des Buches in Kapitel 10. Im nächsten Schritt wird die Interpretation von Laufeffizienz und Superkompensation zur Optimierung des Trainings erläutert.

2.3 Das Training mit der Laufampel optimieren

Im Kapitel Grundlagen der Trainingslehre wurde beschrieben, dass die Mischung aus Trainingsbelastung und Erholung entscheidend für den Trainingserfolg ist. Die Balance zwischen diesen Gegensätzen ist die Grundlage von Gesundheit und sportlicher Leistungsfähigkeit. Die optimale Ausbalancierung von Belastung und Erholung ist jedoch sehr schwierig. Wie gut oder wie schlecht dies gelingt, kann mithilfe der Laufampel kontrolliert werden. Aus der Entwicklung von Laufeffizienz und Superkompensation können Antworten auf die folgenden Fragen abgeleitet werden:

- Wann ist mein Training effektiv?
- Wie entwickelt sich meine Fitness?
- Wann trainiere ich zu wenig und wann zu viel?
- Wann ist mein Körper bereit für einen neuen Trainingsreiz, und wann braucht er Ruhe und Erholung?

Laufeffizienz und Superkompensation bilden ab, wie sich die Form entwickelt. Grundsätzlich können, wie im Beispiel beschrieben, drei Verläufe unterschieden werden: Verbesserung, Verschlechterung oder Gleichstand. Die Interpretation von Laufeffizienz und Superkompensation und ihrer Entwicklung ist abhängig von zwei Hauptfaktoren: der Trainingsintensität und dem Trainingsstand.

Hinsichtlich ihrer Trainingsintensität können zwei Läufergruppen unterschieden werden: die Gesundheitsläufer und die ambitionierten Freizeitläufer. Der Trainingsstand definiert das aktuelle Fitnessniveau einer Person zwischen den beiden Extrempolen vollkommen untrainiert oder austrainiert.

Gesundheitsläufer trainieren in moderaten Umfängen und Intensitäten. Ihre Hauptziele sind die Verbesserung von Gesundheit und Fitness. Hier geht es vor allem darum, die Motivation für ein regelmäßiges Training aufrecht zu erhalten und hilfreiche Informationen über das Training und die Fortschritte zu erhalten. Zwischen den Trainingseinheiten bleibt in der Regel genügend Zeit zur Erholung. Gesundheitsläufer geraten nur selten in die Überforderung. Ambitionierte Freizeitläufer nehmen gelegentlich oder regelmäßig an Laufveranstaltung und Wettkämpfen über verschiedene Distanzen teil. Ein Motivationsmangel ist in dieser Gruppe nicht das Problem. Sie wollen sich mit anderen Läufern messen, ihre Zeiten verbessern oder die eigenen Grenzen erfahren. Hier geht es vor allem darum, Überforderungen zu vermeiden und das Training durch eine bessere Balance von Belastung und Regeneration zu optimieren. Eine genaue Beschreibung des Lauftrainings mit Anleitungen für Gesundheitsläufer und Trainingsempfehlungen für ambitionierte Freizeitläufer wird in Kapitel 8 ausgeführt.

Die Entwicklung der Laufeffizienz ist abhängig von den persönlichen Voraussetzungen des Läufers und von seinem aktuellen Trainingsstand. Die untere Leistungsgrenze wird durch den Zustand völliger Untrainiertheit definiert und die obere Leistungsgrenze durch den Zustand der Austrainiertheit. Letzteres bedeutet, dass durch ein maximales und optimales Training die Leistungspotentiale zu 100% ausgeschöpft sind. Bezogen auf einen Läufer verändern sich diese Grenzen vor allem in Abhängigkeit vom Alter und seinen genetischen Voraussetzungen. Ein junger Läufer wird bei entsprechendem Training von Jahr zu Jahr stetig besser werden und es bei herausragendem Talent bis zum Olympiasieger bringen können. Ein älterer Läufer wird hingegen über die Jahre eine kontinuierliche Abnahme seiner Leistungsobergrenze erfahren.

Verfolgt man die Entwicklung der Laufeffizienz über eine Trainingsperiode von z.B. drei Monaten, so werden die Verbesserungen anfangs sehr deutlich ausfallen, sich im weiteren Verlauf verringern und gegen Ende, wenn das Leistungsmaximum erreicht ist, ausbleiben. Idealtypisch hat die Entwicklung der Laufeffizienz über eine Trainingsperiode die Form einer asymptotischen Kurve, die anfangs steil abfällt, dann immer flacher wird und schließlich in einen waagerechten Verlauf mündet. Ein ambitionierter Freizeitläufer wird sich im Verlauf der drei Monate Training seiner Leistungsobergrenze annähern können. Beim Gesundheitsläufer wird hingegen noch reichlich Spielraum bleiben, da er deutlich weniger trainiert.

Unter Berücksichtigung der beschriebenen Aspekte können der Verbesserung, der Verschlechterung oder dem Gleichstand als den drei möglichen Entwicklungen der Laufeffizienz verschiedene Interpretationen zugeordnet werden. Die Interpretationen sind mit Empfehlungen zur Trainingssteuerung verbunden, die durch die Signale der Ampelphasen grün, orange und rot anschaulich werden und der Laufampel ihren Namen geben. Die Signale der Laufampel und ihre Bedeutung sind in einer Ampelphasentabelle im Anhang zusammengestellt. Die wichtigsten Informationen der Laufampel werden im Folgenden kurz erläutert.

Verbesserung (Beipiel 1):

Ein gutes Verhältnis von Belastung und Regeneration führt zur Zunahme von Gesundheit, Fitness und Leistungsfähigkeit. In der Laufampel wird sie angezeigt durch kleiner werdende Werte der Laufeffizienz und Werte deutlich über null der Superkompensation. Dies entspricht der Ampelphase grün: freie Fahrt für das Training.

Verschlechterung (Beispiel 2):

Eine zu hohe Trainingsbelastung bei unzureichender Regeneration überfordert den Organismus in seiner Anpassungsfähigkeit. Gesundheit, Fitness und Leistungsfähigkeit verschlechtern sich. Die Laufampel zeigt größer werdende Werte der Laufeffizienz und Werte deutlich unter null der Superkompensation. Dies entspricht der Ampelphase rot: Trainingsstopp, die Erholung hat Vorfahrt. Dieser Punkt betrifft vor allem die ambitionierten Freizeitläufer. Insbesondere, wenn sie sich in einem fortgeschrittenen Trainingsstadium ihrer Leistungsgrenze nähern oder sie erreicht haben.

Wird das Training reduziert oder ausgesetzt, bilden sich die Trainingseffekte im Organismus zurück. Die Bewertung ist hier abhängig von den Umständen. Für Gesundheitsläufer, wie in Beispiel 2, könnte dies eine Vernachlässigung des Trainings bedeuten, mit ungünstigem Einfluss auf Gesundheit, Fitness und Leistungsfähigkeit. Dies würde der Ampelphase rot entsprechen. Bei ambitionierten Freizeitläufern könnte dies eine längere Erholungsphase im Rahmen eines zyklischen Trainingsaufbaus anzeigen. Es verschlechtert sich zwar die sportliche Leistung, aber es dient der Stärkung von Gesundheit und langfristigem Erhalt der sportlichen Leistungsfähigkeit. Hier zeigt die Ampel grün.

Dass sich die Testwerte bei Krankheit verschlechtern, erklärt sich von selbst. Der häufigste Fall sind Erkältungen, grippale oder Magen-Darm-Infekte. In Kapitel 2 wurde auf die zentrale Bedeutung eines frühzeitigen Trainingsstopps für ein effektives Risikomanagement hingewiesen. In anderen Fällen kann, je nach Art der Krankheit, ein leichtes bis moderates Gesundheitstraining sinnvoll sein. Die Dosierung sollte hier mit dem Arzt abgesprochen werden.

Gleichstand (Beispiel 3)

Der Gleichstand in der Entwicklung der Laufeffizienz bedeutet, dass ein bestimmtes Niveau gehalten wird. In diesem Fall bewegen sich die Werte der Superkompensation nahe null. In der Regel verweist diese Entwicklung auf ein Training, das geeignet ist, einen erreichten Fitnesslevel zu erhalten, aber nicht intensiv genug ist, weitere Verbesserungen zu erzielen. Ein solches Erhaltungstraining ist bei Gesundheitsläufern von zentraler Bedeutung. Bei ihnen geht es nicht um eine stetige Leistungssteigerung, sondern um die Kontinuität, im Sinne einer langfristigen Bewahrung von Gesundheit und Fitness. Hier steht die Ampel auf grün.

Der Gleichstand kann aber auch die Schwelle zur Überlastung markieren. Bei zu hoher Trainingsbelastung oder mangelnder Regenerationsfähigkeit ist der Organismus nicht mehr in der Lage die Trainingsreize in eine Leistungssteigerung umzusetzen. Es kommt zu einem schleichenden Prozess der Ermüdung und Erschöpfung. Dieser Fall betrifft vor allem ambitionierte Freizeitläufer. Die Ampel steht hier auf orange. Das Trainingsschema sollte überprüft und ggf. eine Regenerationsphase eingelegt werden.

In diesem Kapitel wurde deutlich, warum die Laufampel der Spiegel des Smart Runnings ist. Sie ermöglicht die Optimierung des Lauftrainings für Gesundheitsläufer und ambitionierte Freizeitläufer. Die Trainingsfortschritte lassen sich in einer hohen Auflösung darstellen und Überforderungen werden frühzeitig erkannt. Die Feindosierung des Trainings gewährleistet die Integration von Gesundheit, Fitness und Leistungsfähigkeit. In den nächsten Kapiteln werden die Prinzipien des Smart Runnings am Beispiel zweier Geschichten aus dem Läuferleben veranschaulicht. Vorgestellt werden die Gesundheitsläuferin Eva und der ambitionierte Freizeitläufer Michael.

3   Die Laufampel in der praktischen Anwendung

In den bisherigen Kapiteln wurden die Ziele und die Funktionen der Laufampel erläutert. Im nächsten Schritt wird ihre Anwendung in der Praxis für die zwei Gruppen der Gesundheitsläufer und der ambitionierten Freizeitläufer ausführlich beschrieben. Im Zentrum stehen die beiden Geschichten der Gesundheitsläuferin Eva und des ambitionierten Freizeitläufers Michael. Zur besseren Übersicht wird an dieser Stelle das Wichtigste noch einmal zusammengefasst.

Laufen hat viele positive Effekte für die Gesundheit und kann die Lebenserwartung statistisch um etwa sechs Jahre verlängern. Jedoch kommt es hier sehr auf die Dosis an. Die erhöhte Lebenserwartung kann bereits mit einer geringen Dosis Lauftraining erreicht werden. Bei steigenden Dosierungen geht dieser Gewinn jedoch recht schnell wieder verloren. Dies ist ein statistischer Effekt, der sich im Vergleich von Gruppen deutlich zeigt. Für den Einzelfall muss jedoch differenziert werden. Mit steigender Trainingsbelastung kommt es zu weiteren Gewinnen an Gesundheit, Fitness und Leistung, aber es steigen auch die gesundheitlichen Risiken und zwar überproportional. Daher ist ein Risikomanagement erforderlich, mit dem die Gewinne hinsichtlich Gesundheit, Fitness und Leistung maximiert, die Risiken aber minimiert werden können.

Das in diesem Buch vorgestellte Risikomanagement besteht aus drei Elementen: regelmäßige sportmedizinische Vorsorgeuntersuchungen zur Feststellung der Sportgesundheit, Trainingspausen bei Infekten oder anderen Erkrankungen und der Laufampel. Die ersten beiden Elemente sind allseits bekannt, werden in der Praxis aber nur sehr unzureichend berücksichtigt. Neu ist die Laufampel. Ihre Ziele sind denen der sportmedizinischen Leistungsdiagnostik ähnlich. Sie kann eine professionelle Leistungsdiagnostik nicht ersetzen, sie aber in sinnvoller Weise ergänzen. Die Stärken der Laufampel liegen vor allem in der Trainingssteuerung. Mit ihrer Hilfe kann die optimale Dosierung von Trainingsbelastung und Regeneration ermittelt werden. Sie ist ein bestechend einfaches Verfahren, dass von jedem Läufer ohne größeren organisatorischen und finanziellen Aufwand in Eigenregie angewendet werden kann. Sie ermöglicht ein vertieftes Verständnis für die durch das Laufen bedingten Veränderungen des eigenen Organismus und gibt wichtige motivationale Anreize für das Lauftraining.

Die genannten Prinzipien werden unter dem Begriff „Smart Running" zusammengefasst. Dies bedeutet: Laufen mit der optimalen Trainingsdosierung hinsichtlich Gesundheit und sportlicher Leistung. Gesundheitsläufer und ambitionierte Läufer unterscheiden sich grundsätzlich in ihren Zielen, ihrer Motivation und ihrem Training. Bei Gesundheitsläufern besteht das Risiko, die Motivation zu verlieren und in den Status der Bewegungsarmut zurückzufallen. Ambitionierte Freizeitläufer riskieren, die Gesundheit aus den Augen zu verlieren und sich zu überfordern, was letztlich auch der sportlichen Leistungsfähigkeit schadet. Mithilfe der Laufampel ist es möglich, das Training hinsichtlich der gesundheitlichen und der sportlichen Ziele zu optimieren. Daher ist sie der Spiegel des Smart Runnings.

3.1 Gesundheitsläufer

Viele Menschen, die sich im Zustand der Bewegungsarmut eingerichtet haben, möchten etwas für ihre Gesundheit tun. Sie fragen sich: „Wie finde ich den Einstieg in das Laufen?" Andere haben den Einstieg geschafft und suchen nach Wegen, wie sie dauerhaft ihre Motivation für das Laufen aufrechterhalten können. Alle beschäftigt die Frage, wie sie das Laufen ausüben und dosieren müssen, um ihre Gesundheit zu fördern. Diese Fragen werden im folgenden Kapitel beantwortet. Es beginnt mit einer kurzen Geschichte über Eva, die sich innerhalb eines Jahres von einer Nicht-Läuferin zur Gesundheitsläuferin entwickelt. Auf ihrem Weg dorthin hat sie viele Schwierigkeiten zu meistern. Sie droht an ihrem Vorhaben zu scheitern, schafft es letztlich aber doch. Auf anschauliche und erfahrungsnahe Art schildert die Geschichte von Eva die zu überwindenden Hürden und die möglichen Gewinne, die durch das Laufen erreicht werden können.

Im Anschluss an die Geschichte werden ihre einzelnen Aspekte eingehend beleuchtet. Erläutert werden die motivationalen und die biologischen Faktoren des Laufens. Im Kern geht es um die Frage des Umgangs mit der eigenen Gesundheit. Dabei werden die

Faktoren nicht nur genannt und beschrieben, sondern auch erläutert, wie sie ineinanderwirken, und wie sie mit der Laufampel verbunden sind. Der Text ist so gestaltet, dass er einen gut verständlichen und raschen Einstieg in die Thematik vermittelt. Im zweiten Teil des Buches werden die verschiedenen Themen ausführlicher und vertiefend behandelt.

3.1.1 Eva läuft sich frei: eine Kurzgeschichte

Als Eva müde von ihrer Arbeit nach Hause kam, stolperte sie über die Schuhe ihres Sohnes, die direkt hinter der Haustür lagen. Genervt stürmte sie in sein Zimmer. Moritz klebte, absorbiert von einem Ballerspiel, an seinem PC. Um ihn herum das komplette Chaos. Die kreative Hand des Zufalls hatte aus Schulsachen, Kleidung, Geschirr und Essensresten eine bunte und abwechslungsreiche Landschaft arrangiert. Der um Fassung ringenden Eva gelang es immerhin noch, ihren Standardsatz reflexartig loszuwerden: „Wie sieht es denn hier aus!" Die Antwort kam prompt: „Hallo Mama, wann gibt es was zu essen? Hast du Meike gesehen", erkundigte sich Eva nach ihrer Tochter. „Du wolltest sie doch heute Mittag von der Schule abholen", erinnerte sie Moritz. „Oh Gott, ich habe sie vergessen, und sie ist nicht hier! Es muss ihr etwas passiert sein! Wo ist Papa?" „Im Wohnzimmer, denke ich", antwortete Moritz gelangweilt. Sie stürmte dorthin. Als sie die Tür des Wohnzimmers öffnete, kam ihr Rauch entgegen, dessen Ursprung offensichtlich die Küche war. Auf dem Sofa lag ihr Mann, der sein Feierabendschläfchen zelebrierte. Sie rief: „Bekommst du denn überhaupt nichts mit!" als sie an ihm vorbei in die Küche stürzte. Aus dem Backofen quoll dicker, beißender Qualm. Sie riss die Ofentür auf und blickte auf eine vollkommen verkohlte Pizza.

Sie wachte auf, geweckt von ihrem eigenen Schrei. Das schweißnasse Nachthemd klebte an ihrem Körper, ihr Herz raste und der Schmerz pochte gegen ihre Schläfen. Ihr Mann, der ebenfalls von ihrem Schrei wach geworden war, fragte besorgt, was passiert sei. „Ach, schon wieder einer dieser Alpträume", antwortete sie resigniert. Sie schaute auf die Uhr, die vier Uhr morgens anzeigte und dachte: „Die Nacht ist vorbei. Schlaf werde ich nicht mehr finden!" Sie stand auf und begab sich auf einen Kontrollgang durch das nachtstille Haus. Sie öffnete die Tür zum Zimmer ihrer Tochter, die ruhig schlafend in ihrem Bett lag. Sie trat an ihr Bett und lauschte ihrem Atem, der einen tiefen ruhigen Schlaf verriet. Dabei spürte sie, wie die Spannung in ihr nachließ. Ihre Schultern lösten sich, der pochende Schmerz in ihrem Kopf zog sich zurück, und ihr Herz wechselte in einen ruhigen Takt. Ihre Beruhigung setzte sich im Zimmer ihres Sohnes fort, der ebenfalls tief schlief. Um ihn herum keine Spur des Chaos aus ihrem Traum.

So saß sie nun allein zu nachtschlafender Zeit am Frühstückstisch, den sie wie üblich für alle sorgfältig gedeckt hatte und sinnierte. Vor ihrem inneren Auge drehte sich das vertraute Hamsterrad, in das sie sich in Kürze hineinbegeben würde: Kinder zur Schule fahren, Arbeiten, Kinder abholen, Kochen, Haushalt, Kinder hierhin und dorthin fahren und dann noch dieses und jenes. Dabei fühlte sie sich bereits so müde wie am Ende des Tages. „Ich habe keine andere Wahl!" dachte sie. „Es hängt eben alles an mir! Wenn ich nicht dafür sorgen würde, dass der Laden läuft, ginge es drunter und drüber. Außer mir kümmert sich keiner, wie es erforderlich wäre." Und so nahm der Tag seinen vorbestimmten Lauf.

Da es ausnahmsweise im Büro mal etwas ruhiger zuging, konnte sie sich von den morgendlichen Geduldsproben des Berufsverkehrs etwas erholen. Das Telefon lag so ruhig schlummernd vor ihr, als habe es sich frei genommen. Sie öffnete eine bestimmte Schublade ihres Schreibtisches und betrachtete wohlgefällig ihren Inhalt. Schließlich entschied sie sich für die Schokolade, deren herber Kakao mit reichlich Süße gezähmt wurde und ein feines Aroma von Zimt und Orange auf der Zunge hinterlässt. In ihrem Mund entfachte das Stück einen kleinen Moment süßen Glücks, das sie alles vergessen ließ, sogar den mahnenden Zeiger ihrer Waage.

Das geringe Arbeitsaufkommen erlaubte ihr ausnahmsweise, das Büro pünktlich zum Dienstschluss zu verlassen. So erreichte sie die Schule deutlich früher, um ihre Tochter abzuholen. In Erwartung des Schulschlusses genoss sie, in ihrem Auto sitzend, die freie Zeit und ließ ihre Blicke über den angrenzenden Park schweifen. Ihre Augen hefteten sich an zwei Joggerinnen, die nebeneinander laufend langsam näherkamen. Die Farben ihrer Kleidung waren sorgsam aufeinander abgestimmt und unterstrichen ihren sportlichen Schnitt. Ihr Alter schätzte Eva ihrem eigenen nahe. Die flüssigen und leichten Bewegungen der Läuferinnen vereinten sich mit ihrer Erscheinung zu einer gewissen Eleganz. Traurigkeit stieg in ihr auf, denn das beobachtete Geschehen war so nah und doch so fern. Sie erinnerte sich an die Zeiten, zu denen sie frei und ungebunden war. Als sie sich mit ihren Freundinnen spontan nach Lust und Laune zu zahlreichen Aktivitäten verabreden konnte. Laufen gehörte damals zu ihren Favoriten. Sie erinnerte sich noch gerne an die gemeinsamen Läufe mit ihrer Freundin im nahen Stadtwald ihres Heimatortes. Damals fühlte sie sich voller Energie, kraftvoll und vital; kein Vergleich zu heute. Und so wünschte sie sich an die Stelle einer der beiden Läuferinnen. Ein Klopfen an die Scheibe holte sie aus ihren Gedanken. Sie blickte zur Seite und schaute in das fröhliche Gesicht ihrer Tochter Meike.

Es gab nicht viel zu tun am Nachmittag. Und so bekam Eva, was selten vorkam, ein Zeitgeschenk. Aber, es war eines dieser Geschenke, die mehr Ratlosigkeit und Irritation statt Freude hinterlassen. Sie wusste einfach nichts mit sich anzufangen. „Ich könnte vielleicht zum Bummeln in die Stadt fahren", kam es ihr schließlich in den Sinn. Dieser Gedanke wurde jedoch jäh durch einen anderen beiseitegeschoben. „Am Freitag schreibt Meike eine Mathearbeit!" Die letzte war nicht nach Evas Vorstellungen ausgefallen. „Eine drei ist noch kein Drama, aber Meike hat deutlich mehr Potential, das nicht vergeudet werden sollte. Zudem rückt der Schulwechsel immer näher. Auf der Zielgeraden darf nichts mehr schief gehen. Ich muss nach dem Rechten sehen!" Meike war wenig erfreut über die darauffolgende Einmischung in ihre inneren Angelegenheiten.

„Mama, nerv mich nicht schon wieder! Ich habe mich gut vorbereitet und das reicht!", setzt sie ihrer Mutter entschieden und selbstbewusst eine Grenze. Von Meikes heftiger Reaktion war Eva überrascht und verunsichert. Sie fühlte sich verpflichtet, der kindlichen Blauäugigkeit in Anbetracht künftiger Herausforderungen mit mütterlicher Erfahrung und Fürsorge zu begegnen, um Meike vor möglichen Enttäuschungen und Unglück zu schützen. Aber ein Streit in dieser Situation wäre ihren Nerven und der Sache wenig dienlich gewesen. Also entschied sie sich für den Frieden und beendete das Gespräch mit den nicht ganz überzeugt klingenden Worten: „dann ist ja alles gut!" Frustriert und verärgert zog sie sich auf das Sofa zurück. Im Haus war Stille. Meike war in ihrem Zimmer, Moritz in seinem Fußballverein und ansonsten gab es nichts zu tun. Sie griff zur Fernbedienung und zappte sich durch die Programme. In der Werbung begegnete sie jungen glücklichen Menschen, deren Lebensfreude durch vielfältige Produkte ins unermessliche gesteigert wurde. Ein gequältes Lächeln verriet die Resonanz ihrer Sehnsucht. So nahm der Rest des Tages seinen Lauf. Als Eva abends im Bett ihre Augen schloss, waren die beiden Läuferinnen wieder da und begleiteten sie in ihren Schlaf.

In dieser Nacht durchlief Eva eine Wandlung, deren Auswirkungen in den folgenden Wochen nach und nach Gestalt annahmen. Es begann mit dem Kauf verschiedener Laufmagazine und einigen Ratgebern in der Buchhandlung. Sie gesellten sich nicht nur zu den Süßigkeiten in ihrer Schreibtischschublade, sondern dekorierten auch ihre verschiedenen Aufenthaltsorte zu Hause. Damit wurde für ihre Familie ersichtlich, was Eva bewegte. Einen besonders schönen Nachmittag erlebte sie gemeinsam mit ihrer Freundin Stefanie. Laufen, bisher kaum ein Thema, entwickelte sich nun zum beherrschenden Gesprächsstoff zwischen ihnen. Evas neue Interessen fielen bei Stefanie auf fruchtbaren Boden, da sie selbst schon seit längerem lief. Die gerade in den Sportgeschäften eingetroffene Frühjahrsmode war die Einladung für ein unvergessliches Einkaufserlebnis. Auf Evas und Stefanies Streifzug durch die Geschäfte wurden alle Kombinationen in ihren Farben und Formen anprobiert und ausgiebig unter ihren vielfältigen Aspekten diskutiert. Mit üppiger Beute feierten sie anschließend den Erfolg ihrer Pirsch in einem Cafe, das für seine süßen Verführungen einen besonderen Ruf genoss.

Während eines langen Spazierganges mit ihrem Mann Georg kamen all die Themen zur Sprache, die Eva bedrückten und bewegten. Ihm war schon seit längerem aufgefallen, dass sie sich verändert hatte. Er machte sich Sorgen, denn die Anzeichen, dass es ihr nicht gut ging, waren nicht zu übersehen. Sie reagierte oft gereizt, wirkte unzufrieden, lachte nur noch selten und war häufig von Infekten geplagt. Ihre Veränderung war zunehmend auch eine Belastung für die Beziehung und das Familienleben. Aber bei allen Versuchen sie darauf anzusprechen, kam er nicht weiter. Sie gab sich verschlossen. Aber seitdem sie in den Laufmagazinen las, wirkte sie wieder froher und aufgeschlossener. Und so nahm er seine Beobachtung zum Anlass nachzufragen, was an den Magazinen für sie so faszinierend sei. Dies war der Einstieg in ein langes und intensives Gespräch. Georg erfuhr, dass Eva sich von all den Anforderungen an sie überfordert und erdrückt fühlte, ihre Gesundheit und ihr Nervenkostüm darunter litten, und sie hier die Gründe für ihre nächtlichen Alpträume vermutete. Deshalb habe sie einen Entschluss gefasst: „Ich muss etwas für mich selbst tun! Wenn ich so weitermache, geht das nicht mehr lange gut. Laufen könnte das Richtige für mich sein." Sie berichtet von ihren früheren Lauferfahrungen und ihrer Freundin Stefanie, in der sie eine Mentorin gefunden hatte, die ihr den Wiedereinstieg erleichterte. Georg war froh, nun die Auflösung des Rätsels zu kennen, das ihn so lange beschäftigte. Die sich öffnenden Perspektiven stimmten ihn zuversichtlich. Er sah einen Weg, wie Eva aus ihrer Krise herausfinden und er sie dabei unterstützen könnte.

Eva berichtete auch von ihren Zweifeln, ob es überhaupt möglich sein würde, regelmäßige Termine für ihr Laufen in der Woche zu reservieren. Der Tag war bereits mit Pflichten gefüllt und es kamen stets viele unvorhergesehene Aufgaben hinzu, insbesondere durch die Kinder. Sie sollten auf keinen Fall darunter leiden. Aus Georgs Perspektive war die Angelegenheit weit weniger kompliziert und gestaltete sich für ihn eher als eine Frage der Organisation denn des Gewissens. In den folgenden Tagen entwickelten sie gemeinsam einen Plan, wie die erforderliche Zeit für Eva in das Familienleben integriert werden könnte. In die Planungsgespräche wurden teilweise auch die Kinder mit einbezogen, deren Vorschläge bei Eva zu einigen Überraschungen führten. Beinhaltete die Aussicht auf mehr Eigenständigkeit doch auch die Botschaft, dass ihre Eltern sie nicht mehr für die kleinen Kinder hielten, als die sie sich oft behandelt fühlten. Und so hatten sie einige gute Ideen und Vorschläge, wie sich der Alltag effizienter und entspannter organisieren ließe. Eva hatte so ihre Zweifel, ob der Bereitwilligkeit der Kinder die von ihr gewünschten Taten folgen würden. Sie konnte sich aber gerade noch beherrschen und verkniff sich die Bemerkungen, die ihr auf der Zunge lagen. Es wäre weder der Zeitpunkt, noch der Sache dienlich und in Niemandes Interesse gewesen. Und das war gut so, denn schließlich stellte sich heraus, dass der Plan im Großen und Ganzen aufging, und die bei seiner Umsetzung auftretenden Schwierigkeiten in der Regel eine einvernehmliche Lösung fanden.

Der Einstieg in das Laufen gestaltete sich schwieriger als vermutet. Getragen von ihrer anfänglichen Euphorie überschritt Eva ihre Grenzen. Es lief nicht so, wie sie es sich vorstellte. Wenn sie allein lief, rannte sie den Erinnerungen an ihre frühere Form hinterher. Wenn sie gemeinsam mit Stefanie lief, wollte sie nicht der Klotz an ihrem Bein sein. Sie rang bereits nach Atem, während Stefanie noch keinerlei Zeichen von Anstrengung zeigte. Und zu oft wurde sie von anderen Läufern überholt. Nach dem Training fühlte sie sich stets müde und es brauchte einige Zeit, bis sie sich wieder erholt hatte. Es war nicht das Gefühl, das sie sich erhofft hatte. In ihr wuchs die Unzufriedenheit. Die Wende kam an ihrem Geburtstag in Form eines kleinen Päckchens, das Georg ihr überreichte. Sie öffnete es und fand darin eine Pulsuhr, die auf den ersten Blick ihren Geschmack traf. Sie legte sie um ihr Handgelenk und betrachtete wohlgefällig ihren nun sehr sportlich aussehenden Arm. Mit ihrer

Vermutung einer konspirativen Absprache zwischen Georg und Stefanie lag sie nicht ganz falsch.

Es folgten intensive Gespräche mit Stefanie über Trainingsstrategien und den Einsatz ihrer neuen Pulsuhr. In der Besprechung Evas bisheriger Erfahrungen wurden ihre Trainingsfehler offensichtlich. Stefanie schlug ihr vor, es langsamer anzugehen und sich am Basis Gesundheitstraining zu orientieren. So könne sie sich am besten vor Überforderung schützen und sich eine Grundlage für die Intensivierung ihres Trainings schaffen. Bei aller Begeisterung ginge es doch erst einmal darum, sich die Dinge in Ruhe entwickeln zu lassen. Stefanie wusste aus Erfahrung, wovon sie sprach. „Die beste Form nutzt dir nichts, wenn dein Training keinen passenden organisatorischen Rahmen hat und deine Motivation auf kurzen Beinen daherkommt", gab sie Eva zu verstehen.

Die Argumente klangen vernünftig, aber Evas Ungeduld lehnte sich immer wieder gegen sie auf. Doch schließlich ließ sie sich auf das angepasste Trainingsprogramm ein. Das gemäßigte Lauftempo fiel ihr anfangs schwer. Insbesondere wenn ihr die Pulswerte an Steigungen das Gehen nahelegten. Aber nach und nach erkannte sie die Vorteile dieser Art des Laufens. Zumal das Befinden nach dem Training nun ein gänzlich anderes war. Sie war nur noch selten müde und fühlte sich in der Regel belebt und erfrischt. Auf Stefanies Empfehlung machte sie sich mit der Laufampel vertraut. Sie wurde bald zu ihrem geschätzten Trainingsbegleiter. Die sich stetig verbessernden Werte der Laufampel bestätigten ihr, mit ihrem Training auf dem richtigen Weg zu sein. Allmählich bekam sie ein besseres Gefühl für ihren Körper. Ihre Pulswerte während des Trainings und die Rückmeldungen der Laufampel bildeten zunehmend eine Einheit mit ihrem Körpergefühl. So entwickelte sich langsam ein Laufgefühl, das die überfordernden Kommandos ihres Kopfes ablöste.

Das regelmäßige Laufen entfaltete eine ordnende Kraft in Evas Leben. Sie freute sich auf nahezu jedes Training. Und wenn sie sich hin und wieder überwinden musste, so wurde sie dafür mit einem guten Gefühl nach dem Laufen belohnt. Die Karriere des Laufens in der Prioritätenfolge ihrer Tätigkeiten und Entscheidungen kam nicht von ungefähr. Schritt für Schritt fügte sich alles zu einem neuen Lebensrhythmus und Lebensgefühl zusammen. Das befürchtete Chaos im Familienleben blieb aus. Auf wundersame Weise organisierte sich die Familie, ohne ihre ständige Überwachung, um ihre Lauftermine herum. Während des Laufens öffnete sich ein Fenster in ihrem Kopf, aus dem ihre Alltagssorgen entschwanden. Sie fand den Schwung und die Energie wieder, um die Aufgaben des Alltags anzupacken. Vieles ging ihr nun wieder deutlich leichter von der Hand. Ihre Stimmungstiefs waren nicht mehr so abgründig, wurden seltener und blieben schließlich ganz aus. Ihre Frohnatur setzte sich durch. Sie lachte häufiger und nahm die Ärgernisse des Alltags mit einem unbekümmerten Schulterzucken hin. Sie hatte wieder Ideen und begann Pläne zu schmieden. Körperlich fühlte sie sich zunehmend besser. Durch jede Faser ihres Körpers zog sich häufig ein schwer zu beschreibendes Gefühl von Wohlbefinden und Frische. Sie fühlte sich wohl in ihrer Haut. Der nunmehr ruhige und tiefe Schlaf leistete seinen Beitrag. Morgens wachte sie in der Regel erholt auf. Wenn sie sich an Träume erinnerte, waren sie eher kurios als beunruhigend.

Allmählich wurde aus Eva eine echte Läuferin. Dem Basis-Gesundheitstraining war sie inzwischen entwachsen, und sie gestaltete ihr Training nach dem Fortgeschrittenen-Gesundheitstraining. Sie hatte inzwischen Stefanies Leistungsniveau erreicht und konnte während ihrer gemeinsamen Läufe mühelos mithalten. Meistens liefen sie so locker nebeneinander her, dass sie noch genügend Luft übrighatten, um miteinander zu plaudern. Hin und wieder spielten sie aber mit dem Tempo. Für eine Weile verließen sie die Komfortzone des entspannten Laufens und suchten die Anstrengung. Dann liefen sie dicht nebeneinander her, konzentriert auf ihren schweren Atem, eng verbunden durch den Rhythmus ihrer schnellen Schritte. Unterbrochen durch kurze Erholungspausen wiederholten sie solche Abschnitte mehrmals hintereinander. Belohnt wurden sie für ihre Anstrengung mit einem Gefühl tiefer Zufriedenheit über die Kraft und die Energie, die in ihren Körpern steckte. Über Stefanie hatte Eva Anschluss an eine Laufgemeinschaft gefunden. Mit einigen traf sie sich am frühen Sonntagmorgen. Im sehr gemächlichen Tempo unternahmen sie eine Art Laufspaziergang, der sie über eineinhalb Stunden durch die morgenfrische Natur führte. Viel Zeit und Ruhe zum Genießen und entspannten Miteinander. Dann freute sie sich ganz besonders auf das gemeinsame Frühstück mit ihrer Familie. Wenn sie nach Hause kam, erwarteten sie die warme Dusche und der bereits gedeckte Frühstückstisch. Auch die Kinder waren meist froh gestimmt. Konnten sie doch endlich ungestört nach Herzenslust ausschlafen und in den Tag hineintrödeln.

Mittlerweile hatte sich Evas Körper sichtlich verändert. Die Sorgenklammer ihrer nach vorne gekrümmten Schultern hatte sich gelöst und so zur Aufrichtung ihres Körpers geführt. Eine kleine Veränderung, die ihre Figur und Erscheinung zur Geltung brachten. Die Blässe in ihrem Gesicht war einer gesunden Frische gewichen, die durch einen leichten sonnengebräunten Teint unterstrichen wurde. Wenn sie im Bad vor dem Spiegel stand, betrachtete sie gerne ihre straffen Beine und griff prüfend in die feste Muskulatur. Auch die zuvor sehr üppig gewordenen Polster und Rundungen an anderen Stellen ihres Körpers hatten sich nun so weit zurückgebildet, dass sie ihre Weiblichkeit vortrefflich betonten. Das sie anlächelnde Spiegelbild gab ihr zu verstehen, dass sie mit sich zufrieden war.

Die Zeit verging, und mit ihr wechselten die Jahreszeiten. Sie erlebte sie durch das Laufen auf eine neue und sehr intensive Weise. Die Eindrücke legten sich über ihre Sinne und drangen in jede Pore ihrer Haut. Ihr durch das Laufen von Gedanken befreite Kopf war nun bereit, all diese Sinneseindrücke in ihrer ganzen Fülle aufzunehmen. Je mehr Eva von diesen Eindrücken sammelte, umso bewusster wurde ihr, wie abgeschnitten von der Natur sie bisher gelebt hatte, und welcher Reichtum sich nun offenbarte. Ihre Aufbruchstimmung und die sich durch das Training entfaltenden Kräfte entsprachen im Frühling der aus dem Winterschlaf erwachenden Natur entlang ihrer Laufstrecken. Es war belebend, die klare, frische Luft zu atmen und ihre angenehme Kühle auf der Haut zu spüren. Das helle Licht der Frühjahrssonne kontrastierte gegen das Dunkel des Winters und beflügelte ihr Gemüt. Der Sommer brachte die wohlige Wärme und die leichte Kleidung, die ihn zum hautnahen Erlebnis machte. Die Wärme legte beim Laufen einen feinen Film von Schweiß auf die Haut, der sich im Schatten des Waldes zur willkommenen Erfrischung auflöste. Die langen Tage öffneten neue Tageszeiten für das Laufen. Der frühe Morgen erschien in mildem, freundlichem Licht. Die noch ruhenden Lärmquellen bildeten einen Raum der Stille, der durch den Gesang der Vögel ausgefüllt wurde. Eine Stimmung, die manche Tiere aus ihrer Deckung im Wald herauslockte und unerwartete Begegnungen mit ihnen ermöglichte. Ein solcher Morgenlauf garantierte Eva stets einen friedlichen und ausgeglichenen Start in den Tag. Auch die drückende Hitze des Hochsommers hatte ihre Vorzüge. Sie gab ein langsames Lauftempo, mitunter auch Gehen, vor. In der flirrenden Luft und unter der bleischweren Sonne wurde die Zeit relativ. Sie kroch dahin wie eine Schnecke. Alle Hektik und Betriebsamkeit löste sich auf in mediterraner Gelassenheit. Die Hitze erschloss die Freude an einfachen Bedürfnissen, wenn Evas Durst seine Erlösung im kühlen Quellwasser am Wegesrand fand. Der Spätsommer brachte ihr die Leichtigkeit des Laufens. Ihre in den vorausgehenden Monaten stetig gewachsene Form entfaltete sich unter den gemäßigten Temperaturen. Eva erlebte die Natur und Landschaft im Wandel. Wenn sich der Nebel am Morgen langsam auflöste, begann mitunter ein Spiel von Licht und Schatten. Die flüchtigen Vorhänge öffneten und schlossen sich mit der zunehmenden termischen Bewegung der Luft. Überraschende Bilder tauchten plötzlich auf. Teils verhüllt, teils von der Sonne angestrahlt, wurde ihr Blick auf einzelne Landschaftsausschnitte gelenkt, die sich in einer erstaunlichen dreidimensionalen Tiefe präsentierten. Die Vorboten des Herbstes waren die sich allmählich verfärbenden Blätter. Es wurde kühler und feuchter, der Wald bunter. Auf den Wegen bildeten sich Teppiche aus Herbstlaub, das jeden Laufschritt mit einem Rascheln untermalte. Die dunstige Luft war gesättigt mit dem schweren Duft des Herbstes. In ihrer Überreife und dem beginnenden Zerfall gab die Natur die Fülle ihrer Aromen preis. In jedem Atemzug ließ sich etwas Neues entdecken. Es roch nach Erde, Harz, Pilzen oder Obst. Eva blieb unter einem Apfelbaum stehen, wählte mit Bedacht einen besonders schönen Apfel aus, schloss die Augen, biss hinein und fühlte sich wie im Paradies ihrer Kindheit.

Mit dem Verschwinden der letzten Blätter setzte sich das Grau des Novembers als beherrschende Farbe durch. Es legte sich wie ein feiner Schleier auf Evas Stimmung und Laufmotivation. Ein Testlauf der Laufampel ergab einen ungewöhnlich schlechten Wert der Laufeffizienz. Ihr Tempo lag im Bereich der vorhergehenden Werte, aber der Puls war ungewöhnlich hoch. Eine Prüfung möglicher Fehlerquellen konnte das Rätsel nicht lösen. Die Antwort kam einige Tage später in Form heftiger Halsschmerzen, die sich rasch zu einer fiebrigen Erkältung ausweiteten. Seitdem sie lief, hatte sie deutlich weniger Infekte und wenn, dann in milderer Form als zuvor. Aber diesmal hatte es sie ordentlich erwischt. Die Folgen ihres Infektes zogen sich hin. Sie fühlte sich müde und abgeschlagen. Mit der Zeit wurde es langsam besser, aber die Lust am Laufen kam nicht zurück. Die Dunkelheit und das regnerische Wetter waren keine Einladung zum Laufen. Und so setzte sich allmählich die Trägheit wieder durch. Als Eva wieder einmal auf dem Sofa lag und teilnahmslos einen Film verfolgte, den sich ihre Kinder anschauten, klingelte es an der Tür. Es war Stefanie im Joggingdress, die sich in spezieller Mission auf den Weg gemacht hatte: „Deine Erkältung sollte doch längst wieder gut sein. Die Anderen fragen auch schon nach dir." Stefanies Überraschungsangriff auf Evas Trägheit ließ ihr keine Zeit, eine passende Ausrede zu finden. Es blieb ihr nichts anderes übrig, als sich in das Unvermeidbare zu fügen. „Dann lass uns mal schauen, ob ich noch laufen kann", antwortete Eva. Sie zog sich rasch um und los ging's. Es lief besser als vermutet, zumindest für eine Weile. Dann wurden Evas Beine schwer. Also wechselten sie in ein zügiges Gehen und hatten ihre Freude miteinander. Sie verabschiedeten sich mit den Worten: „So, der Anfang ist gemacht!"

Nach dem Laufen fühlte sie sich müde, aber auf eine angenehme Weise belebt.

In der Fortsetzung ihrer Laufeinheiten verschwand die Müdigkeit nach dem Laufen weitgehend. Energie und Vitalität breiteten sich in ihr aus. Der Kontrast zu ihrem Befinden in den Wochen zuvor führte ihr in aller Deutlichkeit vor Augen, welch großer Gewinn das Laufen für sie ist. Nach ihrer Laufpause waren die Werte ihrer Laufeffizienz sehr schlecht. Aber sie verbesserten sich rasch und erreichten bald wieder das übliche Niveau. Sie war überrascht, wie schnell ihre Form zurückkam. Die schnelle Verbesserung ihrer Fitness hob sich deutlich gegen die langsame und mühselige Aufwärtsbewegung während ihres Laufbeginns im Frühjahr ab. Ihr Organismus hatte sich, unter dem regelmäßigen und gut abgestimmten Training in den letzten Monaten, auf die Anforderungen des Laufens eingestellt. Er fühlte sich zuverlässiger und robuster an. Sie hatte sich solide Grundlagen erarbeitet, die nicht innerhalb kurzer Zeit wieder verschwanden. Das Laufen im Winter fiel ihr leichter, als sie vermutet hatte. Ihre Befürchtung, sich in der kalten Luft wieder rasch einen Infekt einzufangen, erwies sich als unbegründet. Allmählich entdeckte sie, dass der Winter mehr zu bieten hatte, als das kalte und feuchte Grau. Mit seinen Läuferfreuden brauchte er sich nicht hinter den anderen Jahreszeiten verstecken. Mit dem Winter endete der Jahreszyklus und Evas erstes Laufjahr.

Über das gemeinsame Laufen hatte sich Evas Freundschaft mit Stefanie intensiviert. Es harmonierte nicht nur zwischen ihnen, sondern auch ihre Familien passten gut zueinander. Bei verschiedenen Aktivitäten kam man sich schnell näher. Die Kinder, in etwa gleichen Alters, verstanden sich gut und hatten ihren Spaß miteinander. Die Männer machten es ihnen nach. Im Verlauf eines Ausfluges nahm die Idee Gestalt an, zusammen in Urlaub zu fahren. Man beschloss, im Frühjahr der Sonne entgegen zu fliegen. Die Vorgabe war, dass der Urlaubsort einen passenden Rahmen für die Neigungen, Hobbys und Interessen aller Beteiligten bieten sollte, damit sich jeder wohlfühlen konnte. Nach ausführlichen Recherchen war bald ein geeignetes Ziel gefunden. Die Hotelanlage lag malerisch in die Natur eingebettet, bot ein breites Angebot für sportliche und sonstige Aktivitäten, ein umfangreiches Animationsprogramm, Ziele für Ausflüge und schöne Plätze zum Faulenzen wahlweise am Strand oder am Pool. Die besondere Zugabe für Eva und Stefanie war eine Auswahl attraktiver Laufstrecken in der Umgebung.

Die Vorfreude hielt ihr Versprechen. Jeder fand seine Freuden und jemanden, mit dem er sie teilen konnte. Durch die Verdichtung von Erlebnissen in der Gemeinschaft entwickelte sich eine Atmosphäre, die nicht geplant werden konnte, sondern aus sich selbst heraus entstand und schließlich in eine mühelose Leichtigkeit des Miteinanders mündete. So fügte es sich gut, dass Evas Geburtstag in die Zeit der Reise fiel. Die Rahmenbedingungen, ihn angemessen zu feiern, konnten nicht besser sein. während sie in entspannter und froher Runde zusammensaßen, blickte Eva auf das vergangene Jahr zurück. Es war ein gutes Jahr. Sie war innerlich gewachsen und hatte sich zu ihrem Vorteil verändert. Es fühlte sich an, als stünde alles in ihrem Leben am richtigen Platz. Aber sie wusste auch, dass es nicht allein ihr Verdienst war. Ohne Unterstützung ihrer Familie und ihrer Freundin Stefanie wäre sie niemals so weit gekommen. Sie stand auf, nahm ihr Glas in die Hand und sprach ihren Dank aus.

In der Dämmerung des nächsten Morgens zog Eva ihre Laufkleidung an, verließ leise das Hotelzimmer und begab sich zum Strand, wo Stefanie bereits auf sie wartete. Sie setzten sich auf die Mauer der Uferpromenade, tranken Wasser und stärkten sich mit einer Banane. Kleine Wellen schwappten an den Strand und untermalten die morgendliche Stille mit einem beständigen und modulierten Rauschen. Ihr heutiges Laufziel war ein Leuchtturm, der einige Kilometer entfernt lag und nach Empfehlungen anderer Läufer ein besonderes Lauferlebnis versprach. Sie setzten sich langsam in Bewegung und folgten der Uferpromenade. Sie führte sie aus der Hotelanlage hinaus in ein kleines Dorf, das noch schlafend im Grau der Dämmerung lag. Einige Angler standen an der Hafenmole und hofften darauf, dass der frühe Wurm den Fisch fängt. Sie verließen das

Ufer und folgten der Straße, die sie aus dem Dorf führte. Die Bewegung wärmte sie allmählich auf. Nur an ihren Händen hielt sich die morgendliche Frische noch hartnäckig. Sie ließen das Dorf hinter sich. Die Straße wies nun eine Steigung auf, die ein deutlich langsameres Tempo verlangte. Mit dem Verschwinden der letzten Häuser bogen sie in ein Tal ein. Vor ihnen lag eine Mondlandschaft aus zerklüftetem Lavagestein. Links und rechts, der inzwischen sehr schmal gewordenen Straße, stieg das Gelände zunächst in einem sanften Bogen an und türmte sich schließlich zu kleinen etwa zweihundert Meter hohen Hügeln auf, die sich zu einem Höhenrücken zusammenfügten. Ihre zum Teil zerklüfteten Formen und schwungvollen Profilierungen drückten jedoch aus, dass sie sich zu höherem berufen fühlten und lieber Berge geworden wären. Die Vegetation beschränkte sich auf wenige, kleine Sukkulenten, die zwischen den Steinen ein genügsames Leben führten. Sie fanden ebenso genügsame Liebhaber in Form von Ziegen, die mit geübtem Blick die saftigsten unter ihnen erkannten und verspeisten. Mit der aufgehenden Sonne begann ein atemberaubendes Spiel von Licht und Farben. Es war, als ob die Sonne die Steinwüste zum Leben erweckte. Die Farben wechselten im Minutentakt. Das vorherrschende Braun begann in verschiedenen Rottönen zu leuchten. Das Feuer steckte augenscheinlich noch im Lavagestein und wurde von den morgendlichen Sonnenstrahlen erneut entfacht. Im Wechsel der faszinierenden Eindrücke verging die Zeit wie im Fluge, und plötzlich erhob sich ihr Ziel vor Ihnen. Sie befanden sich am Fuße eines Berges, auf dessen Spitze ein Leuchtturm thronte. Er offenbarte sich auf den ersten Blick nicht nur in seiner praktischen Funktion als Wegweiser für Schiffe, sondern genügte auch höheren ästhetischen Ansprüchen. Mit seinem niedrigen Turm und den ihn umrahmenden Gebäude glich er mehr einer Festung, als einem Leuchtturm. Die kunstvoll ineinander gefügten Lavasteine waren mit weißem Kalk verfugt und gaben dem Mauerwerk eine wabenartige Struktur, die bereits von Weitem erkennbar war. Wie gemalt fügte er sich in die Landschaft ein. Die Straße klebte förmlich am Felsen und führte in kleinen und größeren Bögen mit einer Steigung von 10% und auf einer Länge von etwa einem Kilometer hinauf zum Leuchtturm. Eva und Stefanie schauten sich an und nickten. Mehr Verständigung bedurfte es nicht. Sie waren ein eingespieltes Team und wussten, wie sie einer solchen Herausforderung begegneten. Dem Widerstand der Steigung setzten sie eine leichte Krafterhöhung entgegen. Es bedurfte einer Weile, bis sich die Steigung in das zu ihr passende Anstrengungsgefühl in ihren Körpern übertragen hatte. Eine leichte Aufregung weckte und fokussierte ihre Kräfte. Ihre Kraft und Energie konnten sie nun fühlen. Sie spürten sie in jeder Faser ihrer Körper. Sie lenkten sie in jeden ihrer Schritte, mit denen sie sich energisch den Berg eroberten. Allmählich erhöhten sie ihr Tempo. Ihre Bewegungen synchronisierten sich perfekt, wie die einer Mannschaft im Ruderboot. Jeder Schritt und jeder Atemzug wurden zur gegenseitigen Bestätigung und wirkten wie die Anfeuerungen einer Fangemeinschaft. Die stille Verständigung, über das gemeinsame Erleben dieses einzigartigen Momentes, erzeugte ein Gefühl tiefer Verbundenheit zwischen ihnen. Beflügelt von dieser Kraft wurden sie den Berg hinaufgetragen. Nur noch wenige Meter trennten sie vom Gipfel. Sie spürten weder den Schmerz in ihren Beinen, noch die Schwere ihres Atems. Sie bogen um einen Felsen und wurden jäh gestoppt vom Anblick, der sich ihnen bot. Tief unter ihnen breitete sich das Meer in seiner grenzenlosen Weite aus. Die Sonne ließ alles erstrahlen: die steil abfallenden Felsen, vereinzelte Wolken vor dem stahlblauen Himmel, die spiegelnde Fläche des Meeres, die Berggipfel um sie herum. Die unerwartete Wucht der Eindrücke ließ sie erschauern. Tief in Evas Innerem löste sich etwas. Plötzlich fühlte sie sich vollkommen frei.

3.1.2   Evas Erfolgsrezept

Die Geschichte von Eva beschreibt die Entwicklung einer jungen Frau zur Gesundheitsläuferin im Zeitraum eines Jahres. Ihre Ausgangssituation zeigt die folgenden Merkmale: Durch ihre vielfältigen Verpflichtungen ist sie sehr beansprucht. Daher findet sie kaum Zeit für sich selbst. Ihre letzten sportlichen Aktivitäten liegen lange zurück, und sie hat sich im Modus des Bewegungsmuffels eingerichtet. Ihre Fitness ist entsprechend schlecht. Gerne lässt sie sich durch süße Versuchungen verführen. Erste Anzeichen von Überge-wicht verweisen auf eine ungünstige Ernährung. Nicht zu überse-hen ist ihre Unzufriedenheit. Die Dinge wachsen ihr über den Kopf. Sie fühlt sich getrieben und gestresst, findet aber keinen Ausweg aus diesem Zustand. Die Folgen des anhaltenden emotionalen Stresses sind Schlafstörungen, Alpträume, Kopfschmerzen, Reiz-barkeit, Ängstlichkeit und Niedergeschlagenheit.

Es zeigt sich hier die typische Kombination von Stressfaktoren und Verhaltensmerkmalen, die zu den Zivilisationskrankheiten unserer Zeit führen. Eva kann die Belastungen noch leidlich kompensieren, da sie mit 35 Jahren jung und die Dauer der Belastungen nicht be-sonders lang ist. Aktuell führen sie zu einer Verschlechterung von Stimmung und Befinden. Hält ein solcher Zustand und Lebensstil jedoch über viele Jahre an, steigt die Wahrscheinlichkeit beträcht-lich für ernsthafte Erkrankungen mit erheblicher, dauerhafter und möglicherweise irreversibler Beeinträchtigung von Leistungsfähig-keit und Lebensqualität.

Es geht hier nicht um modischen Lifestyle oder übertriebene Ge-sundheitsapostelei, sondern um einen gravierenden Missstand im Umgang mit sich selbst und den eigenen gesundheitlichen Ressour-cen, der sich zum weltweit bedeutendsten Faktor von Krankheit und Sterblichkeit entwickelt hat. Es ist die Kombination aus Bewe-gungsmangel, falscher Ernährung und einer schlechten Stressverar-beitung, die maßgeblich zu den Krankheiten führt, die für etwa 45% der weltweiten Krankheitslast, mit steigender Tendenz, verant-wortlich ist. Aus diesem Grund hat die Weltgesundheitsorganisa-tion im Jahr 2010 Empfehlungen für Bewegung und sportliche Akti-vität veröffentlicht, die in Kapitel 6 ausführlich dargestellt werden.

Regelmäßige und angepasste Bewegung ist ein zentraler Schlüssel zum Erhalt der Gesundheit. Wer sich gesundheitsbewusst bewegt achtet in der Regel auch auf eine bessere Ernährung und andere gesundheitsförderliche Faktoren. Nach der Umfrage der Techniker Krankenkasse zum Bewegungsverhalten von 2013, die in der

Einleitung zitiert wurde, machen 52% der Deutschen nie oder selten Sport. Viele dieser Bewegungsmuffel würden aber gerne Sport treiben, wenn sie ihren inneren Schweinehund überwinden könnten. Hier zeigt sich das zentrale Problem von Gesundheitsverhalten. Der Wunsch, gesünder zu leben, scheitert allzu häufig in der Praxis. Zu wissen, welches Verhalten der Gesundheit zuträglich ist und die Umsetzung dieses Verhaltens im täglichen Leben, sind zwei verschiedene Paar Schuhe. Die Geschichte von Eva zeigt, wie komplex und schwierig dieser Weg ist. Wären die Verhaltensänderungen so einfach, wie sie in den Empfehlungen und in der Werbung propagiert werden, würden die gesundheitlichen Probleme nicht in dieser gesellschaftlichen Dimension bestehen.

Eva gelingt innerhalb eines Jahres die Metamorphose vom Bewegungsmuffel zur Gesundheitsläuferin. Ihr Erfolgsrezept setzt sich aus den folgenden Komponenten zusammen: dem Willen zur Veränderung in Kombination mit einer erfolgreichen Motivation, der Umsetzung ihres Vorhabens durch eine geschickte Organisation und günstige Rahmenbedingungen durch die Unterstützung ihrer Mitmenschen. Am Beispiel von Eva werden diese Komponenten nun näher erläutert.

Motivation

Veränderungen im Verhalten beginnen im Kopf. Der Mensch als planendes und handelndes Wesen ist stets gefordert, Antworten auf die täglichen Herausforderungen und Veränderungen in seinem Leben zu finden. Häufig steht er sich dabei selbst im Weg, weil er in seinen inneren Widersprüchen gefangen ist. Auch Eva steht sich anfangs selbst im Weg. Im Bestreben eine gute Mutter zu sein, vernachlässigt sie ihre eigenen Bedürfnisse und Interessen. Sie folgt offensichtlich einem Rollenbild, das eine „gute Mutter" durch übertriebene Fürsorge, Verantwortung, Kontrolle und Selbstaufopferung definiert. Möglicherweise orientiert sie sich hier am Vorbild ihrer eigenen Mutter. Im Ergebnis führt dieses Rollenbild aber nicht zur „guten Mutter", sondern zu einer erschöpften und unzufriedenen Mutter. Es ist auf die Dauer sehr anstrengend, sich für alles und jeden verantwortlich zu fühlen. So lähmt Eva die Selbstverantwortung der anderen Familienmitglieder und lädt sie ein, es sich auf ihre Kosten bequem zu machen. Zusätzlich führt ihr Verhalten zu Konflikten mit ihren Kindern, die sich ständig gegängelt fühlen.

Durch dieses anstrengende Streben rund um die Uhr überfordert Eva sich selbst und verliert ihre eigenen Bedürfnisse aus den Augen. Es zeigt sich hier das Bild eines übertriebenen Altruismus, dem das ausgleichende Gegenstück des gesunden Egoismus fehlt. Sie verliert sich in der Verantwortung für andere und vernachlässigt die Verantwortung für sich selbst und ihre Gesundheit. Dass diese Rechnung nicht aufgeht, vermitteln ihr mit zunehmender Deutlichkeit ihre Symptome: Beeinträchtigung der Stimmung (Reizbarkeit, Ängstlichkeit und Niedergeschlagenheit), reduzierte körperliche Leistungsfähigkeit durch schlechte Fitness, beginnendes Übergewicht, Schlafstörungen, Alpträume, Kopfschmerzen, Anfälligkeit für Infekte. Zunächst will sie es nicht wahrhaben und gerät zunehmend in eine Sackgasse. Aber als die Lage beginnt, krisenhaft zu eskalieren, trifft sie intuitiv die richtige Entscheidung: „Ich muss etwas für mich selbst tun! Wenn ich so weitermache, geht das nicht mehr lange gut. Laufen könnte das Richtige für mich sein."

Das Laufen hat für Eva eine doppelte Bedeutung. Zum einen ist es ein effektives Mittel, etwas für sich selbst und die eigene Gesundheit zu tun. Zum anderen erinnert Eva das Laufen an eine frühere Lebensphase mit einem Lebensgefühl von Freiheit und Ungebundenheit. Die Kombination aus der Motivation zur Veränderung und dem Wissen um eine effektive Lösungsstrategie, die in Evas Erfahrungsschatz ruhte, ist der Dreh- und Angelpunkt ihrer Erfolgsgeschichte. Sie ist die notwendige Voraussetzung, die Eva die Suche nach der Synthese aus ihren gegensätzlichen Zielen und Wünschen ermöglicht: in einer Familie leben, den Kindern eine gute Mutter sein und Freiheit erleben. Die gelingende Zusammenführung solcher Gegensätze im Leben ist die Grundlage von Zufriedenheit,

Gesundheit und Erfolg. Ein solches Unterfangen ist eine große Herausforderung, die zwar mit vielen Schwierigkeiten und Anstrengungen verbunden ist, die sich jedoch mittel- bis langfristig auszahlen. Zudem gibt es für diesen Weg keine gute Alternative. Für Eva wäre der Preis hoch gewesen, wenn sie diese Herausforderung nicht angenommen hätte. Ihre Beziehungen und ihre Gesundheit hätten wahrscheinlich erheblichen Schaden genommen.

Selbstorganisation

Zu wissen, was man will und wie man es erreichen könnte, ist die eine Seite, die gelingende Umsetzung des Vorhabens ist die andere Seite der Medaille. Die Tücke liegt bekanntlich im Detail. Die Motivation nährt sich aus den erlebten Erfolgen. Bleiben sie aus und ist die Zahl der Enttäuschungen und Misserfolge zu hoch, schwindet auch der Glaube am eigenen Vorhaben. Im Fall von Eva gibt es zwei Faktoren, die über Erfolg und Misserfolg entscheiden: die Integration der Trainingszeiten in ihren Alltag und ihr Trainingsaufbau. Wer trainieren will braucht Zeit. Und diese Zeit steht in Konkurrenz zu anderen Aktivitäten, die ebenfalls Zeit beanspruchen. Hinter der Zeitfrage stehen aber die Priorität und die persönliche Wichtigkeit der jeweiligen Handlungen. Wer keine Zeit für das Training findet, dem sind andere Dinge wichtiger. Ob man Zeit für ein regelmäßiges Training findet entscheidet also nicht die Uhr, sondern der Kopf.

Ein unter gesundheitlichen Aspekten effektives Training verlangt Regelmäßigkeit und definierte Trainingszeiten. Mit der Zunahme von Verantwortung und Pflichten wird es immer schwieriger, Aufgaben, Freizeitgestaltung und die Beachtung der persönlichen Bedürfnisse im Sinne einer gesunden Mischung unter einen Hut zu bekommen. Ein solches Unterfangen verlangt organisatorisches Geschick und ein effektives Zeitmanagement. Zu diesen Planungsaufgaben gehören vor allem feste Trainingszeiten und ihre flexible Anpassung an die aktuellen Erfordernisse. Die Trainingszeiten müssen so mit anderen Aufgaben und Abläufen abgestimmt sein, dass es nicht zu zeitlichen Kollisionen kommt. Im Falle von unvermeidbaren

Terminkollisionen, insbesondere bei sehr kurzfristig auftretenden, ist eine flexible Anpassung der Organisation erforderlich. Die Trainingszeiten müssen dann so verändert werden, dass es weder zu Ausfällen noch zu Stress durch übertriebene Terminverdichtung kommt.

Darüber hinaus müssen die Trainingszeiten gegen die Ansprüche anderer Menschen behauptet werden. Der Fall tritt ein, wenn einem nahe stehende Menschen erwarten, dass man ihnen genau die Zeit widmet, die man gerade für das Lauftraining eingeplant hat. Wer sozial gut eingebunden ist und nicht als Einsiedler lebt, wird dies häufig erleben. In solchen Konflikten kommt es darauf an, die eigenen Interessen auf sozial verträgliche Weise zu behaupten, um zu gesunden Kompromissen zu kommen. Und manchmal müssen solche Konflikte auch hart durchgefochten werden. Wer ängstlich ist, wenig Selbstvertrauen hat und konfliktscheu ist, bleibt hier mit seinen Anliegen auf der Strecke.

Wie diese Ausführungen zeigen, ist ein regelmäßiges Lauftraining eine anspruchsvolle Aufgabe der Selbstorganisation, die die folgenden Fähigkeiten voraussetzt:

- die erfolgreiche Klärung der Fragen: Was will ich? Und wie löse ich meine Zielkonflikte?
- eine gute Planung mit Möglichkeiten der flexiblen Anpassung,
- die Behauptung der eigenen Interessen mit sozialer Kompetenz und Konfliktfähigkeit.

Unterstützung

Eine gute Selbstorganisation benötigt aber auch günstige Rahmenbedingungen, um zum Erfolg zu führen. Wer ständig gegen den Strom schwimmen muss, kommt nicht voran und ermüdet rasch. Eva findet Verständnis und Unterstützung durch ihren Mann, ihre Kinder und ihre Freundin Stefanie. So wie sie sich anfangs selbst im

Wege steht, blockiert sie auch die mögliche Unterstützung. Ihre Kinder sind in einem Alter, in dem sie sich im Grunde mehr Selbstverantwortung wünschen und auch übernehmen können, wenn ihnen das entsprechende Vertrauen entgegengebracht wird. Zuviel Kontrolle ist hier ebenso schädlich wie zu wenig. Durch Überfürsorge und übertriebene Kontrolle behindert Eva zunächst die Autonomieentwicklung ihrer Kinder. Dies führt zu Konflikten, die schnell eskalieren und ihre Eigendynamik entwickeln können. Nicht selten finden sich Eltern und Kinder am Ende in den typischen Beziehungssackgassen der Adoleszenz wieder. Indem Eva die notwendige Verantwortung für ihre eigenen Bedürfnisse übernimmt und ihrer Freiheit Raum gibt, gelingt es ihr, auch den Kindern ihre Freiheit zu lassen. Dies entwickelt sich zu einer typischen Win-Win-Situation, in der für alle Beteiligten vieles einfacher wird und die zu einer deutlichen Verbesserung des Familienklimas führt.

Auch Evas Mann Georg leidet unter der anfangs schwierigen Situation. Er fühlt sich hilflos, da er weder weiß, was los ist, noch wie er zur Verbesserung der Lage beitragen kann. Erst als Eva sich ihm gegenüber öffnet, ihm ihre Schwierigkeiten und Lösungspläne ausführlich schildert, wird der Weg frei für Verständnis und Unterstützung. So geht es auch Georg deutlich besser, da sich die bedrückende Verunsicherung auflöst und Platz für tatkräftige Unterstützung macht. Es ist paradox aber wirksam. Indem Eva sich mehr Zeit für sich selbst nimmt und Verantwortung abgibt, bekommen andere mehr Freiheit und Eigenverantwortung. Dies öffnet den Weg für eine effizientere Organisation des Familienlebens, weil Aufgaben besser verteilt werden und bei allen das Gefühl gestärkt wird, zum Gelingen der Familiengemeinschaft beizutragen. So erhält die folgende Weisheit ihren Sinn: „Man muss loslassen können, um etwas zu bekommen."

Eine tragende Rolle für Stefanies Unterstützung hat ihre Freundin Stefanie. Die Kombination der folgenden Handlungen öffnet eine Tür in Evas Kopf: ihre Entscheidung besser für sich selbst und ihre Gesundheit zu sorgen, ihre Erinnerungen an frühere Erfahrungen des Laufens und das Teilen der Lauferlebnisse mit ihrer Freundin Stefanie. Plötzlich erkennt sie die Möglichkeiten in ihrer Freundschaft zu Stefanie, die ihr zuvor verschlossen waren. Das gemeinsame Interesse intensiviert ihre Freundschaft mit besonderen Gewinnen: erweiterte Möglichkeiten einer gemeinsamen Freizeitgestaltung, das Teilen von Erlebnissen führt zu ihrer Intensivierung, Eva profitiert von Stefanies Trainingswissen als erfahrene Läuferin, sie findet über Stefanie Anschluss an eine Laufgemeinschaft und schließlich wachsen auch ihre Familien enger zusammen. Es kommt zu einem Dominoeffekt positiver Ereignisse, die weder vorsehbar noch planbar waren.

Effektives Training

Laufen ist einfach, aber ein effektives Lauftraining ist anspruchsvoll. Die Trainingsreize richtig zu dosieren und zu strukturieren ist eine Kunst, die gelernt sein will. Die große Mehrheit der Freizeitläufer läuft zu schnell und zu monoton. Gewählt wird ein stets gleiches Tempo, das zu schnell ist, um die Grundlagen für die Ausdauerleistung im Körper zu bilden, aber zu langsam, um weitere Potentiale des Körpers zu erschließen. Im Läuferjargon wird dieser Trainingsfehler anschaulich mit dem Bild „im schwarzen Loch laufen" beschrieben. Auch Eva begeht diesen typischen Fehler. Sie läuft zu schnell, überfordert sich und bleibt hinter ihren zu hoch gesteckten Erwartungen zurück. Sie demotiviert sich damit selbst und gefährdet ihr Vorhaben. In den Kapiteln 7 und 8 werden die Grundlagen der Trainingslehre eingehend erläutert und praktische Trainingsanleitungen für Gesundheitsläufer ausführlich beschrieben.

Es ist ein verbreitetes Missverständnis, dass ein nach den Regeln der Trainingslehre strukturiertes Training nur für ambitionierte Läufer geeignet ist. Für Gesundheitsläufer ist es genauso wichtig. Um den Nutzen eines strukturierten Trainings hervorzuheben, werden im Kapitel 8 die zusätzlichen gesundheitlichen Gewinne ausführlich beschrieben, die mit einem solchen Training erzielt werden können. Im Beispiel übernimmt Evas Freundin Stefanie eine

Funktion als Trainerin. Sie erläutert Eva die Grundlagen effektiven Trainings und sorgt dafür, dass Eva mit einer Pulsuhr trainiert. Über die Herzfrequenz kann sie die Trainingsbelastung präzise steuern und ihr Körpergefühl für die verschiedenen Intensitäten schulen.

Wie viel und welches Training ist erforderlich, um nachhaltig die Gesundheit zu bewahren und zu fördern? Obwohl es an Beiträgen, Artikeln und Büchern über die gesundheitsförderliche Wirkung des Laufens nicht mangelt, bleibt diese zentrale Frage in der gesamten Ratgeberliteratur unbeantwortet. Was auf den ersten Blick kurios scheint, findet bei näherer Betrachtung schnell eine Erklärung. Zum einen sind die individuellen Voraussetzungen sehr unterschiedlich und zum anderen widersprechen sich die Ergebnisse wissenschaftlicher Publikationen. So stehen z.B. die Ergebnisse der Kopenhagener Herzstudie im Widerspruch zu den Bewegungsempfehlungen der Weltgesundheitsorganisation. Im Kapitel 6 werden die Gründe für diesen Widerspruch erläutert und in einem zweistufigen Trainingskonzept für Gesundheitsläufer aufgelöst: das Basis-Gesundheitstraining und das Fortgeschrittene-Gesundheitstraining. Wenn diese Trainingsvarianten mit dem empfohlenen Risikomanagement kombiniert werden, können die gesundheitlichen Gewinne maximiert werden. Das Risikomanagement besteht aus den Komponenten: regelmäßige Untersuchung der Sporttauglichkeit, Trainingsstopp bei Infekten und der Belastungssteuerung mithilfe der Laufampel.

Der Mühe Lohn

Der Volksmund spricht gerne vom „inneren Schweinehund", den es zu überwinden gilt, wenn sich den gewünschten Gewinnen Hürden in den Weg stellen. Und wahrlich, an Hindernissen mangelt es nicht, wie das Beispiel von Eva zeigt. Die Bewältigung des Alltags ist schon beschwerlich genug. Warum sollte man sich das Leben noch zusätzlich schwer machen? Da hat man es sich doch wirklich verdient, es sich in der knappen Freizeit auf der Couch bequem zu machen und sich mit Fernsehen und Genussmitteln zu verwöhnen. Nach der bereits erwähnten Studie der Techniker Krankenkasse zum Bewegungsverhalten in Deutschland haben sich 52% in dieser Weise entschieden und bewegen sich so gut wie gar nicht. Der Hälfte aller Befragten ist sich der Tatsache bewusst, dass sie sich zu wenig bewegen, und 34% aller Befragten würden sich gerne mehr bewegen. Nun, jeder ist hier frei in seiner Wahl.

Eva hat sich für das Laufen entschieden. In für sie überraschender Weise hat es sich zu einer ordnenden Instanz in ihrem Leben entwickelt. Es wurde im Verlauf eines Jahres zur Quelle positiver Erfahrungen und Erlebnisse, die ihr helfen, näher zu sich selbst und ihren Mitmenschen zu kommen. Das Laufen an sich ist keine Garantie dies zu erleben, aber wer es versteht, das Laufen für sich zu nutzen, kann dies erleben. Natürlich gibt es sehr viele Aktivitäten, die in ähnlicher Weise geeignet sind, Zufriedenheit, Gesundheit und Glück zu fördern. Aber unter ihnen befindet sich das Laufen in den oberen Rängen. Es ist einfach, effektiv und liegt in unserer Natur. Emil Zatopek, die tschechische Läuferlegende, brachte es auf den Punkt: „Fisch schwimmt, Vogel fliegt, Mensch läuft."

Anstrengungen investieren, um Gewinne zu erhalten? Warum nicht gleich die Gewinne mitnehmen, ohne sich anzustrengen? Ein Gedanke, mit dem Menschen sich hervorragend verführen lassen, wie einem die Werbung täglich vor Augen führt. Im Grunde weiß jeder, dass es nicht so einfach ist, wie man es sich wünscht. Und das ist auch gut so. Denn die wenigsten Menschen werden sich z.B. an das erste Geld erinnern, dass sie geschenkt bekommen haben. Aber nahezu alle werden sich an das erste selbst verdiente Geld erinnern. Der subjektive Wert eines Gewinnes steigt, bis zu einem bestimmten Grad, mit der Zunahme der in ihn investierten Anstrengungen. Ein Gewinn ohne Anstrengung ist möglich. Aber nur die Anstrengung erschließt den persönlichen Wert des Gewinnes.

Die durch das Laufen erzielbaren Gewinne lassen sich nach ihrer psychologischen, sozialen und biologischen Wirkung unterscheiden. Es ist die Vielfalt der psychologischen und sozialen Gewinne, mit ihren zahlreichen Verknüpfungen untereinander, die motivational besonders wirksam sind. Sie entscheiden darüber, ob ein neues Verhalten, wie in diesem Beispiel das Laufen, dauerhaft und stabil in das Leben integriert wird. Die biologischen Veränderungen spielen hier eine untergeordnete und indirekte Rolle. Sie sind nicht unmittelbar spürbar und entfalten erst langfristig ihre Wirkung in Form einer guten und stabilen Gesundheit. Es ist die Kombination der psychologischen, sozialen und biologischen Faktoren, die nicht nur zu einer kurzfristigen, sondern auch zu einer langfristig nachhaltigen Verbesserung der Lebensqualität führt.

Die psychologischen und sozialen Gewinne wurden bereits ausführlich dargestellt und werden zum besseren Überblick noch einmal zusammengefasst. Weiterführende und vertiefende Informationen stehen in Kapitel 9 „Die Kunst sich selbst zu motivieren und zu organisieren".

Die psychologischen und sozialen Gewinne: Quelle der Lebensfreude und motivationaler Treibstoff

- Laufen bildet einen Ausgleich zu vielen anderen Belastungen des täglichen Lebens. Es ist ein guter Schutz gegen die Vereinnahmung durch Pflichten und Verantwortung. Es hilft, den Kopf frei zu bekommen, zur Ruhe und zu sich selbst zu kommen.
- Laufen vermittelt besondere und intensive Erlebnisse. Es führt in die Natur und sorgt dafür, dass man sie mit allen Sinnen erlebt. Das Gefühl körperlicher Anstrengung verstärkt die Erlebnisfähigkeit, wenn sie richtig dosiert wird. Es wird dadurch möglich, sich vollkommen neue Dimensionen intensiven Erlebens zu erschließen.
- Laufen verbessert die Beziehung zum eigenen Körper. Man spürt sich selbst und entwickelt ein besseres Gefühl, was gut für einen ist und was nicht. Dies ermöglicht, besser auf sich achtzugeben und für die eigene Gesundheit zu sorgen.

Das Erleben von Kraft und Vitalität stärkt das Selbstvertrauen und das Selbstbewusstsein.

- Laufen eignet sich in besonderer Weise, Gefühle zu regulieren. Stress und emotionale Spannung werden auf gesunde Weise abgebaut und in ein positives Erleben überführt.

- Die Vielzahl der Lauftreffs und Laufveranstaltungen in vielen Ländern dokumentiert eindrucksvoll, dass Laufen die Menschen zusammenführt. So ist es möglich, neue Kontakte zu knüpfen, die bei näherem Interesse intensiviert werden können.

- Das Teilen von Erlebnissen beim Laufen und um das Laufen herum stärkt das Gefühl der Verbundenheit mit anderen und führt zu einer Intensivierung der Erlebnisse. Dies ist ein wirksamer Schutz vor Einsamkeit und eine wesentliche Quelle von Lebensfreude.

- Kontakte, gemeinsame Erlebnisse und das Gefühl von Verbundenheit schaffen ein günstiges Klima für vielfältige soziale Impulse und Aktivitäten, die weit über das Laufen hinausgehen.

- Der Mensch ist ein soziales Wesen und nicht als Einzelgänger geschaffen. Für ein gelingendes Leben braucht er Unterstützung und Motivation durch seine Mitmenschen, die auf den beschriebenen Wegen effizient gefördert werden können.

Die biologischen Veränderungen

Die durch das Laufen bedingten biologischen Veränderungen im Körper stärken die Gesundheit. Und Gesundheit ist das Fundament der Lebensfreude. Diesen Zusammenhang beschreibt der bekannte Sinnspruch: „Gesundheit ist nicht alles, aber ohne Gesundheit ist alles nichts." Die eigene Gesundheit wird oft als gegeben vorausgesetzt. Erst durch ihren Verlust wird die Bedeutung von Gesundheit zur schmerzhaft spürbaren Realität. Wer dauerhaft wesentliche Teile seiner Gesundheit einbüßt, erleidet zusätzlich erhebliche psychologische und soziale Verluste. Das Ausmaß und die Tragweite dieser schmerzhaften Verluste sind aus der Perspektive des Gesunden weder vorstell- noch abschätzbar.

Die Auswirkungen von Verhalten, das für die Gesundheit schädlich oder förderlich ist, laufen auf der biologischen Ebene des Organismus überwiegend verdeckt und diskret ab. Für diese biologischen Vorgänge haben wir keine Sensoren, die den Zustand der Systeme an das Gehirn melden und direkt mit den Emotionen, den Motivationsstrukturen und der Handlungssteuerung im Gehirn verknüpfen. Ein anschauliches Beispiel ist die Arteriosklerose, die eine der Hauptursachen für viele Krankheiten und frühzeitige Sterblichkeit ist. Die Veränderungen der Blutgefäße werden oft erst dann erkannt, wenn es zu Gefäßverschlüssen und ihren Folgen (Herzinfarkt, Schlaganfall, Durchblutungsstörungen) kommt. Die über lange Zeit verlaufenen Veränderungen der Gefäße sind dann nicht mehr umkehrbar.

Laufen schützt hingegen sehr wirksam vor diesen schädlichen Veränderungen. Aber woher soll die Motivation kommen? Ein zukünftiger Gewinn, der sich erst in 30 Jahren auszahlt und dann auch noch durch das Nichteintreten eines negativen Ereignisses, von dem man vielleicht auch ohne Laufen verschont geblieben wäre, bietet nur schwache Anreize. Es sind also nicht die biologischen, sondern vor allem die psychologischen und sozialen Gewinne, die motivational wirksam werden. Die Herausforderung besteht darin, aus ihnen einen stabilen Motivationscontainer in der oben beschriebenen Art zu bilden, der das gesunde Verhalten nicht nur bis zur nächsten Station, sondern über alle Stationen des gesamten Lebensweges zuverlässig und sicher transportiert.

Solche Motivationscontainer für gesundes Verhalten können robust oder fragil sein. Sie können aber auch bewusst zur Täuschung eingesetzt werden. Es steht Gesundheit drauf, aber es befindet sich genau das Gegenteil in seinem Inneren. Ein prominentes Beispiel ist die Kinder Milch-Schnitte, die als „gesunde" Pausennahrung für

Kinder beworben wird. Bei näherer Betrachtung ihrer Inhaltsstoffe zeigt sich aber, dass es keine gesunde Nahrung ist, sondern eine Süßigkeit, mit der Eltern und Kinder verführt werden. Das Kalkül des Herstellers ist, bereits bei Kindern Vorlieben und Abhängigkeiten von den Produkten zu erzeugen, die von ihnen auch noch gekauft werden sollen, wenn sie erwachsen sind.

Wer sich nicht an der Nase herumführen lassen und seine Gesundheit nachhaltig schützen möchte braucht ein solides Wissen über Gesundheit. Dazu gehört vor allem ein fundiertes Wissen um die biologischen Vorgänge und Veränderungen im Körper, und wie diese Prozesse durch das eigene Verhalten, in diesem Fall das Laufen, im Negativen wie im Positiven beeinflusst werden. Nach der Beschreibung der psychologischen und sozialen Faktoren, die die Laufmotivation fördern, richtet sich nun der Blick auf die gesundheitlichen Gewinne, die durch das Laufen in den folgenden Systemen des Körpers erzielt werden können: der Bewegungsapparat, das Herz-Kreislauf-System, der Stoffwechsel, das Immunsystem und das Autonome Nervensystem. Die Ausführungen werden an dieser Stelle aber nur kurzgehalten, um einen Überblick zu bekommen. Ausführlich wird das Thema in Kapitel 5 behandelt.

Der Bewegungsapparat

Laufen kräftigt die Muskulatur des gesamten Körpers und befähigt sie zu ausdauernder Leistung. Viele Beanspruchungen im täglichen Leben fallen dadurch leichter. Eine gut ausgebildete Muskulatur stützt und schützt das Skelett. Gelenke und Bandscheiben werden entlastet. Das Laufen kräftigt die Sehnen und Bänder. Es führt zu einer besseren Versorgung aller Strukturen des Skelettsystems mit Nährstoffen. Die genannten Faktoren führen nicht nur zu einer Verbesserung von Leistungs- und Funktionsfähigkeit des Bewegungsapparates, sondern auch zur Vorbeugung orthopädischer Erkrankungen.

Das Herz-Kreislauf-System

Laufen verbessert die Pumpleistung des Herzens durch mehr Muskelmasse und die Erweiterung der Herzkammern. Pro Herzschlag wird somit eine größere Menge Blut durch den Kreislauf gepumpt. Der erhöhte Blutdurchfluss beim Laufen hält die großen Blutgefäße geschmeidig und beugt Arteriosklerose vor. In den Außenbereichen des Gefäßsystems verbessert sich die Durchblutung durch die Zunahme kleinster Blutgefäße insbesondere in der Muskulatur. Zusätzlich wird das Blut befähigt, mehr Sauerstoff zu binden und zu transportieren, was zu einer besseren Versorgung des gesamten Körpers mit Sauerstoff führt. Unterstützt werden diese Prozesse durch eine Verbesserung der Lungenfunktion. Die pro Atemzug aufgenommene Luftmenge sowie die Kraft und Ausdauer der Atemmuskulatur nehmen zu. Die aufgeführten Faktoren schützen vor Arteriosklerose, Herzerkrankungen, Herzinfarkten, Bluthochdruck, Durchblutungsstörungen und Schlaganfällen. Die bessere Durchblutung und Versorgung mit Sauerstoff kommt insgesamt allen Organen des Körpers zugute.

Der Stoffwechsel

Durch das Laufen werden in der Muskulatur eine Fülle von zusätzlichen kleinsten Stoffwechselfabriken (Mitochondrien) neu gebildet und bestehende ausgebaut. Der im Blut gelöste Zucker kann so schneller und effizienter verbrannt und in Energie umgewandelt werden. Zusätzlich lernen diese Fabriken, Energie aus den Fettdepots des Körpers zu erzeugen. In Kombination mit dem erhöhten Energieverbrauch beim Laufen führt dies zu einer Regulierung des Blutzuckerspiegels und zum Abbau überschüssiger Fettdepots im Körper. Unter der Voraussetzung einer ausgewogenen Ernährung schützt Laufen auf diese Weise vor Übergewicht und Diabetes.

Das Immunsystem

Laufen stärkt das Immunsystem. Jedoch kommt es hier besonders auf die richtige Dosierung des Laufens an. Gerade bei Laufanfängern und ambitionierten Läufern kann es phasenweise zu Schwächungen des Immunsystems kommen. Grundsätzlich führt das gestärkte Immunsystem zu einer deutlichen Abnahme der Infektanfälligkeit, und Infekte verlaufen milder. Zudem häufen sich die Hinweise, dass Laufen das Risiko für Krebs oder zumindest einige Krebsarten reduzieren kann. Ein Effekt, bei dem das Immunsystem wohl maßgeblich beteiligt ist.

Das autonome Nervensystem

Laufen verbessert die Regulationsfähigkeit des autonomen Nervensystems (ANS). Das ANS steuert viele Organfunktionen. Es regelt die Leistungsbereitschaft und die Erholungsprozesse des Organismus. Das ANS passt die Energiebereitstellung und die Rückgewinnung verbrauchter Energie den momentanen Erfordernissen an. Körper und Psyche werden dadurch resistenter gegenüber Stress. Dies schützt nicht nur vor vielen stressbedingten Erkrankungen, sondern ist auch ein universaler Gesundheitsfaktor, der sich bei einer Vielzahl von Erkrankungen schützend auswirkt.

Die Laufampel als Bindeglied zwischen Biologie und Motivation

In der Laufampel werden die beschriebenen biologischen Veränderungen abgebildet. In Kapitel 5 werden die hier kurz vorgestellten biologischen Prozesse und Gewinne eingehend beschrieben und den verschiedenen Parametern der Laufampel zugeordnet. Damit wird nicht nur verständlich, wie die Laufampel funktioniert, sondern darüber hinaus auch, was genau mit ihr gemessen wird. Es wurde bereits erwähnt, dass wir für die beschriebenen biologischen Prozesse keine Sensoren haben und sie daher auch nicht wahrnehmen können. Die Laufampel macht die im Verborgenen ablaufenden Prozesse sichtbar. Sie ist also eine Art Sehhilfe, die die

Defizite in der Wahrnehmung bis zu einem gewissen Grad ausgleichen kann.

Noch besser und noch genauer könnte man dies mit einer professionellen sportmedizinischen Leistungsdiagnostik erreichen. Da diese kostspielig und zeitaufwändig ist, insbesondere wenn sie häufiger im Rahmen einer Verlaufskontrolle durchgeführt wird, kommt sie für den Breitensport nicht in Frage und bleibt überwiegend dem Profisport vorbehalten. Für die Belange des Laufens im Breitensport löst die Laufampel diese Aufgabe auf eine einfache und effektive Art. Die Laufampel ist das fehlende Bindeglied, das die biologischen Faktoren mit den psychologischen und sozialen Faktoren verknüpft. Die biologischen Faktoren des Laufens sind für die Gesundheit relevant. Die psychologischen und sozialen Gewinne des Laufens sind für die Motivation wichtig. Mit der Laufampel werden sie zu einer Einheit zusammengeführt. Sie ist damit das Bindeglied zwischen Biologie und Motivation.

3.2 Ambitionierte Freizeitläufer

Ambitionierte Freizeitläufer trainieren strukturiert nach Trainingsplänen oder eigenen Vorgaben, mit denen sie sich systematisch auf sportliche Ziele vorbereiten. Die Leistungsziele werden durch die unterschiedlichen Distanzen im Langstreckenlauf definiert. Die häufigsten Volksläufe und Wettbewerbe gehen über 10 Kilometer, Halbmarathon (21,1 Km) und Marathon (42,195 Km). Beliebt sind auch Crossläufe, die im Herbst und Winter querfeldein in Gelände mit oft schwerem Boden über Distanzen von fünf bis acht Kilometer dem Läufer einiges abfordern. Ergänzt wird das klassische Angebot durch Trail- und Ultraläufe. Trailläufe führen den Läufer über lange Distanzen und viele Höhenmeter auf verwegenen Pfaden durch unwegsames Gelände. Das besondere Naturerlebnis will hier mit erheblichen Anstrengungen erarbeitet werden. Für die Unermüdlichen bietet das Veranstaltungsrepertoire Ultraläufe an, die deutlich länger als ein Marathon sind. Manche betragen auch ein

Mehrfaches dieser Distanz und können sich über mehrere Etappen und Tage erstrecken.

Bei näherer Betrachtung des munteren Treibens der Läuferschar lassen sich verschiedene Läufertypen unterscheiden. Zu ihnen zählen: der Finisher, der Genussläufer, der Zeitenjäger, der Vielstarter und der Abenteurer. Der Finisher ist der Novize auf den Laufstrecken. Er möchte wissen, ob er die Strecke bewältigt, sich auf ihr bewährt und die Atmosphäre der Veranstaltung schnuppern. Die erzielte Zeit ist von Interesse, spielt aber eine untergeordnete Rolle. Ihn beflügelt der erweiterte olympische Gedanke: dabei sein und nicht Letzter werden. Der Genussläufer konzentriert sich ganz auf die menschlichen Begegnungen und schönen Erlebnisse der Laufveranstaltung. Das Lauftempo steht im Dienste des Genießens. Es ist langsam bis moderat und wird stets so dosiert, dass es die Erlebnisfähigkeit fördert und nicht behindert. Der Zeitenjäger bildet den Gegenpol. Wie sein Name bereits verkündet, ist er auf der Jagd nach Platzierung, Sieg und persönlicher Bestzeit. Mit Trainingsfleiß, ausgeklügelten Trainingsstrategien und unbändigem Willen geht er an seine Grenzen und nicht selten darüber hinaus. Der Vielstarter ist der alte Hase unter den Läufern. Frei nach Descartes lebt er nach der Maxime: „Ich laufe, also bin ich!" Man trifft ihn auf fast jeder Laufveranstaltung, ob regional oder überregional. Er vermittelt den Eindruck, als könne er sich vervielfältigen und an mehreren Orten gleichzeitig laufen. Der Abenteurer bewegt sich fernab der gewohnten Laufpfade. Gesehen wird er in der Wüste, im Hochgebirge, im Dschungel und sogar am Südpol. Er sucht das noch nie Erlebte, um der staunenden Läufergemeinschaft davon zu berichten.

Es wird deutlich, dass die physische Belastung durch das Laufen auf dem beschriebenen Niveau häufig erheblich ist. In der Szene wird viel gerannt und wenig geruht. Nach dem Wettkampf ist vor dem Wettkampf und dies nicht selten über das ganze Jahr - jahrein, jahraus. Zu den Laufbelastungen kommen die Belastungen aus Beruf, Familie und weiteren Verpflichtungen hinzu. So kann die Frage gestellt werden, ob die Belastungen und gesundheitlichen Risiken bei ambitionierten Freizeitsportlern mitunter nicht höher sind als im Profisport. Profisportler sind in der Blüte ihrer Jahre und in ein engmaschiges Betreuungssystem eingebunden. Der junge und talentierte Organismus ist gegenüber hohen Belastungen widerstandsfähiger und erholt sich besser, als der durchschnittliche und in die Jahre gekommene Körper. Das Betreuungssystem im Profisport gewährleistet die Kontrolle der medizinischen Risiken, den schonenden Trainingsaufbau und den Schutz vor Übertraining. Kurze bis lange Ruhephasen werden fest eingeplant und eingehalten. Weil Profisportler unterstützt und finanziert werden, haben sie in der Regel den Rücken für ihren Sport frei. Im Sog der eigenen Leistungsmotive und des Gruppenzwanges bleibt der ambitionierte Freizeitsportler hingegen weitgehend sich selbst überlassen. Es gibt also gute Argumente für ein sinnvolles und effektives Risikomanagement, wie es in diesem Buch vorgeschlagen wird.

„So viel Laufen? Das ist doch nicht normal!" Da ambitionierte Freizeitläufer diese Botschaft häufiger zu hören bekommen, soll der Begriff der Norm näher beleuchtet werden. Es ist eine subjektive Norm, die in der Aussage angewendet wird. Sie definiert die eigene Bezugsgruppe. Wenn die genannte Aussage von Bewegungsmuffeln gemacht wird, was häufig der Fall ist, ist die Bezugsgruppe für diese Norm die der Bewegungsmuffel. In der Bewertung der Abweichung von der eigenen Norm werden das eigene Verhalten und der eigene Lebensstil definiert und gerechtfertigt. Es ist also fraglich, ob diese Botschaft mehr über den Adressaten oder den Sender aussagt. Die Norm ist hier relativ, eine Frage von Standpunkt und Perspektive.

Ein weiteres Phänomen ist das der sogenannten „Sportsucht". Der Begriff beschreibt ein krankhaftes Verhalten, das von der gesunden Norm abgegrenzt wird. Ausdauersportler sollen hier besonders anfällig sein. Umgangssprachlich wird hier häufig der Begriff des „Endorphinjunkies" verwendet. Bei intensivem Ausdauersport werden vermehrt körpereigene Opiate (Endorphine) ausgeschüttet. Der erhöhte Endorphinspiegel wird mit dem Begriff des „Runner's High" in Verbindung gesetzt. Er beschreibt einen besonderen Glücksmoment, der sich beim Laufen einstellen kann. Auch wenn Endorphine hier mit im Spiel sind, so kommen beim Phänomen des Runner's High noch viele andere Faktoren hinzu. Wer also viel und über das „normale" Maß Sport treibt, läuft Gefahr als „Endorphinjunkie" eingestuft zu werden. Die körpereigenen Opiate (Endorphine) werden hier mit Rauschgift gleichgesetzt. Und der Sporttreibende wird als Süchtiger beschrieben, der an der körpereigenen Opiatproduktion hängt, wie der Junkie an der Heroinspritze mit allen dramatischen Begleiterscheinungen des körperlichen, psychischen und sozialen Verfalls.

So übertrieben und unpassend dieser Vergleich ist, verweist er doch auf die Abgrenzung der sogenannten Sportsucht zu den typischen Suchterkrankungen. Die Voraussetzung für die Diagnose einer Suchterkrankung ist die Selbstschädigung. Die Symptome der körperlichen, psychischen und sozialen Schäden und Beeinträchtigungen werden von den Betroffenen hartnäckig ignoriert und geleugnet. Selbst dann noch, wenn sie bereits zu weitreichenden Beeinträchtigungen im Leben der Betroffenen geführt haben. Dies trifft überwiegend auf die substanzgebundenen Süchte zu, bei denen ein eindeutiger Nachweis der Toxizität der Substanz vorliegt (Nikotin, Alkohol, Drogen). Zu den Süchten, die nicht substanzgebunden sind, wird vor allem das pathologische Glückspiel gezählt. Wenn Heim und Hof verspielt sind, drohen Armut und sozialer Abstieg nicht nur für die Betroffenen, sondern häufig auch für ihre Angehörigen. In der internationalen Klassifikation von Krankheiten der Weltgesundheitsorganisation sind lediglich die substanzgebundenen Süchte und das pathologische Glückspiel aufgeführt, wobei letzteres zu den Verhaltensauffälligkeiten zählt. Die Sportsucht ist keine anerkannte Krankheit und dies zu Recht, denn ihr fehlt die eindeutig selbstschädigende Dimension der Suchterkrankungen.

Umgangssprachlich wird der Begriff Sucht häufig angewendet, wenn Menschen von bestimmten Verhaltensmustern nicht oder nur schwer lassen können. Aber die Definition des Nicht-Lassen-

Könnens erfüllen sehr viele Verhaltensmuster bei sehr vielen Menschen, und sie würde zu einer Inflation von Suchtdiagnosen führen. Letztlich kommt es also darauf an, den Aspekt der Selbstschädigung in jedem Einzelfall genau zu prüfen. Häufig zeigt sich dann, dass die festgestellten Auffälligkeiten und das übertriebene Sport treiben Ausdruck einer anderen Krankheit sind, wie z.B. einer Essstörung. Magersüchtige, häufig junge Frauen, nutzen den Sport im Streben nach einem selbstzerstörerischen Körperideal. Aus einer anderen Perspektive betrachtet ist der Sport, vor allem das Laufen, eine anerkannte Therapiemethode und Teil eines umfassenden Behandlungskonzeptes von Suchterkrankungen. Vielen Süchtigen ist es gelungen, dem Alkohol oder dem Nikotin „davon zu laufen".

Ein Sprichwort sagt: „Man kann es treiben, aber auch übertreiben!" Die Botschaft hat eine implizite Aussage. Wer es treibt ist normal und vernünftig, wer es übertreibt ist unnormal und unvernünftig. An der Übertreibung klebt der Geschmack des Negativen. Aber die Übertreibung hat auch eine sehr positive und gesunde Seite, die häufig übersehen wird. Wer ausschließlich danach lebt, was vermeintlich normal und vernünftig ist, riskiert an Langeweile zu erkranken oder kann sich nicht aus dem Gefängnis seiner eigenen Ängste befreien. Wer die Fülle des Lebens erobern möchte, muss die graue Zone der Erlebnislosigkeit verlassen. Hier bietet sich der Begriff der Leidenschaft an. Ihm voran steht das Leiden - das doch jeder zu vermeiden sucht. In seiner Doppeldeutigkeit ist hier aber nicht das Durchleiden des Lebens, sondern das Leben durch Leiden gemeint. Erst die besonderen Anstrengungen schaffen den Zugang zu den unvergesslichen Erlebnissen, die aus dem Nebel des Alltags herausragen. Das Leiden ist hier nicht Selbstzweck, sondern Mittel zum Zweck. Durch die richtige Dosierung und angemessene Begrenzung des Leidens werden die Sinne geschärft, die Konzentration fokussiert und die Psyche in einen Zustand besonderer Erlebnisfähigkeit versetzt. Dies wird besonders anschaulich am Beispiel des Bergsteigens. Durch den beschwerlichen Aufstieg erarbeitet sich der Bergsteiger eine Perspektive und einen Ausblick, der einzigartig ist. Er könnte sich auch mit einem Hubschrauber auf dem

Gipfel absetzen lassen. Aber das Erlebnis hätte bei weitem nicht die Qualität und Intensität, weil ihm die Anstrengung und das dosierte Leiden des Aufstiegs fehlen. Diesem Beispiel entsprechend kursiert unter Läufern der Spruch, dass der Marathon das Matterhorn des kleinen Mannes ist. Es bedarf also nicht der grandiosen Tat, um das Besondere zu erleben.

Vernunft und Leidenschaft sind Gegensätze, die einander gut ergänzen können. Die Leidenschaft führt zu besonderen Erlebnissen und Glücksmomenten, deren Zugang die Vernunft versperrt. Die Vernunft hingegen sorgt dafür, dass die Leidenschaft nicht ins Unglück führt. Dieser Zusammenhang wird in den Risikosportarten besonders deutlich. Erfolgreiche Risikosportler sind keine wilden Draufgänger, die die kopflose Mutprobe suchen. Sie setzten sich minutiös mit den Risiken auseinander und versuchen so, die Grenze des Machbaren immer wieder ein Stück hinaus zu schieben. Insofern sind sie keine Draufgänger, sondern Grenzgänger. Es liegt jedoch in der Natur dieses Strebens, dass nicht nur die kontrollierbaren, sondern auch die unkontrollierbaren Risiken zunehmen und das Handeln zur Gradwanderung werden kann. Im Extrembergsteigen wird dieses Prinzip im wahrsten Sinne des Wortes auf die Spitze getrieben und das Schicksal in einer Art Russisch-Roulette-Spiel herausgefordert.

Extremes Laufen ist nicht ohne Risiken, aber weit davon entfernt eine Risikosportart zu sein. Das Laufen liegt in der Natur des Menschen. Es ist ein wesentlicher Teil der Erfolgsgeschichte seiner Evolution. Lange Distanzen laufend zurückzulegen verschaffte dem Menschen in prähistorischen Zeiten einen entscheidenden Überlebensvorteil. Auch heute gibt es Menschen, die ihre Berufung darin gefunden haben, sich die Welt laufend zu erschließen. Die marathonaffinen Vielstarter haben sich im 100 Marathon Club Deutschland zusammengeschlossen. Wie bereits der Vereinsname verkündet, ist der Status des ordentlichen Mitgliedes nur Läufern vorbehalten, die die Marke von 100 Marathonläufen überschritten haben. Da ähnliche Vereine in vielen Ländern bestehen, gibt es natürlich auch ein „World Megamarathon Ranking", also eine Art Weltrangliste, in der die Läufer und Läuferinnen mit der größten Anzahl absolvierter Marathons und Ultramarathons geführt werden.

Auf Platz eins der Weltrangliste im Jahr 2016 stand Christian Hottas mit 2513 gelaufenen Marathons und Ultramarathons. Er ist Jahrgang 1956 und lief seinen ersten Marathon 1987. Mit einer Körpergröße von 1,71 Meter und einem Gewicht von 90 Kilogramm hat er nicht gerade den gazellenartigen Körperbau des kenianischen Läufers. Als praktizierender Allgemeinmediziner und Sportarzt kann er die Begleitsymptome des Laufens angemessen einschätzen und seine Grenzen erkennen. Das Geheimnis des Ultralaufens ist die Erfindung der Langsamkeit, als Gegenmittel zum beschleunigten und atemlosen Tempo unserer heutigen Lebensweise. Dann ist Laufen bis ins höhere Alter möglich. Auf Platz drei der Weltrangliste aller Läufer und Platz eins der Frauen stand 2016 die 1940 geborene Siegrid Eichner, die ihren ersten Marathon 1981 lief. Im stolzen Läuferalter von 76 Jahren waren es zu diesem Zeitpunkt 2025 Marathons und Ultramathons, die sie in ihrem Läuferleben unter ihre Füße genommen hat.

In der Vermessung der Fähigkeit des Menschen lange Distanzen zu laufen, erschließen sich noch größere Dimensionen. Den Beweis, was möglich ist, führte der französische Ultraläufer Serge Girard, der 1953 geboren wurde. In den Jahren 1997 bis 2006 durchlief er alle sechs Kontinente. Australien war mit 3755 Kilometern die kürzeste Durchquerung, für die er 47 Tage benötigte. Die längste Distanz war Paris – Tokyo mit 19300 Kilometern. In den Jahren 2005 bis 2006 legte er sie in 261 Tagen zurück. Für alle Durchquerungen war es der Weltrekord. Einen weiteren stellte er in den Jahren 2009 bis 2010 auf. In 365 Tagen legte er quer durch 25 Länder in Europa 27011 Kilometer zurück. Zum Beginn des Laufes betrug sein Körpergewicht 64 und am Ende 54 Kilogramm. Es liegt also im Bereich der menschlichen Leistungsfähigkeit, jeden Tag 74 Kilometer ein Jahr lang zu laufen. Aber Serge war des Laufens noch nicht müde. Im inzwischen fortgeschrittenen Alter von 63 Jahren hat er sich im Januar 2016 auf den Weg zur Weltumrundung gemacht. Seit 2014 gibt es eine World Runners Association, eine Vereinigung für Läufer, die sich das Ziel gesetzt haben, die Welt laufend zu umrunden. Für dieses Vorhaben wurden Regeln definiert. Wer unter Einhaltung dieser Regeln die Welt erfolgreich umlaufen hat, wird in den World Runners Club aufgenommen. Bisher sind es noch sehr wenige Läufer. Serge Girard gehört inzwischen dazu. Am 08.04.2017, nach 434 Tagen und 26246 Kilometern hat er den bisherigen Rekord des Australiers Tom Dennis gebrochen, der 2013 und im Alter von 55 Jahren die 26232 Kilometer lange Weltumrundung in 622 Tagen bewältigte.

In diesem Kapitel wurde dargestellt, dass das ambitionierte Laufen außerhalb des Profisports viele Facetten hat. Die Motive der Läufer sind vielfältig, und es gibt dazu passend eine breite Angebotspalette von Laufveranstaltungen. Die Risiken umfangreichen und intensiven Laufens sind nicht zu leugnen, aber sie sind letztlich überschaubar. Bezüglich der Risiken bestehen Vorurteile, die sich bei näherer Betrachtung jedoch als unzutreffend erweisen. Die Grenzen menschlichen Laufvermögens sind erstaunlich weit, wie in einigen Beispielen gezeigt wurde. Die zentrale Aussage dieses Kapitels besteht darin, dass der Gewinn an Lebensfreude durch Erlebnisse von besonderer Qualität bei ambitionierten Läufern auch mit einem erhöhten Risiko verbunden ist. Die Vermeidung jeglichen Risikos ist aber nicht die Alternative, denn dies würde zu einem deutlichen Verlust an Lebensqualität führen. Die Lösung dieses Dilemmas, das ist das Leitthema dieses Buches, besteht in der klugen Kontrolle des Risikos: Leidenschaft, Erlebnisreichtum und Gesundheit sollen zu einer Erfolgsformel für das eigene Leben zusammengeführt werden. Die Laufampel ist ein wichtiger Teil dieser Erfolgsformel. Im nächsten Kapitel wird die Anwendung der Laufampel für ambitionierte Läufer, wie bereits für Gesundheitsläufer, im Rahmen einer kurzen Geschichte dargestellt. Die Leserinnen und Leser, die mit dem ambitionierten Laufen nicht vertraut sind, bekommen hier einen Einblick in diese Welt. Der erfahrene Läufer wird sich hingegen in einigem wiedererkennen und mit vielem vertraut sein. Für das Beispiel wurde die Vorbereitung auf einen Marathon und seine erfolgreiche Bewältigung gewählt. Ebenso hätte sich die Vorbereitung auf ein 10 Kilometer Rennen, einen Halbmarathon oder eine andere Distanz angeboten. Aber anhand der Vorbereitung auf den Marathon lassen sich die Prinzipien der Laufampel besonders gut darstellen. Zudem ist der Marathon die Königsdisziplin des ambitionierten Freizeitläufers, in der er sich gern beweisen möchte.

3.2.1 Michael auf dem Weg zu seiner Bestzeit: eine Kurzgeschichte

Im Alter von 42 Jahren packte Michael noch einmal der sportliche Ehrgeiz. Seitdem er beruflich gut Fuß gefasst hatte, und seine Kinder zunehmend ihre eigenen Wege gingen, fand er wieder mehr Zeit für sein liebstes Hobby, das Laufen. Er hatte bereits etliche 10 Kilometer- und Halbmarathonläufe absolviert. Auch auf der Marathonstrecke hatte er sich schon dreimal erprobt und die Höhen und Tiefen dieser Distanz kennengelernt. In der letzten Saison waren seine Zeiten auf 10 Km und Halbmarathon recht vielversprechend und signalisierten ihm: „da geht noch was!" So reifte gegen Ende der Saison der Entschluss, im Marathon eine Zeit unter 3:30 Stunden zu erreichen. Bei den gemeinsamen Läufen mit seiner Laufgruppe im Winter wurden die Vor- und Nachteile verschiedener Trainingspläne heiß diskutiert. Die Marathonveranstaltungen der nächsten Saison wurden eingehend recherchiert und auf ihre Tauglichkeit nach Höhenprofil, Beschaffenheit der Strecke und Attraktivität geprüft.

Nach reiflichen Überlegungen von Michael und einigen seiner Lauffreunde fiel die Entscheidung für einen Marathon Ende April mit einer flachen Strecke. Gemäß verschiedener Laufberichte auf der Internetseite „marathon4you" sollte der Marathon einiges zu bieten haben: eine interessante Stadt mit reizvoller Laufstrecke und Sehenswürdigkeiten, reichlich Zuschauer, eine gute Stimmung an der Strecke und eine ausgezeichnete Organisation. So sollte dafür gesorgt sein, dass es während des Laufes nicht langweilig wird und auch sonst alles reibungslos klappt. Wie der Zufall es wollte, wohnte dort ein alter Freund, den Michael bereits seit seiner Schulzeit kannte. Da sie sich in den letzten Jahren etwas aus den Augen verloren hatten, bot sich hier eine gute Gelegenheit, den Kontakt wiederaufzufrischen. Auch er läuft gerne, und Michael lief mit ihm in früheren Jahren oft gemeinsam. Im Telefonat stellte sich heraus, dass nicht nur Michael, sondern auch sein Freund die Teilnahme am Marathon plante. Sie freuten sich sehr auf das Wiedersehen und das gemeinsame Projekt.

Der Termin für den Marathon Ende April versprach eine günstige, weil niedrige Lufttemperatur. Bei zu großer Wärme wäre das Projekt Bestzeit dahin geschmolzen, wie Eis in der Sonne. Dass Michael dafür bereits Anfang Februar in den Trainingsplan einsteigen musste, störte ihn nicht. Da in diesen Monaten kaum Termine und Freizeitevents anstanden und somit Saure-Gurken-Zeit herrschte, waren die Voraussetzungen für ein regelmäßiges Training nach Plan günstig. Auch das raue Klima im Februar und März hat seine Reize. Solange kein Glatteis das Laufen verhindert, bietet es alle Möglichkeiten den Winter mit Schnee, Frost oder Regen hautnah zu erleben. Wenn der frostige Nebel Äste und Gräser mit einem filigranen Mantel aus Eiskristallen überzog, die das Licht der matten Februarsonne in ein funkelndes Farbenspiel brachen, dann wusste Michael, warum er sich auf den Laufweg gemacht hatte. Der Lohn des winterlichen Laufens ist reichhaltig: Erst die Kälte, die während eines langen Laufes die Haut durchdringt, erschließt die ganze Behaglichkeit einer warmen Dusche; der hungrige Bauch genießt die üppige Mahlzeit, und die müden Glieder freuen sich auf das wohlige Ruhen nach der Anstrengung.

Da eine sportmedizinische Untersuchung im Januar keine Auffälligkeiten zeigte, erhielt er vom Arzt grünes Licht für sein sportliches Projekt. Am Beginn der Vorbereitungsphase war seine Laufeffizienz, gemessen an den Werten des letzten Jahres, bereits auf einem guten Ausgangsniveau. Hier zeigte sich, dass Michael seit dem Ende der letzten Laufsaison seine Grundlagen durch ein passendes Training gut bewahrt und gepflegt hatte. In seinem Training berücksichtigte er die grundlegenden Trainingsformen, wodurch er eine hinreichende Variation von Trainingsreizen gewährleistete, die alle für das Laufen relevanten Körpersysteme ansprachen. Dazu gehörten lange Läufe im langsamen Tempo, kürzere Läufe im lockeren Tempo, Tempotraining mit Intervallen und Tempodauerläufen. Dabei achtete Michael stets auf eine moderate Dosierung der Trainingsreize mit deutlich spürbarer Anstrengung, ohne an seine Reserven zu gehen. Nach dem Training fühlte er sich meist belebt, hin und wieder angenehm ermüdet aber nie erschöpft. Zwischen den Einheiten ließ er sich reichlich Zeit zur Erholung. Einen Teil seiner Laufeinheiten ersetzte er durch Schwimmen, womit er eine zusätzliche Abwechslung in sein Training brachte. In der Summe war der wöchentliche Trainingsumfang deutlich niedriger als in der Laufsaison.

Michael entschied sich für einen Trainingsplan, der seinen bisherigen Marathon Vorbereitungen sehr ähnlich war. Zwar hatte er bei seinen ersten drei Marathonläufen einiges an Lehrgeld zahlen müssen, in der Bilanz waren die Erfahrungen aber positiv. Die Trainingspläne waren für sein Empfinden im Großen und Ganzen passend, wenngleich es aus unterschiedlichen Gründen stets Schwierigkeiten mit ihrer genauen Einhaltung gab. Der nun gewählte Trainingsplan unterschied sich vor allem durch einen etwas höheren Umfang und ein intensiveres Tempotraining. Mit diesen Veränderungen kam er jedoch gut zurecht. Das Training war interessant, abwechslungsreich und fühlte sich gut an. Die wöchentlichen Messungen der Laufeffizienz ergaben kontinuierliche und deutliche Verbesserungen. Die Superkompensation zeigte hohe positive Werte an. Für die sonntäglichen langen Läufe hatte sich eine kleine Gruppe aus Michaels Lauffreunden zusammengefunden, die sich ebenfalls auf den Marathon vorbereiteten. Die gemeinsamen Gespräche sorgten dafür, dass das Laufen zu einer kurzweiligen Veranstaltung wurde. Das Lauftempo war Michael teilweise zu langsam. Er wäre gerne schneller gelaufen, aber seine Mitläufer waren weniger ambitioniert und wollten sich erst einmal für die Saison gemächlich einrollen. Der geplante Marathon stand für sie mehr unter touristischen denn sportlichen Vorzeichen.

Im März reduzierten sich die anfänglich guten Fortschritte in der Laufeffizienz und blieben schließlich aus. Die Werte stagnierten auf einem in etwa gleichbleibenden Niveau. Folglich zeigte die Superkompensation Werte um null. Michael war verwundert und fragte sich, woran es liegen könnte, fand aber keine schlüssige Antwort. Er fühlte sich weiterhin gut. Zwar merkte er, dass die Wochen des harten Trainings nicht spurlos an ihm vorübergegangen waren, aber die Energie beim Laufen war da und seine Beine fühlten sich nicht sonderlich schwer an. Wohl war ihm aufgefallen, dass die üblichen müden Phasen über den Tag, besonders am Nachmittag, stärker ausgeprägt waren als sonst. Aber er führte dies darauf zurück, dass er in letzter Zeit etwas schlechter schlief. Er schlief unruhiger, nicht so tief wie üblich und wachte häufiger auf.

Ein im Trainingsplan vorgesehener Testwettkampf über 10 Kilometer Mitte März erfüllte nicht die Erwartungen. Danach verschlechterte sich die Laufeffizienz erheblich und die Superkompensation sackte deutlich in den negativen Bereich ab. Beim Laufen fehlte Michael die Energie, und seine Beine fühlten sich schwer an. Er schaute lustlos auf seinen Trainingsplan, der weitere Anforderungen an ihn stellte. Die Werte der Laufampel signalisierten ihm klar, dass es Zeit für eine Erholungspause war. Eine Information, die durch sein Körperempfinden unterstrichen wurde. Der Trainingsplan wies aber in eine andere Richtung. Er hatte sich ja auch einiges vorgenommen. Immerhin wollte er seine Bestzeit auf unter 3:30 Stunden verbessern. Für ein solches Projekt muss man sich schon anstrengen. Eine alte Läuferregel sagt: „von nichts kommt nichts!" Weitere Gedanken kreisten in seinem Kopf: „Im Trainingsplan steckt sicherlich viel Know-How, da er von einem renommierten Lauftrainer aufgestellt wurde. Wenn schon viele andere Läufer damit erfolgreich waren, warum sollte es dann bei mir nicht funktionieren? Vielleicht muss man einfach hart gegen sich selbst sein, um sportlich erfolgreich zu sein? Der Trainingsplan sieht eine zwei wöchige Erholungsphase vor dem Marathon vor, sollte das nicht ausreichen?"

Eine Entscheidung musste her, um den unangenehmen Zustand dieser Selbstzweifel zu beenden. Seine bisherigen Erfahrungen mit der Laufampel waren gut. Seit über einem Jahr führte er die Tests regelmäßig durch. Dabei wurde die Laufampel zu seinem treuen Trainingsbegleiter. Ihre Hinweise erwiesen sich bisher als recht verlässlich und hatten ihm bereits zu zahlreichen Erkenntnissen über sein Training verholfen. Auch sein Bauchgefühl, auf das er sich schon in vielen Situationen erfolgreich verlassen hatte, empfahl ihm eine Erholungsphase. Und so sagte er sich schließlich: „Trainingsplan hin oder her, letztlich laufe ich den Marathon nicht gegen, sondern mit meinem Körper!" Nach dieser Entscheidung gönnte sich Michael eine ausgiebige Ruhephase. Sein Training reduzierte er auf wenige kurze Laufeinheiten, die er im gemächlichen Tempo lief. Der Urlaub vom Trainingsplan tat ihm ausgesprochen gut. Er spürte, wie sich sein Körper von den Strapazen des Trainings erholte. Auch kam es ihm sehr gelegen, wieder mehr Zeit für Dinge zu haben, die er in der letzten Zeit über das Training vernachlässigt hatte und deren Erledigungen ihm im Nacken saßen. Nach einer Weile kehrte die Lauflust zurück, und Michael nahm sein Training wieder auf.

Nach der ausgiebigen Erholungspause lief das Training wie geölt. Die Muskulatur in den Beinen fühlte sich leicht und locker an. Michael hatte fast das Gefühl, als hätte er Sprungfedern in den Beinen. Die latente Müdigkeit war verschwunden, und er war voller Energie. Der Unterschied in seinem Befinden zum Zeitpunkt vor der Erholungspause war jetzt deutlich wahrnehmbar. Sein Empfinden spiegelte sich in den Testergebnissen der Laufampel wider. Im Vergleich zu den bisherigen Werten verbesserte sich die Laufeffizienz erheblich. Entsprechend stieg der Wert der Superkompensation in einen hohen positiven Bereich. Zwischen der Wiederaufnahme des

Trainings und dem Beginn der im Trainingsplan vorgesehenen Taperingphase, der allmählichen Reduktion der Trainingsbelastung vor dem Marathon, lag nicht viel Zeit. Aber diese kurze Phase war für sein Training offenbar sehr effektiv. In der Woche vor seinen bisherigen Marathonläufen waren die Strapazen des Trainings deutlich spürbar gewesen. Aber dieses Mal fühlte er sich jedoch merkwürdig ausgeruht. Auch die gesamte Vorbereitung schien ihm in der Bilanz deutlich weniger anstrengend als die vorherigen. Es kamen Zweifel in ihm auf. Hatte er wirklich genügend trainiert oder es sich nicht doch zu einfach gemacht? Die langen Läufe, die so entscheidend für den Marathon sind, war er mit Rücksicht auf seine Lauffreunde in einem sehr langsamen Tempo gelaufen. Nach seinem Gefühl hätte er hier ruhig noch eine Schippe drauflegen können. Die ausgiebige Erholungsphase hatte zwar gutgetan, war im Trainingsplan aber nicht vorgesehen und führte zum Ausfall einiger wichtiger Einheiten. Insgesamt war es eine vergleichsweise entspannte und angenehme Vorbereitung; auch blieb er diesmal von lästigen Erkältungsinfekten verschont; aber taugt ein solches Training für eine Bestzeit? Da war Michael eher pessimistisch.

Michaels Anreise mit seinen Freunden zum Marathon war von Vorfreude geprägt. Mit Geschichten und Anekdoten aus dem Läuferleben, in denen die eigenen Heldentaten dezent aber gebührend ihren Raum einnahmen, brachte man sich in Stimmung. Auf der Marathonmesse trafen sie am vereinbarten Treffpunkt auf Michaels Freund, um gemeinsam die Startunterlagen abzuholen. Nach einem kurzen Rundgang durch die Innenstadt mit ihren historischen Sehenswürdigkeiten hatte Michaels Freund zum gemeinsamen „Carbo-Loading", der letzten größeren Mahlzeit am Abend vor dem Marathon, bei sich zu Hause eingeladen. Damit begann das Ritual des Marathons. Die aufeinanderfolgenden Handlungen, die unter dem Eindruck steigender Anspannung den Läufer Stunde um Stunde und Schritt für Schritt näher an die Startlinie führen. Und hier stand Michael nun, in der dicht gedrängten Menge seines Startblocks. Die Stimmung war elektrisiert. Die von der Wärme der Körper aufgeheizte Luft flimmerte über dem Heer der Läufer. Am stahlblauen Himmel kreiste ein Helikopter, dessen Kamera sich auf das Geschehen richtete. Aus riesigen Lautsprechern dröhnte aufpeitschende Musik. Kurz vor Erreichen des Siedepunktes entließ der Startschuss die ganze aufgestaute Energie auf die 42 Kilometer hinter der Startlinie.

Michael hatte sich seine Tempovorgabe so berechnet, dass er für den Kilometer knapp unter fünf Minuten lief und so auf eine Endzeit von 3:29 Stunden kommen würde. Die Durchgangszeiten nach allen Abschnitten von jeweils fünf Kilometer hatte er sich in seinem Gedächtnis eingeprägt. Von Anfang an hielt er sich an das Tempo und konzentrierte sich darauf, seinen inneren Rhythmus zu finden, was auf den ersten Kilometern besonders schwierig war. Obwohl er sich im für ihn passenden Startblock der 3:30 Läufer eingereiht hatte, wurde er ständig von anderen Läufern überholt. Jedes Mal spürte er den Impuls sein Tempo anzuziehen und dranzubleiben. Aber mit der Zeit gelang es ihm besser, sich auf das Metronom seiner Pace einzuschwingen. Er hatte schon die 10 Kilometer Marke passiert, als er schließlich vollkommen im Rhythmus seines Tempos aufging. Das Orchester spielte in perfekter Harmonie, Allegro moderato. Der Motor lief rund. Es fühlte sich an, als hätte jede Faser seines Körpers den Takt gefunden, als griffen alle Rädchen ineinander und schnurrten wie geölt vor sich hin. Alles fühlte sich leicht an. Es war der perfekte Tag. Auf der Haut spürte er eine leichte, angenehme Kühle. Das Licht der Frühlingssonne ließ alle Farben erstrahlen. Die zahlreichen Zuschauer gaben ihrer Anerkennung für die Läufer mit Zurufen, Schildern, Tröten und Trommeln kräftigen Ausdruck und hoben so das Besondere des Ereignisses heraus. Kinder streckten ihre Hände den Läufern zum Abklatschen entgegen, und mit jeder berührten Kinderhand öffnete sich ein Erinnerungsfenster aus Michaels Kindheit. Er war glücklich.

Bei Kilometer 18 holte ihn plötzlich ein schwer zu identifizierendes Geräusch zurück in das Renngeschehen. Es klang wie die Schritte der Läufer um ihn herum, war aber lauter und kompakter. Zunächst hatte er es nicht bemerkt. Aber es schwoll an, löste sich von den

Umgebungsgeräuschen, kam von hinten unablässig näher. Hinzu gesellte sich ein Atemgeräusch, das ihn an einen überdimensionalen Blasebalg denken ließ. Er blickte über seine Schulter und sah zwei Läufer, über deren Kopf ein Luftballon mit den Zahlen 3:30 schwebte, der mit einem Faden am Trikot befestigt war. Ihnen folgte eine große Traube Läufer, die sich dicht gedrängt an die Ballonläufer hefteten. Michael erschrak, er musste langsamer geworden sein, wenn ihn die Pacemaker für die Zielzeit 3:30 Stunden überholten.

Schlagartig rückte sein sportliches Ziel, einer neuen persönlichen Bestzeit, wieder in den Fokus seiner Aufmerksamkeit. Darauf hatte er sich über viele Wochen systematisch vorbereitet. Ein Ruck ging durch seinen Körper, und er heftete sich an den Zug, der ihn zu seinem Ziel geleiten sollte. Nach einigen 100 Metern spürte er jedoch, wie er aus seinem Rhythmus kam. Ein Blick auf seine Uhr signalisierte ihm ein zu hohes Tempo. Nicht er war zu langsam, die Pacemaker waren zu schnell! Da die entscheidenden Abschnitte des Marathons noch vor ihm lagen, entschied er sich, seine Körner in der Tasche zu behalten, zumal er kurz vor Kilometer 20 gut in der Zeit lag. Er nahm etwas Tempo heraus, ließ die anderen Läufer davonziehen und konzentrierte sich darauf, seinen Rhythmus wiederzufinden.

Die Halbmarathonmarke kam näher. Es wurde spannend. Er blickte auf seine Uhr, legte seinen Finger auf den Knopf und stoppte die Zwischenzeit: 1:44:29 Stunden. Das war perfekt. Er fühlte sich nach wie vor gut. Der Puls war kontinuierlich gestiegen, hatte aber noch deutliche Reserven nach oben. Kilometer für Kilometer ließ er hinter sich. Die Entfernung zum Ziel schrumpfte. Die Anzahl der bisher gelaufenen Kilometer war inzwischen auf eine beträchtliche Größe angewachsen. Er war jetzt bei Kilometer 30 und spürte die Anstrengung deutlich. Die Leichtigkeit der ersten Hälfte war in weite Ferne gerückt. Hier beginnt nach einer alten Läuferweisheit, die auch er bei seinen ersten Marathons bereits leidvoll lernen musste, der Marathon. Jenseits dieser magischen Marke hatte er stets einen deutlichen Abfall seines Tempos bemerkt, das er zuvor durch eine Steigerung seiner Anstrengung aufrechterhalten konnte. Auch jetzt spürte er, dass seine Beine das Tempo nicht mehr von alleine liefen und der Unterstützung des Willens bedurften.

Auf den 12 Kilometern, die vor ihm lagen, entschied sich nun, ob er sein Ziel einer neuen Bestzeit erreichen würde. Er war fest entschlossen und hatte sich engagiert vorbereitet. Der Kopf war klar und der Wille da. Er war bereit. Jedoch hatte ihm sein Wille bei den bisherigen Marathonläufen auf den letzten 12 Kilometern wenig genutzt. Er wurde langsamer, so sehr er sich auch anstrengte. Jetzt war alles anders. Zu seiner Überraschung setzten seine Beine die Anweisungen seines Kopfes nicht nur um, sondern gaben darüber hinausgehend die Rückmeldung, dass eine weitere Temposteigerung möglich ist. Es schien, als habe sein Körper nur auf diesen Moment gewartet. Er ließ die Zügel locker und freute sich über die Dynamik, die sich daraufhin entfaltete.

Seine Uhr zeigte ihm die Tempoerhöhung an. Er wurde schneller, während die meisten anderen Läufer ihr Tempo nicht halten konnten und langsamer wurden. Die vielen Läufer, die er überholte, verstärkten seine gefühlte Tempozunahme. Ein Effekt, der ihn zusätzlich beflügelte. In Sichtweite tauchten die Pacemaker mit ihrem Tross wieder auf. Stück für Stück näherte er sich ihnen. Läufer lösten sich aus diesem Pulk und fielen zurück. Kurz vor Kilometer 35 zog er an ihnen vorbei. Er blickte zur Seite und sah in die von Anstrengung gezeichneten Gesichter. Die Läufertraube war deutlich geschrumpft, und es fehlte ihr die Dynamik, mit der sie ihn vorhin überholt hatte. Er war jetzt bei Kilometer 36 und wusste, dass er es schaffen würde. Er spürte den Schmerz in seinen Beinen, aber sie verrichteten ihren Dienst. Der inzwischen heftige Schmerz konnte ihm nichts anhaben. Er gehörte dazu, war Teil des Marathons. Er markierte das Verlassen der Komfortzone und den Eintritt in einen neuen Erfahrungsbereich. Das Gefühl der Anstrengung hatte sich inzwischen in seinem ganzen Körper ausgebreitet. Er war jetzt eine Laufmaschine auf deren Steuerung sich seine volle Aufmerksamkeit und Willenskraft fokussierten. Es schien ihm als würde er an den anderen Läufern vorbeifliegen, die teilweise ins Gehen verfallen waren und mit hängenden Köpfen auf den Asphalt vor sich starrten. Auch seine Beine wurden allmählich schwerer. Sein Atem keuchte wie eine Lokomotive. Er hatte Mühe das Tempo zu halten. Das Ziel war nicht mehr weit, nur noch zwei Kilometer, dann hatte er es geschafft. Die Zuschauer verdichteten sich an den Rändern der Strecke. Ihre Rufe wurden lauter, der Lärm schwoll an. Eine Euphorie packte ihn, ließ Schauer über seinen Rücken laufen und mobilisierte seine Reserven. Alle Sinneseindrücke schmolzen ineinander und atmeten im Takt seiner Beine. In Trance schwebte er auf einer langen Gerade dem Ziel entgegen. Kein Schmerz, keine Erschöpfung, kein Zweifel: Der Triumph war ihm sicher. Er überschritt die Ziellinie und stoppte die Zeit: 3:26:42 Stunden. Er hatte es geschafft. Eine lächelnde junge Frau hängte ihm seine Medaille um. Er hatte sie sich verdient!

3.2.2   Die Laufampel als smarter Trainingsbegleiter auf dem Weg zum Erfolg

Im Beispiel wurde gezeigt, wie die Laufampel im Training eines ambitionierten Marathonläufers gewinnbringend eingesetzt werden kann. Die Prinzipien der Trainingssteuerung mithilfe der Laufampel gelten natürlich ebenso für das Training anderer Distanzen. Im Folgenden werden die verschiedenen Faktoren, die beim ambitionierten Lauftraining Einfluss haben und im Beispiel veranschaulicht wurden, vertiefend dargestellt.

Jeder Organismus verfügt über Leistungspotentiale, die abgerufen werden können. Um sie abzurufen, braucht es günstige Rahmenbedingungen. Einige unterliegen dem eigenen Einfluss, andere nicht. Die Ausschöpfung der eigenen Leistungspotentiale in Form einer persönlichen Bestzeit ist ein besonderer persönlicher Erfolg, der einem nicht in den Schoß fällt. Glück und eine gute Trainingsstrategie müssen sich ergänzen. Da man sich am Rande seiner persönlichen

Grenzen bewegt, ist es auch immer eine Gradwanderung, und der Bogen ist leicht überspannt. Im Beispiel wurde gezeigt, wie diese Gradwanderung mithilfe der Laufampel gelingen kann. Grundlage ist ein passender Trainingsplan. Hinzu kommt, dass Michael kein Anfänger ist, über solide Erfahrungen im Lauftraining und hinreichende im Marathon verfügt.

Die Voraussetzungen für Michaels Projekt einer neuen persönlichen Bestzeit waren also günstig. Seine gute Form des Vorjahres bewahrte er durch ein ausgewogenes Wintertraining, das die verschiedenen Trainingsformen berücksichtige, aber durch die dosierte Belastung und längere Erholungsphasen nicht ermüdend war. Die sportmedizinische Untersuchung im Januar gab ihm grünes Licht für seine sportlichen Ambitionen. Von Vorteil war auch der glückliche Umstand, dass er im Winter und in der Vorbereitungsphase von Infekten verschont blieb. Der gute Ausgangsstatus zeigte sich in den Werten der Laufeffizienz, die sich im Vergleich zu denen der letzten Jahre auf einem guten Niveau bewegten.

Ein systematisches und strukturiertes Training ist die notwendige Voraussetzung, um die persönlichen Potentiale auszuschöpfen. Ein passender Trainingsplan gibt eine gute Orientierung hinsichtlich des Umfangs und der Intensität des Trainings sowie der einzuhaltenden Regenerationsphasen. Aber eines kann auch der beste Trainingsplan nicht leisten: die genaue Anpassung an die momentanen individuellen Gegebenheiten des Läufers. Diese Feinabstimmung, die letztlich zum Erfolg führt, gelingt Michael mithilfe der Laufampel.

In den Kapiteln 2 und 4 wurde der asymptotische Verlauf der Laufeffizienz im Rahmen einer intensiven Trainingsphase erläutert. Eine Wettkampfvorbereitung kann danach in drei Phasen aufgeteilt werden. Aufgrund der guten Erholung und des noch relativ großen Abstands zum Leistungsmaximum kommt es im ersten Drittel zu einer deutlichen Verbesserung der Laufeffizienz mit vergleichsweise steil abfallender Kurve. Die Werte der Superkompensation bewegen sich hier im höheren positiven Bereich. Im zweiten Drittel wird die Kurve der Laufeffizienz flacher. Aufgrund der kumulierenden Ermüdung und des geringeren Abstands zum Leistungsmaximum fallen die Verbesserungen der Laufeffizienz niedriger aus. Auch die Werte der Superkompensation verringern sich, bleiben aber im positiven Bereich. Im letzten Drittel geht die Kurve der Laufeffizienz in eine Seitwärtsbewegung über, weil das aktuell mögliche Leistungsmaximum erreicht ist und das hohe Maß der Ermüdung weiterhin besteht. Die Superkompensation sinkt auf Werte um null ab. Dies bedeutet für die Trainingssteuerung, dass im ersten Drittel die Trainingsbelastung behutsam gesteigert wird. Im zweiten Drittel liegt der Schwerpunkt darauf, den Bogen nicht zu überspannen und die regenerativen Bedürfnisse sehr genau im Auge zu behalten. Im letzten Drittel, auch Tapering-Phase genannt, wird die Form bewahrt und die kumulierte Ermüdung durch eine hinreichende Regeneration reduziert. Dies wäre der ideale Verlauf einer gelungenen Wettkampfvorbereitung.

Der geschilderte Trainingsverlauf in seinen drei Phasen gilt grundsätzlich für alle Formen des Langstreckenlaufes. Jedoch bezogen auf die verschiedenen Wettkampfdistanzen von 10 Kilometer, Halbmarathon und Marathon unterscheiden sich nicht nur die Vorbereitungen, sondern auch die aus ihnen resultierenden Probleme. Z.B. liegt im Training für die 10 Kilometer Distanz der Akzent auf dem Tempotraining, während im Marathontraining die langen, langsamen Läufe der Schlüssel zum Erfolg sind. Dies wird im Beispiel von Michaels Vorbereitung deutlich. Sein erholter Ausgangsstatus und die deutlichen Fortschritte in der ersten Phase verleiten Michael, die langen Läufe schneller als vorgesehen zu laufen. Aber dank seiner langsameren Mitläufer folgt er diesem Impuls nicht und entgeht damit einem häufigen Fehler im Marathontraining. Ein zu hohes Tempo der langen Läufe behindert die gewünschten Anpassungsprozesse im Körper. Weiterhin verlängern sich dadurch die Regenerationsphasen, und es fehlt die Energie für das Tempotraining, dessen Effektivität ebenfalls leidet. Im Zeitverlauf steigt die kumulative Ermüdung übermäßig. Schließlich wird die Form in den

Keller trainiert, statt sie behutsam und effektiv aufzubauen. Dafür gibt es im Läuferjargon einen Begriff: „im schwarzen Loch trainieren." Er beschreibt eine Tendenz zur Mitte in der Trainingsbelastung. Durch die fehlende Variation der Trainingsreize werden die unterschiedlichen, für die Laufleistung verantwortlichen Köpersysteme nicht mehr effektiv angesprochen. In der Laufampel wäre dieser Fehler durch eine Stagnation oder Verschlechterung in der Laufeffizienz manifest geworden. Die Werte der Superkompensation hätten sich entsprechend um null oder im negativen Bereich bewegt. Dieser und viele andere Trainingsfehler lassen sich mithilfe der Laufampel gut aufdecken und vermeiden.

Nicht nur der Marathon ist lang, auch seine Vorbereitung ist es. So kommt es im Verlauf der langen und anstrengen Trainingsphase unweigerlich zu einer kumulierenden Ermüdung, die durch entsprechende Regenerationsphasen ausgeglichen werden muss. Bis zu einem gewissen Grad wird dies in den standardisierten Trainingsplänen berücksichtigt. Aber die individuelle Anpassung - das Feintuning – kann nur vom Läufer selbst, ggf. in Abstimmung mit einem Trainer, vorgenommen werden. Diese individuelle Anpassung ist sehr anspruchsvoll und entscheidet letztlich über Gelingen oder Misslingen.

In Michaels Vorbereitung gibt es einen kritischen Moment, in dem sein Erfolg auf dem Spiel steht. Die Laufampel signalisiert ihm, dass aufgrund zu großer Ermüdung keine Trainingsfortschritte mehr stattfinden. Unterstützt wird diese Information durch sein subjektives Körperempfinden. Von besonderer Bedeutung ist hier, dass die Laufampel das Bedürfnis nach Regeneration anzeigt, bevor er es selbst deutlich wahrnimmt. Die objektive Messung mit der Laufampel und das subjektive Empfinden ergänzen sich zu einem verlässlichen Indikator, wobei die Laufampel in der Regel sensitiver ist als das subjektive Empfinden. Hier zeigt sie ihre besondere Stärke als Frühwarnsystem. Folglich ist die Laufampel ein sehr geeignetes Instrument für die vorausschauende Trainingssteuerung.

Die so ermittelte Notwendigkeit der individuellen Anpassung des Trainingsplanes an Michaels aktuellen physiologischen Zustand steht jedoch im Gegensatz zu den Vorgaben des Trainingsplanes und Michaels Vorstellungen eines harten und effektiven Trainings („Von nichts kommt nichts!"). Er steht also vor der schwierigen Entscheidung, seinen physiologischen Bedürfnissen nach Regeneration gerecht zu werden oder den Trainingsplan nach Vorgabe durchzuziehen. Nach heftigem Ringen mit sich selbst, wählt er den richtigen Weg zum Ziel und gibt der Regeneration Vorrang vor dem Trainingsplan. Hätte er nach Plan weiter trainiert, hätte er sich überfordert und wäre in den Zustand des Übertrainings gekommen. In der Konsequenz hätten sich seine Form und Regenerationsfähigkeit deutlich verschlechtert. In der Laufampel hätte sich diese Entwicklung durch schlechtere Werte in der Laufeffizienz und hohe negative Werte in der Superkompensation gezeigt. Es wäre nicht möglich gewesen, dies bis zu seinem Marathon auszugleichen. Das Projekt Bestzeit wäre gescheitert.

Da Michael zwar spät aber noch zum rechten Zeitpunkt reagierte, konnte die von ihm „unplanmäßig" eingelegte Regenerationsphase ihre Wirkung gut entfalten und die trainingsbedingte Ermüdung über den Mechanismus der Superkompensation in einen deutlichen Leistungszuwachs umsetzen. Die Leistungssteigerung resultiert hier aus der Kombination von Regenerationsphase und anschließender erneuter Belastungsphase. Dieser Effekt wäre ausgeblieben, wenn die Ermüdung das Ausmaß der Erschöpfung erreicht hätte. Ohne sich dessen bewusst zu sein, wählte Michael den fast optimalen Zeitpunkt für die Regenerationsphase. Den optimalen Zeitpunkt zeigte ihm die Laufampel, als die Werte der Laufeffizienz stagnierten und die Superkompensation auf Werte um null sank. Ein zusätzlicher Indikator waren die leichten Anzeichen von Übertraining, die sich im subjektiven Körperempfinden von Michael zeigten: wenig Energie, Schweregefühl in den Beinen, verstärkte Tagesmüdigkeit, nachlassende Schlafqualität. Die Erfolgskomponenten waren also eine nicht zu ausgeprägte Ermüdung, deren Kompensation den Organismus nicht überforderte und genügend

Zeit für eine weitere kurze Belastungsphase ließ, in der Michael noch einige effektive Trainingsreize setzen konnte, bevor die Taperingphase nach Trainingsplan mit der schrittweisen Reduktion der Belastung vor dem Marathon eingeleitet wurde.

So ging Michael zwar optimal vorbereitet in den Marathon, über Erfolg oder Misserfolg wird jedoch erst auf der Ziellinie entschieden. Wetter, Ernährung und Renneinteilung sind weitere Faktoren, die während des Marathons von Bedeutung sind. Für den Marathon optimal sind leicht kühle bis angenehme Temperaturen zwischen 10 und 15 Grad bei geringer Luftfeuchtigkeit. Diese Bedingungen gewährleisten geringen Wärmestau ohne Auskühlung bei unbehinderter Transpiration und mäßiger Schweißrate. Die Muskulatur hat die optimale Arbeitstemperatur, der Puls ist niedriger als bei hohen Temperaturen und der Flüssigkeitsverlust hält sich in Grenzen. Die Voraussetzung ist natürlich, dass nicht unnötiger Wärmestau durch zu viel Kleidung erzeugt wird. Diese Anmerkung scheint banal, aber man wundert sich immer wieder über die nicht geringe Anzahl von Läuferinnen und Läufern, die bei den Laufveranstaltungen auf den nächsten Wintereinbruch stets gut vorbereitet sind.

Von besonderer Bedeutung ist die Renneinteilung. Die Zeiten für die erste und die zweite Hälfte der gesamten Distanz sollten weitgehend gleich sein. Ein ausgeglichener Split, wie es im Fachjargon heißt, ist ein guter Indikator für die effektive Einteilung der Kräfte im Marathon. Die Einhaltung dieser Regel wird umso schwieriger, je mehr ein Läufer seine Leistungspotentiale ausschöpft und im Ziel sein Limit erreicht. Die Regel gilt grundsätzlich für alle Distanzen des Langstreckenlaufes und gewinnt mit der Länge der Distanz an Bedeutung, insbesondere beim Marathon. Die Gründe für diese Regel sind physiologischer und psychologischer Natur. Gehen die Energievorräte des Körpers zur Neige, nimmt die Leistung ab und der Organismus schaltet in den Notfallmodus um. Die Stressbelastung für den Organismus steigt exponentiell, und er arbeitet nicht mehr effektiv. Benötigt ein Läufer für die zweite Streckenhälfte deutlich mehr Zeit als für die erste, kann dies ein Indikator für einen solchen Einbruch sein, sofern nicht andere Gründe (z.B. Streckenprofil) dafür in Frage kommen. Je länger sich ein Läufer im Notfallmodus bewegt, umso kritischer kann die gesundheitliche Situation werden. Dies trifft vor allem für die langen Distanzen zu. Beim Marathon und Ultramarathon kommt noch eine weitere Besonderheit hinzu. Die schnell verfügbaren Energievorräte des Körpers, die in Form von Glykogen gespeichert sind, reichen für die gesamte Distanz nicht aus. Sie bedürfen der Ergänzung durch Energie aus dem Fettstoffwechsel, der im Marathontraining gezielt mit den langen langsamen Läufen verbessert wird. Besonders die Ultraläufer laufen und leben auf den langen Distanzen von ihrem gut ausgebildeten Fettstoffwechsel. Sind die Glykogenspeicher leer, kommt „der Mann mit dem Hammer". Es handelt sich hier um einen abrupten und drastischen Leistungseinbruch, der vielen Marathonläufern bekannt ist. Steht nur noch der Fettstoffwechsel für die Energieproduktion zur Verfügung, können eben nur noch kleine Brötchen gebacken werden. Schlägt der Mann mit dem Hammer zu, ist es um die gute Zeit geschehen. Ein erfahrener Marathonläufer spürt, wenn die Glykogenreserven zur Neige gehen, nimmt rechtzeitig das Tempo heraus und bewältigt mit gemächlichen Schritten die verbleibende Distanz zum Ziel mithilfe seines gut trainierten Fettstoffwechsels.

Wann der kritische Punkt naht, ab dem der Organismus im Notfallmodus läuft, ist schwer vorherzusagen. Ein guter Indikator ist, wenn es trotz erheblicher Anstrengungen immer weniger gelingt, das Tempo aufrechtzuerhalten und es stetig abnimmt. Wo die eigenen Grenzen liegen, muss letztlich jeder Läufer für sich selbst herausfinden. Aber wenn er es herausgefunden hat, sollte er seine Lehren daraus ziehen und die eigenen Grenzen im Interesse seiner Gesundheit, seiner nachhaltigen Leistungsfähigkeit und seiner Freude am Laufen respektieren. Der Langstreckenlauf, insbesondere der Marathon, lebt natürlich auch vom Mythos über die Härte gegen sich selbst, die eine nicht unerhebliche Motivationsquelle ist. So warb vor Jahren die Frankfurter Iron Man Veranstaltung in einer großen deutschen Tageszeitung in einer halbseitigen Anzeige mit dem Slogan: „Dir wird schwarz vor Augen? Wenn du Glück hast, ist es nur die Nacht!" Die Ironie des Iron Man möchte hier wohl sagen, dass man, trotz aller Anstrengungen, nicht den Helden spielen sollte, der in einem heroischen Kraftakt den Kreislaufkollaps herausfordert. Ein Blick in das Sanitätszelt großer Laufveranstaltungen offenbart hier das Ausmaß des ganzen Elends.

Nicht nur physiologische sondern auch psychologische Argumente sprechen für eine vorausschauende Einteilung der Kräfte im Langstreckenlauf. Wer in der zweiten Streckenhälfte sein Tempo der ersten hält, der überholt viele Läufer. Dieses Phänomen nimmt bei großen Marathonveranstaltungen beeindruckende Ausmaße an. Was theoretisch so einfach scheint, ist in der Praxis offensichtlich sehr schwierig umzusetzen. Dies zeigen auch die Vergleiche der Splitzeiten zwischen erster und zweiter Streckenhälfte im Marathon, die bei Profiläufern wesentlich ausgeglichener sind als bei Freizeitläufern. Wer auf Reserve läuft, kämpft gegen ein exponentiell ansteigendes Anstrengungsgefühl, wird trotzdem langsamer und von vielen Läufern überholt. Trotz maximaler Anstrengung nach hinten durchgereicht zu werden, wie das Phänomen im Läuferjargon genannt wird, ist eine Niederlage. Die Kombination aus hoher Anstrengung und dem Erleben von Misserfolg ist motivationstötend und demoralisierend. So bleibt der Marathon sicherlich in Erinnerung – aber nicht in einer guten. Wer hingegen sein Tempo halten oder es zum Schluss sogar noch steigern kann, wird für seine anfängliche Zurückhaltung belohnt. Auch hier ist der Anstrengungsgrad hoch, aber nicht übermäßig. Die Anstrengung wird hier jedoch auf zweierlei Arten belohnt: Das Erleben schneller als viele andere Läufer zu sein und die Rückmeldungen des Körpers, dass er den Handlungsimpuls in Leistung umsetzen kann. Hinsichtlich des Erlebens von Erfolg ist es nicht entscheidend, ob man seine Leistungspotenziale bis zum Ziel ausschöpft oder noch Reserven hat. Sofern es einem gelingt, seine Ziele den Gegebenheiten flexibel anzupassen, muss es nicht die Bestzeit oder der Sieg sein, um das Gefühl von Freude und Stolz zu erzeugen. Erfolgserlebnisse dieser Art sind nachhaltig, fördern die Freude am Laufen und ermutigen zu weiteren Anstrengungen.

Im Beispiel gelingt Michael die optimale Einteilung seiner Kräfte. Er widersteht dem Sog seiner Mitläufer, vermeidet ein zu hohes Anfangstempo, orientiert sich am geplanten Tempo für sein Vorhaben einer neuen Bestzeit und konzentriert sich darauf, seinen Rhythmus zu finden. Die Verlockungen, sein Pulver beim Marathon zu früh zu verschießen, sind vielfältig. Einige wurden im Beispiel aufgezeigt. Die Entscheidung über Erfolg und Misserfolg im Marathon fällt im letzten Drittel. Hier zeigt sich, wer gut trainiert hat, gut regeneriert ist und sich seine Kräfte gut einteilen kann. Dies ist Michael gelungen. Und so erntet er auf den letzten Kilometern die Früchte seiner umsichtigen Vorbereitung und wird mit einer neuen Bestzeit belohnt. Im Beispiel zeigen die letzten Kilometer von Michaels Marathon, wie Kopf und Körper effektiv zusammenarbeiten. Den sportlichen Erfolg erreichte Michael mit seinem Körper, nicht im Kampf gegen ihn. Die Laufampel hat Michael geholfen, die Grenzen seiner Leistungsfähigkeit und seiner Gesundheit bei der Verfolgung seiner sportlichen Ziele nicht aus dem Auge zu verlieren.

3.2.3 Die Motivation lenken und dosieren

Ambitionierte Freizeitläufer haben nicht das Problem, sich für ihren Sport zu motivieren. Ihnen ist es gelungen, ihre inneren Motivationsquellen zu erschließen. Das Laufen ist zum motivationalen Selbstläufer geworden. Aber sie haben häufig ein anderes Motivationsproblem. Jemand ist „übermotiviert", so sagt der Volksmund, wenn er glühend heiß sein Ziel verfolgt, darüber andere wichtige Dinge aus dem Auge verliert und deshalb Gefahr läuft, an sich selbst zu scheitern. Die in den Kapiteln 1 und 6 vorgestellte Kopenhagener Herzstudie ergab, dass Laufen die Lebenserwartung um 6 Jahre verlängert, dieser gesundheitliche Gewinn mit zunehmender Laufbelastung aber wieder verloren geht. Hohe Laufbelastungen sind nicht grundsätzlich schädlich, aber sie gehen mit erhöhten Risiken einher, die mit der Laufbelastung überproportional steigen. In diesem Buch wird ein Risikomanagement zur Kontrolle dieser Gefahren vorgestellt. Es besteht aus regelmäßigen sportmedizinischen Vorsorgeuntersuchungen, einem Trainingsstopp bei Infekten und dem regelmäßigen Monitoring des Trainings mit der Laufampel.

Ob man gar keinen oder zu viel Sport treibt sind letztlich zwei Seiten einer Medaille. Es ist hier, wie so oft im Leben, eine Frage der Dosierung. In den beiden vorgestellten Beispielen der Gesundheitsläuferin Eva und des ambitionierten Freizeitläufers Michael wurden einige Gründe geschildert, die den Blick auf die eigene Gesundheit verstellen können. Eine bekannte Weisheit sagt: „Gesundheit ist nicht alles, aber ohne Gesundheit ist alles nichts." Gesundheit und Lebensfreude werden oft als Gegensätze gesehen: „Wer auf seine Gesundheit achtet, hat nichts vom Leben!" Dieser Mythos ist das Gegenteil der Weisheit und nichts anderes als die Rechtfertigung der eigenen Exzesse. Ein Läufer, der aufgrund eines übergangenen Infektes eine Herzmuskelentzündung mit irreversibler Schädigung des Herzmuskels erlitten hat, wird sein Leben lang schmerzhaft um den Verlust seiner Gesundheit und Leistungsfähigkeit trauern.

Die Beachtung der eigenen Gesundheit scheint oft im Gegensatz zu anderen Werten zu stehen, nach denen wir handeln, und sie mag uns oft bei der Verfolgung unserer Ziele behindern. Die Werte und Handlungsziele, die in Konkurrenz zur Gesundheit treten sind zahlreich. Viele lassen sich grob zwei Hauptrichtungen zuordnen. Die eine Richtung wird durch Altruismus, Fürsorge und Aufopferung charakterisiert und die andere durch Leistungsbereitschaft, Streben nach Erfolg, Anerkennung, Dominanz und Macht. Im Fall von Eva steht ihre Rolle als Mutter mit der Fürsorge für ihre Kinder in Konkurrenz zu ihrer Gesundheit. Sich durch regelmäßiges Laufen um sich selbst und die eigene Gesundheit zu kümmern, war anfangs aus ihrer Sicht egoistisch und folglich mit schlechtem Gewissen und Schuldgefühlen sanktioniert. Daraus resultiert die Gefahr einer altruistischen Gesundheitsvergessenheit. Michael möchte hingegen seine Stärke und Leistungsfähigkeit beweisen. Die Beachtung der

Gesundheit mag hier als Schwäche bewertet und mit den entsprechenden Ängsten vor dem eigenen Versagen einhergehen. Hier ergibt sich die Gefahr einer leistungsbezogenen Gesundheitsvergessenheit. Auf den ersten Blick mögen diese klassischen Rollenbilder klischeehaft wirken, aber wer sich genauer umschaut, wird sie überall im Alltagsleben wiedererkennen. Diese Rollenbilder sind am Geschlecht orientiert aber nicht darauf fixiert. Beide gehören zu den Eigenschaften von Frauen und Männern. Aber bei den Frauen eben mehr von dem Einen und bei den Männern mehr von dem Anderen. So liegt z.B. der Anteil von Männern beim Marathon deutlich über dem der Frauen (etwa drei Viertel zu einem Viertel).

Alle genannten Werte sind wichtig und für ein gelingendes Leben unverzichtbar. Aber es liegt in ihrer Natur, Gegensätze zu bilden. Und das ist notwendig, denn erst in ihrer wechselseitigen Balance entwickeln sie ihre konstruktive Wirkung. Ein ohnmächtiger Altruismus würde sich ebenso selbst entwerten wie Macht ohne Altruismus. Der Wert Gesundheit nimmt in Bezug auf alle anderen Werte eine zentrale Stellung ein. Wie bereits zitiert: „Gesundheit ist nicht alles, aber ohne Gesundheit ist alles nichts." Die Bedeutung und Tragweite dieser Weisheit erschließt sich vielen leider erst, wenn sie einen wesentlichen Teil ihrer Gesundheit durch Krankheit verloren haben. Es ist bei allem Streben schwierig, unbequem und gelegentlich auch lästig, die eigene Gesundheit im Auge zu behalten. Viel einfacher ist es, die Augen zu schließen, die Belange der eigenen Gesundheit auszublenden oder sie im Extremfall vollständig zu verdrängen: aus den Augen, aus dem Sinn. Vieles wird dadurch deutlich einfacher. Aber, wer seine Gesundheit dauerhaft seinen anderen Werten unterordnet und seine Ziele ohne Rücksicht auf sich selbst verfolgt, wird am Ende als Verlierer dastehen.

4 Erfolge und Misserfolge aus dem Läuferleben im Spiegel der Laufampel

Regelmäßig Sport treiben bedeutet eine intensive Auseinandersetzung mit sich selbst und dem eigenen Organismus. Die Geschichten von Eva und Michael haben anschaulich gezeigt, was dies für Gesundheitsläufer und ambitionierte Läufer bedeutet. Wer etwas gewinnen will, muss investieren.

Erfolge wollen erarbeitet werden, und Niederlagen bleiben dabei nicht aus. Die Fähigkeit, sich von Niederlagen nicht entmutigen zu lassen und aus ihnen zu lernen, ist ein zentraler Schlüssel zum Erfolg. Die Laufampel wurde als smarter Begleiter auf dem Weg zum Erfolg vorgestellt. Sie spiegelt aber nicht nur die Erfolge wider, sondern deckt auch schonungslos die Fehler im Training auf. Mit der Laufampel trainieren bedeutet, sich mit sich selbst und den eigenen Trainingsfehlern auseinanderzusetzen. Wer diese Herausforderung nicht scheut und sie annimmt, wird viel für das Training und die Gesundheit gewinnen.

Im folgenden Kapitel werden verschiedene Trainingsverläufe mit der Laufampel abgebildet. Hier wird anschaulich und verständlich, was in den anderen Kapiteln theoretisch ausgebreitet wurde. Aus einer Pilotstudie von 18 Läuferinnen und Läufern wurden vier Trainingsverläufe ausgewählt: für das Gesundheitstraining und für das ambitionierte Training je eine Läuferin und ein Läufer. In diesen Verläufen zeigen sich die Erfolge, aber auch die Misserfolge im Training. Um die Orientierung und das Verständnis zu erleichtern, werden einführend die zentralen Informationen zur Laufampel zusammengefasst, wie sie in den bisherigen und in den folgenden Kapiteln des Buches ausgeführt wurden.

4.1 Die Laufampel in der Übersicht

Die Laufeffizienz ist ein Maß der Fitness und der sportlichen Leistungsfähigkeit. Kleiner werdende Werte bilden eine Verbesserung ab und größer werdende Werte eine Verschlechterung. Eine Verbesserung der Laufeffizienz bedeutet eine höhere Laufgeschwindigkeit bei geringerer Herzfrequenz und ist das Resultat der folgenden körperlichen Veränderungen, die in Kapitel 5 im zweiten Teil des Buches erläutert werden:

- Zunahme der Muskulatur und Verbesserung ihrer Koordination,
- Verbesserung der Energieerzeugung innerhalb der Muskelzellen,
- Verbesserung der Durchblutung der Muskulatur,
- verbesserter Transport von Sauerstoff und Nährstoffen im Blut,
- Zunahme der Pumpleistung des Herzens,
- Verbesserung der Lungenfunktion,
- Verbesserung der Regulationsfähigkeit des autonomen Nervensystems hinsichtlich Energiebereitstellung, Leistungsbereitschaft und Regenerationsfähigkeit.

Die Superkompensation zeigt die Entwicklung der Laufeffizienz der letzten vier Wochen an. Eine Verbesserung der Laufeffizienz führt zu positiven Werten der Superkompensation, eine Verschlechterung hingegen zu negativen Werten.

Laufeffizienz und Superkompensation bilden die Reaktionen des Organismus auf die Trainingsbelastung ab. Die Ampelphasentabelle im Anhang enthält eine Übersicht dieses Prozesses. In ihr werden die Zusammenhänge zwischen der Trainingsdosierung und den Testergebnissen in den wichtigsten Varianten aufgeführt und mit neun zentralen Trainingsempfehlungen verknüpft. Die

Ampelphasentabelle ermöglicht eine einfache und schnelle Orientierung, um die zentralen Fragen der Trainingssteuerung zu beantworten:

- Wann ist mein Training effektiv?
- Wie entwickelt sich meine Fitness?
- Wann trainiere ich zu wenig und wann zu viel?
- Was ist meine optimale Trainingsdosierung?
- Wann ist mein Körper bereit für einen neuen Trainingsreiz, und wann braucht er Ruhe und Erholung?

Die Verbesserung der Laufeffizienz ist auch davon abhängig, wie weit die Person aktuell von ihrer biologischen Leistungsgrenze entfernt ist. Ein untrainierter Läufer wird mit wenig Training eine deutliche Verbesserung der Laufeffizienz erreichen. Ein gut trainierter Läufer muss einen ungleich höheren Aufwand betreiben, um deutlich geringere Verbesserungen zu erreichen. Neben dem Trainingsstand spielen das genetische Talent und das Alter des Läufers eine wesentliche Rolle. Aus diesen Gründen folgt die Entwicklung der Laufeffizienz einer Kurve mit asymptotischem Verlauf. Dies bedeutet, dass die Kurve erst stark abfällt, dann immer flacher wird und schließlich in die Waagerechte übergeht. Vor allem in der letzten Phase ist eine Verschlechterung der Laufeffizienz durch Überforderung sehr wahrscheinlich.

Erfolgreiches Training ist stets eine Frage der Dosierung. Für die grobe Dosierung gibt es Anleitungen und Trainingspläne. Die Feinabstimmung erfolgt mit der Laufampel. Eine sehr schwierige Frage ist die der Grenze zwischen Gesundheits- und ambitionierten Training. Im Kapitel 8 wird diese Frage ausführlich behandelt. Um Gesundheitsläufern eine gute und einfache Orientierung zu geben, wurden verschiedene Stufen der Trainingsdosierung für Gesundheitsläufer definiert und in der Ampelphasentabelle im Anhang zusammengefasst. Wissenschaftliche Grundlage dieser Empfehlungen sind die Kopenhagener Herzstudie und die Bewegungsempfehlungen der WHO. Unterschieden wird zwischen dem Basis-

Gesundheitstraining und dem Fortgeschrittenen-Gesundheitstraining. Das Basis-Gesundheitstraining (BSG) orientiert sich an der Kopenhagener Herzstudie. Es hat einen geringen Umfang, ist einfach in den Alltag zu integrieren und ist sehr effektiv für die Gesundheit bei einem geringen Risiko. Das Fortgeschrittene-Gesundheitstraining (FG) ist umfangreicher, bringt einen zusätzlichen Gewinn an Gesundheit und Fitness, ist aber mit einem erhöhten Risiko verbunden. Es wird daher durch das in Kapitel 2 beschriebene Risikomanagement ergänzt. Das FG ist in drei Stufen unterteilt (FG-1 bis FG-3). Mit jeder Stufe nehmen Umfang und Intensität zu.

4.2 Ausgewählte Testverläufe

Die Laufampel wurde von 18 Läuferinnen und Läufern erprobt. Dabei handelte es sich nicht um eine Studie nach strengen wissenschaftlichen Kriterien, sondern um eine Pilotstudie. Die Erfahrungen und Ergebnisse waren konsistent zu den in der Ampelphasentabelle (siehe Anhang) aufgelisteten Zusammenhängen zwischen Trainingsbelastung und Testergebnissen. Abweichungen hiervon fanden ihre Erklärung in den in Kapitel 10.1 beschriebenen Messfehlern, die in der Regel gut erkennbar und kontrollierbar waren. Allen Beteiligten gelang es gut, sich mit der Laufampel vertraut zu machen.

Aus dieser Pilotstudie wurden vier Verläufe ausgewählt, die den praktischen Nutzen der Laufampel für das Training demonstrieren. Ausgewählt wurden eine Läuferin und ein Läufer für den Bereich des Gesundheitstrainings sowie eine Läuferin und ein Läufer für den Bereich des Ambitionierten-Trainings. Die Unterscheidung zwischen Gesundheitstraining und Ambitionierten-Training richtet sich nach den Kriterien der WHO, die in Kapitel 6 dargestellt werden. Eine Übersicht der gestuften Trainingsdosierungen findet sich im Anhang.

In den Beispielen werden die folgenden Themen behandelt: Im ersten Beispiel wird der Jahresverlauf eines Läufers dargestellt. Hier werden die Veränderungen der Laufeffizienz und der Form in Abhängigkeit verschiedener Trainingsdosierungen aus dem Gesundheitsbereich deutlich. Der Jahresverlauf eignet sich gut, um einige der zentralen Informationen der Laufampel zu demonstrieren. Das zweite Beispiel widmet sich einer Läuferin, die nach einer schweren Krankheit das Laufen wieder aufnimmt. Ihre Ziele sind die Wiederherstellung ihrer Gesundheit und den Weg zurück in ihr normales Leben zu finden. Beispiel drei und vier zeigen die misslungene Vorbereitung eines Läufers auf einen Wettkampf über die 10 km Distanz und die gelungene Vorbereitung einer Läuferin auf einen Wettkampf im Marathon.

An dieser Stelle sei noch einmal darauf hingewiesen, dass die Laufeffizienz ein Maß der individuellen Veränderung ist und sich nicht für den Vergleich verschiedener Läufer eignet. Der Grund hierfür liegt darin, dass die Werte der Laufeffizienz sehr vom Maximalpuls beeinflusst werden. Dieser schwankt stark von Person zu Person und nimmt mit dem Alter kontinuierlich ab. Der Maximalpuls kann nach der folgenden Formel geschätzt werden: 220 − Lebensalter = Maximalpuls. Folglich sind die Werte der Laufeffizienz bei jüngeren Personen höher als bei älteren.

4.2.1 Entwicklung der Laufeffizienz im Jahresverlauf eines älteren Gesundheitsläufers

Das erste Beispiel ist das eines älteren Gesundheitsläufers. Die Graphik zur Laufeffizienz zeigt die Entwicklung der Fitness im Jahresverlauf unter dem Einfluss verschiedener Trainingsbelastungen, überwiegend aus dem Bereich des Fortgeschrittenen- aber auch des Basis-Gesundheitstrainings. Zusätzlich wurden die folgenden Informationen in die Graphik eingefügt: die Kürzel für die jeweiligen Stufen der Trainingsdosierung (siehe Anhang), der gleitende Durchschnitt über die Periode von vier Wochen (schwarze Linie) und das Niveau der optimalen Trainingsdosierung (grüne Linie).

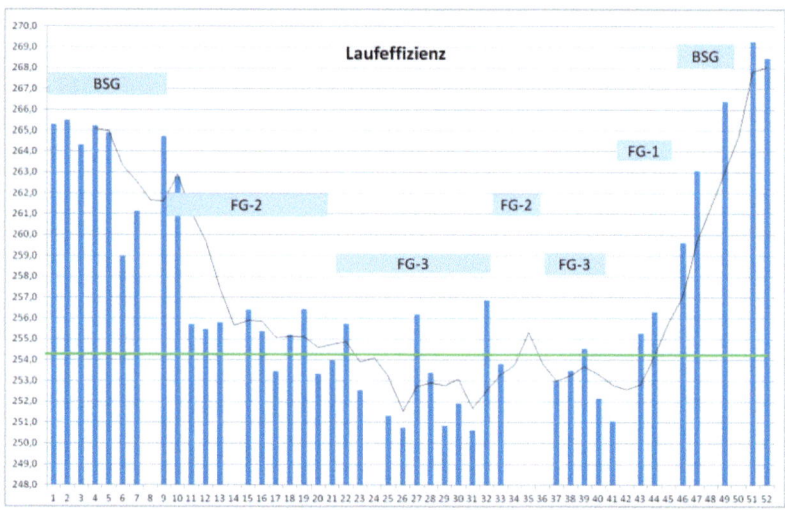

Abb. 1: Entwicklung der Laufeffizienz in Abhängigkeit der Trainingsdosierung im Jahresverlauf

Die folgende Graphik der Superkompensation zeigt, ob sich die Laufeffizienz im Zeitraum der jeweils letzten vier Wochen verbessert (positive Werte) oder verschlechtert (negative Werte) hat, oder ob sie unverändert (Werte nahe null) geblieben ist. Unter

Berücksichtigung des Trainings lassen sich aus diesen Werten nach der Ampelphasentabelle (siehe Anhang) Trainingsempfehlungen ableiten. Dementsprechend erhalten alle deutlich positiven Werte die Nr. 1: fordernde Trainingsreize bei guter Verarbeitung durch den Organismus. Der negative Wert in KW 10 erhält die Nr. 2d: krankheitsbedingte (Erkältung) Trainingspause. Die negativen Werte in KW 27, 28, 32 und 33 erhalten die Nr. 2a: Folge einer Trainingsüberlastung mit Empfehlung zur Erholungsphase. Ab KW 43 verschlechtert sich die Laufeffizienz kontinuierlich, weil die Trainingsdosierung reduziert wird (Nr. 2c). Der Wert der Superkompensation wurde hier nicht berechnet, da die Information aufgrund des deutlichen Effektes (siehe Abb. 1) überflüssig ist.

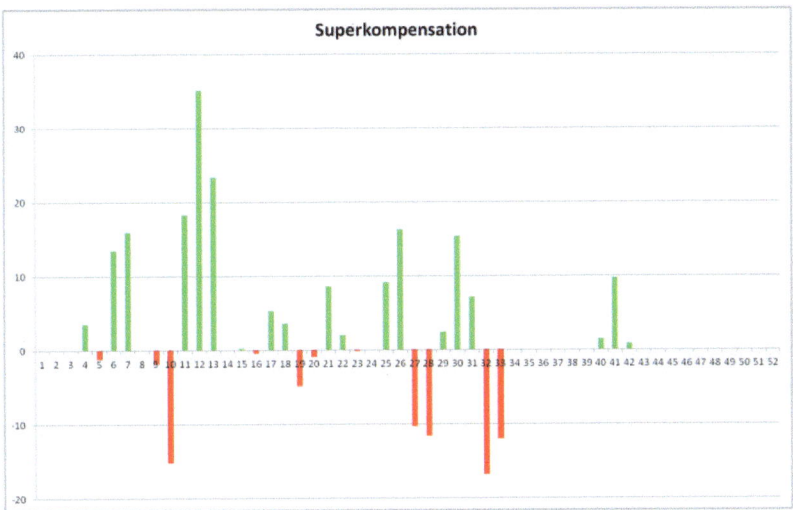

Abb.2: Werte der Superkompensation zur Laufeffizienz in Abb. 1

Aus den Werten und ihrer graphischen Darstellung können eine Reihe nützlicher Erkenntnisse gewonnen werden, die für die Verbesserung von Gesundheit, Fitness und Training von sehr praktischer Bedeutung sind, wie die folgenden Ausführungen zeigen.

Enger Zusammenhang zwischen Trainingsdosierung und Laufeffizienz

Die in der Übersicht im Anhang aufgeführten unterschiedlichen Trainingsdosierungen haben eine entsprechende Auswirkung auf die Veränderung der Laufeffizienz. Je höher die Trainingsdosierung, desto besser ist die Laufeffizienz. Die in die Graphik eingefügte Trendlinie des gleitenden Durchschnitts für jeweils vier Wochen gibt einen guten Überblick der Formentwicklung. Die größte Verbesserung wird mit dem Schritt vom Basis-Gesundheitstraining zum Fortgeschrittenen-Gesundheitstraining erzielt. Eine weitere Steigerung der Trainingsdosierung führt zu einer zusätzlichen aber nur geringen Verbesserung. Die Graphik zeigt auch sehr eindrucksvoll, wie sich die Form ab der KW 43 verschlechtert, wenn die Trainingsdosierung reduziert wird.

Differenz zwischen schlechtestem und bestem Wert des Jahres

Zwischen dem schlechtesten Wert der Laufeffizienz von 269,3 in der KW 51 und dem besten Wert von 250,3 in der KW 31 liegt eine Differenz von 18,6. Die Laufgeschwindigkeit (Pace) beträgt in der 31. KW 6:15 Minuten pro Kilometer und in der 51. KW 7:08 Minuten bei gleicher Herzfrequenz. Die Differenz beträgt 53 Sekunden. Die Veränderung der Laufeffizienz um einen Punkt entspricht bei diesem Läufer also einer Veränderung des Lauftempos von etwa drei Sekunden pro Kilometer.

Optimierung des Trainings mit der Laufampel

In der Phase des Fortgeschrittenen-Gesundheitstrainings am Übergang zum Ambitionierten-Training in den Kalenderwochen 22 bis 33 zeigt die Laufampel in KW 27 und 28 sowie in KW 32 und 33 zwei Rotphasen an, die eine Überforderung durch das Training signalisieren. Deshalb steht in KW 34 bis 36 die Erholung im Vordergrund. In dieser Zeit liegt ein dreiwöchiger Urlaub, in dem wenig gelaufen, aber vermehrt Radtouren bei niedriger Belastung von etwa 60% der

HF-max absolviert werden. In KW 37 wird das strukturierte Lauf-training in der Dosierung der KW 24 bis 33 wieder aufgenommen. Die durch das Radfahren vernachlässigte Laufmuskulatur reagiert zunächst mit deutlicher Ermüdung, die zu einer Verschlechterung der Laufeffizienz in KW 38 und 39 führt. Eine daraufhin eingeleitete Reduktion der Trainingsbelastung und Regeneration erzielen den gewünschten Effekt der Superkompensation in KW 41. Am Ende der KW 41 steht die Teilnahme an einem Halbmarathon, der in ei-nem gemäßigt zügigen Tempo gelaufen wird, das moderat anstren-gend aber nicht erschöpfend ist. Abgeschlossen wurde der Halbma-rathon in einer Zeit von 2:03 Stunden. Das gut abgestimmte Trai-ning im Vorfeld zahlte sich in Form eines sehr schönen Lauferleb-nisses aus.

Optimale Trainingsdosierung

Mit der Laufampel ist es auch möglich, die optimale Trainingsdosie-rung nach den Prinzipien des Smart Running zu ermitteln. Dies be-deutet ein maximaler Gewinn an Gesundheit und Fitness bei mini-malem Risiko der Überlastung. Dieser Bereich liegt für diesen Läu-fer bei einer Laufeffizienz von 254 (+/-1), markiert durch die grüne Linie in Abb. 1. Für den dargestellten Fall wird diese Laufeffizienz mit einem Fortgeschrittenen-Gesundheitstraining mittlerer Dosie-rung erreicht (FG-2, siehe Anhang „Stufen der Trainingsdosie-rung"). Dies entspricht einem Trainingsumfang von etwa 220 Minu-ten pro Woche bei 180 - 190 Minuten moderater und 30 Minuten intensiver Belastung. Eine Steigerung des Basis-Gesundheitstrai-nings bis zu dieser Dosierung führt zu einer großen Verbesserung der Laufeffizienz. Eine weitere Steigerung der Trainingsdosierung verbessert die Laufeffizienz nur noch geringfügig, erhöht aber deut-lich das Risiko der Überlastung. Für diesen Läufer garantiert diese Trainingsdosierung die größten Gewinne an Gesundheit, Fitness und Lauffreude.

4.2.2 Wiedereinstieg in das Laufen nach schwerer Krankheit einer Gesundheitsläuferin

In diesem Beispiel wird der Testverlauf einer Läuferin mittleren Alters gezeigt, die nach überstandener Krebserkrankung und Chemotherapie ihre Gesundheit mithilfe des Laufens stärken wollte. Die Testergebnisse zeigen die Entwicklung über einen Zeitraum von 24 Wochen. Davor lag eine Phase, in der sie sich durch kombiniertes Walken und Laufen langsam an die Belastung des Laufens heranführte. Die Trainingsdosierung lag überwiegend im Bereich des Basis-Gesundheitstrainings mit allmählicher Steigerung zum Fortgeschrittenen-Gesundheitstraining niedriger (FG-1) bis mittlerer Dosierung (FG-2). Die deutliche Verbesserung der Laufeffizienz von etwa 30 Punkten resultiert vor allem aus dem sehr niedrigen Ausgangsniveau. Das Lauftempo in der ersten Woche betrug 8:32 Minuten pro Kilometer.

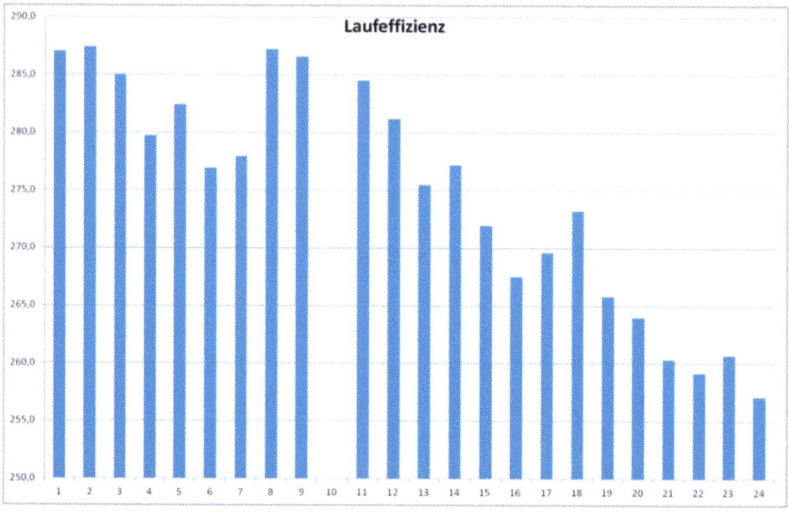

Abb. 3: Entwicklung der Laufeffizienz einer Gesundheitsläuferin über 24 Wochen

Die Graphik zeigt eine kontinuierliche Verbesserung der Laufeffizienz, die durch eine Phase der Verschlechterung in der 8. und 9. Woche sowie eine Phase der Stagnation in der 17. und 18. Woche unterbrochen wird. Besonders anschaulich wird diese Entwicklung in der Graphik der Superkompensation. Die Verschlechterung ist mit einem hohen negativen Wert von -40 in der 9. Woche besonders auffällig. Auch die Phase der Stagnation im weiteren Verlauf ist deutlich erkennbar.

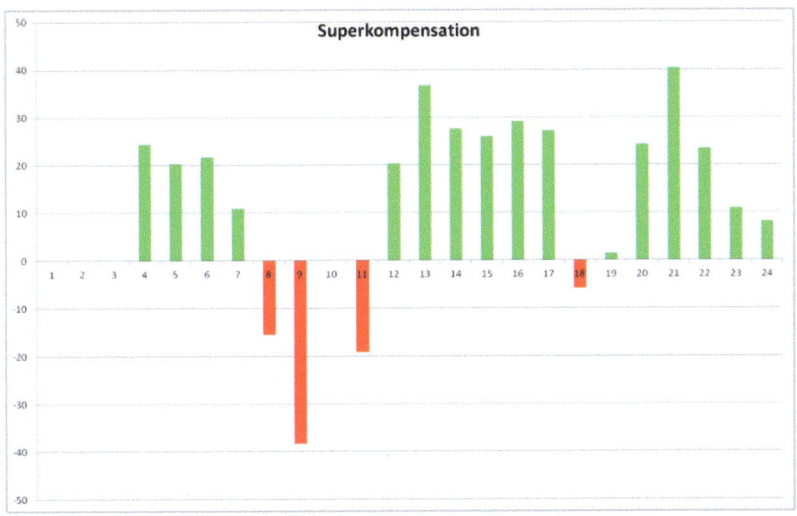

Abb. 4: Werte der Superkompensation zur Laufeffizienz in Abb.3

Bei genauer Betrachtung des Verlaufs zeigen sich die folgenden Zusammenhänge: In den ersten 7 Wochen verbesserte sich die Laufeffizienz kontinuierlich. Entsprechend sind die Werte der Superkompensation positiv. In der 8. Woche verschlechterte sich die Laufeffizienz deutlich. Damit einher ging eine Zunahme von Fatigue Symptomen, die seit der Chemotherapie bestanden. Die typischen Fatigue Symptome sind Abgeschlagenheit, Antriebsmangel und Konzentrationsstörungen als häufige Folge von Tumorerkrankungen und ihren Therapien. Trotz dieser Warnzeichen wurde das Training in der 9. Woche fortgesetzt und sogar gesteigert. Das Motiv für diese paradoxe Reaktion war die Angst im Nacken der Läuferin. Die Angst trieb sie in den aussichtslosen Versuch, die Symptome und mit ihnen die Angst vor dem Krebs niederzukämpfen. Das Ergebnis war niederschmetternd und demoralisierend. Eine starke Zunahme aller Symptome erzwang den Abbruch des Trainings und führte zu ausgeprägten Ängsten und Selbstzweifeln. Es bildete sich die fatale Überzeugung, das Lauftraining schade grundsätzlich ihrem Körper und begünstige die Rückkehr des Krebses. Sie wollte das Training abbrechen. In einem ausführlichen Gespräch konnten die genannten Ursachen der Krise geklärt werden, und sie schöpfte neuen Mut für die Fortsetzung des Trainings. Sie hatte erkannt, dass nicht das Training schadet, sondern ihre Selbstüberforderung.

Eine nunmehr behutsamere Dosierung des Trainings, die sorgsamere Beachtung von Ermüdungsanzeichen und die Unterstützung durch die Laufampel führten sie wieder auf die Erfolgsspur. Als sich in der 18. Woche eine ähnliche Konstellation ungünstiger Faktoren wiederholte, reagierte sie frühzeitig und angemessen. Die Erfahrung, diese Probleme nun im Griff zu haben, bereitete ihr ein Erfolgserlebnis und nachhaltige Zufriedenheit. Im Gesamtergebnis kam es über den Zeitraum von 24 Wochen zu einer beachtlichen Verbesserung der Laufeffizienz. Dies spiegelte nicht nur eine deutliche Verbesserung von Fitness und Leistungsfähigkeit wider, sondern auch weiterer wichtiger Faktoren. Alle Fatigue Symptome gingen deutlich zurück und traten nur noch sporadisch auf. Die Stimmung war wieder überwiegend positiv und deprimierte Momente hielten sich in akzeptablen Grenzen. Zuversicht und Hoffnung hatten wieder die Oberhand. Die Freude an verschiedenen Aktivitäten war zurückgekommen. Insgesamt hatte sich das Laufen als wesentlicher Bestandteil der Krankheitsbewältigung fest etabliert. Es hatte ihr einen beachtlichen Teil des Vertrauens in ihren Körper wiedergegeben, dass ihr die Krebserkrankung genommen hatte.

4.2.3 Misslungene Wettkampfvorbereitung eines ambitionierten Läufers

Das nächste Beispiel ist das eines jüngeren Läufers, der sich für die Laufsaison vorgenommen hatte, seine Bestzeit auf der 10-Kilometer-Strecke zu verbessern. Er trainierte systematisch nach einem Trainingsplan. Die Resultate auf gelegentlichen Laufveranstaltungen bestätigten seinen Eindruck beständiger Fortschritte. Bei einem 10-Km-Wettkampf in der 8. Woche kam er seinem Ziel einer neuen Bestzeit recht nahe. Beflügelt von diesen Erfolgen steigerte er seine Trainingsanstrengungen. In der Folge wurde das Training mühsamer, es lief nicht mehr so rund wie zuvor. Das Gefühl steigender Anstrengung interpretierte er aber als Zeichen effektiven Trainings. Dieser Überzeugung lag die Einschätzung zugrunde: Nur wer sich richtig fordert, kann die maximale Leistung aus sich herausholen. Am Tag des Wettkampfes musste er jedoch lernen, dass diese Einschätzung seines Trainings falsch war. Die erzielte Zeit über 10 Km war sehr enttäuschend und weit von der entfernt, die er sich erhofft hatte. Aus der Bestzeit wurde nichts.

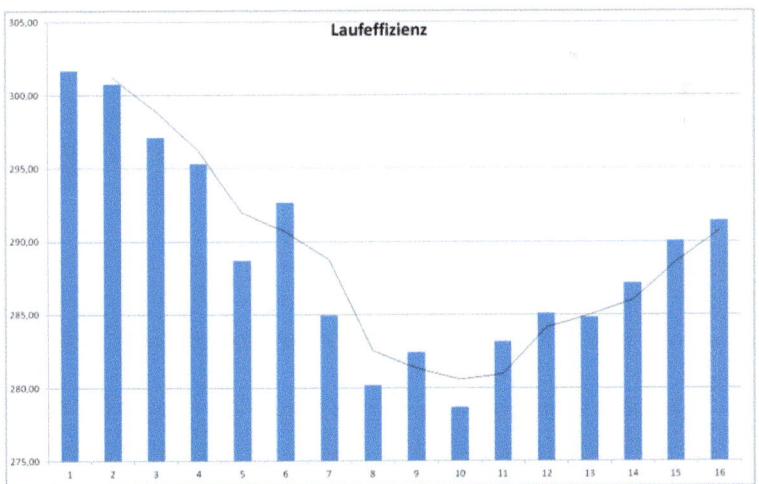

Abb. 5: Entwicklung der Laufeffizienz eines ambitionierten Läufers in der Vorbereitung eines Wettkampfes über 10 Km.

Die Testergebnisse der Laufampel spiegeln die beschriebene Entwicklung wider. Die Graphiken zur Laufeffizienz und Superkompensation bilden den Verlauf seines Trainings über einen Zeitraum von 16 Wochen ab. Bis zur 10. Woche verbessern sich die Werte seiner Laufeffizienz kontinuierlich. Die Superkompensation unterstreicht diese Entwicklung mit hohen positiven Werten. In der 11. Woche jedoch erfolgt die Wende zum Schlechten. Der Organismus ist mit der Verarbeitung der Trainingsreize überfordert. Die Verschlechterung seiner Form wird durch eine kontinuierliche Abnahme der Laufeffizienz (steigende Werte) und deutlich negative Werte der Superkompensation angezeigt. In den Graphiken wird der Effekt des Übertrainings deutlich sichtbar.

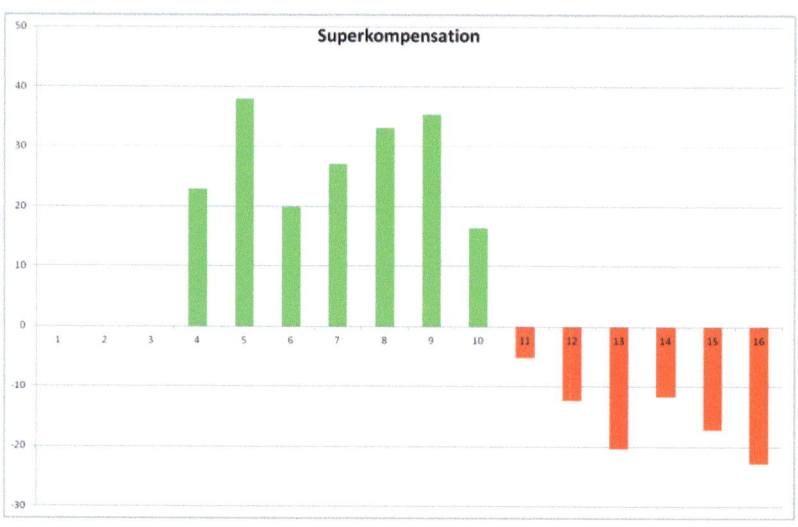

Abb. 6: Werte der Superkompensation zur Laufeffizienz in Abb. 5

In der Ampelphasentabelle (siehe Anhang) werden unter Berücksichtigung des Trainings aus den Testwerten der Laufampel Empfehlungen für die Steuerung des Trainings abgeleitet. Es sind insgesamt neun Empfehlungen, die die wichtigsten Entscheidungen der Trainingssteuerung beinhalten. In der beschriebenen

Trainingsperiode gibt die Laufampel gemäß den Werten der Superkompensation die Empfehlungen mit den Nummern 1, 3c und 2a. In den ersten 10 Trainingswochen zeigt die Laufampel grün mit der Trainingsempfehlung Nr. 1: Fordernde Trainingsreize werden durch den Organismus gut verarbeitet, und das Training sollte in der aktuellen Form fortgesetzt werden. In der 11. Woche schaltet die Laufampel auf orange (Wert der Superkompensation nahe null) mit der Trainingsempfehlung Nr. 3c: Da in diesem Fall ausreichend Trainingsreize gesetzt wurden, ist die Erholung offenbar unzureichend. Die Anzeichen körperlicher Ermüdung sollten genau beachtet und ggf. die Trainingsbelastung sowie die Erholung entsprechend angepasst werden. In den Wochen 12 bis 16 signalisiert die Ampel rot (deutlich negativer Wert der Superkompensation) mit der Trainingsempfehlung 2a: Als Folge eines belastenden Trainings besteht die Trainingsempfehlung hier im Einlegen einer Erholungsphase durch leichtes oder kein Training. Entsprechend der Laufampel wäre die 12. Woche der optimale Zeitpunkt für eine ausgiebige und nachhaltige Erholungsphase gewesen, die vom Läufer aber nicht eingelegt wurde. Um es kurz zu sagen: Auf dem Weg zu seinem Ziel überfuhr er einige rote Ampeln und erreichte es dadurch nicht.

4.2.4 Gelungene Wettkampfvorbereitung einer ambitionierten Läuferin

Das letzte Beispiel ist das einer talentierten Läuferin, die sich auf einen Marathon vorbereitete. Geplant war die Teilnahme an einem Landschaftsmarathon mit 800 Höhenmetern und einem gut besetzten Läuferfeld. Die Trainingsperiode erstreckte sich über einen Zeitraum von 15 Wochen. Mit wiedereinsetzendem Training nach einer Trainingspause verbesserte sich ihre Form zunächst sprunghaft. In der 6. Woche wurde ein Halbmarathon mit anspruchsvollem Höhenprofil gelaufen. In der 8. Woche wurde ein Wettkampf über eine kürzere Distanz absolviert, der es als Berglauf aber in sich hatte. Beide Belastungen wurden gut verkraftet. Die folgenden Wochen waren von einem kontinuierlichen Formaufbau geprägt. Die gesamte Trainingsperiode fand ihren Abschluss mit einem rundherum erfolgreichen Marathon: kein Einbruch, gute Einteilung der Kräfte, Platzierung in den vorderen Rängen, gute Erholung nach dem Lauf und insgesamt ein sehr schönes Lauferlebnis.

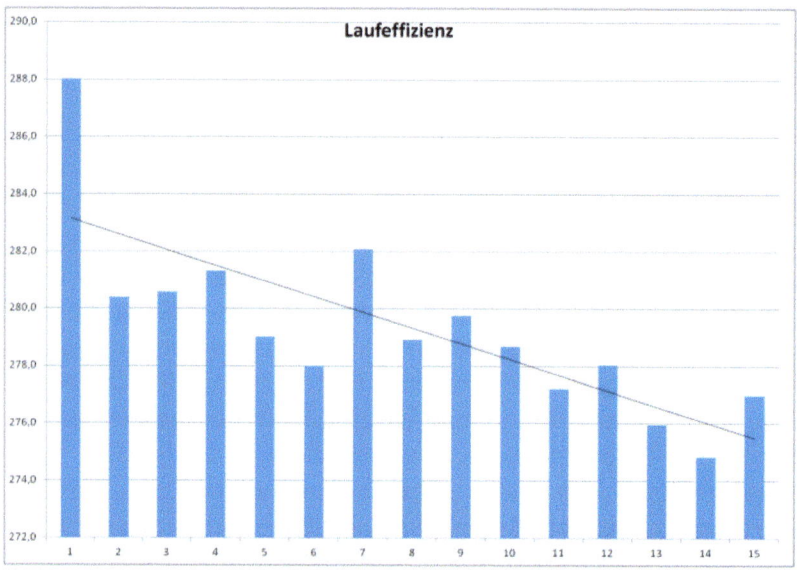

Abb. 7: Entwicklung der Laufeffizienz einer ambitionierten Läuferin in der Vorbereitung eines Marathon Wettkampfes.

Abb. 7 zeigt eine kontinuierliche Verbesserung der Laufeffizienz (abnehmende Werte) über die gesamte Trainingsperiode. Die eingefügte lineare Trendlinie veranschaulicht diese Entwicklung. Deutlich erkennbar ist die hohe Belastung der beiden Wettkämpfe in den Wochen 6 (Halbmarathon) und 8 (Berglauf über 7 km), die jeweils zu einer Verschlechterung der Laufeffizienz führten. Dies ist in Abb. 8 der Superkompensation gut erkennbar. In der Phase erhöhter Belastung wurden die Werte der Superkompensation negativ. Es gibt aber keine großen Ausschläge in den negativen Bereich, und die Werte bewegten sich nahe null. Die Ampelphasentabelle gibt für die Wochen 7 – 9 die Trainingsempfehlung 3c (orange,

Anzeichen körperlicher Ermüdung genau beachten und ggf. Trainingsbelastung und Erholung anpassen). Ab Woche 10 bewegten sich die Werte der Superkompensation wieder im deutlich positiven Bereich. Dies zeigt, dass die außergewöhnlich hohen Trainingsreize der Wettkämpfe vom Organismus gut verarbeitet wurden und der Vorbereitung auf den Marathon dienlich waren.

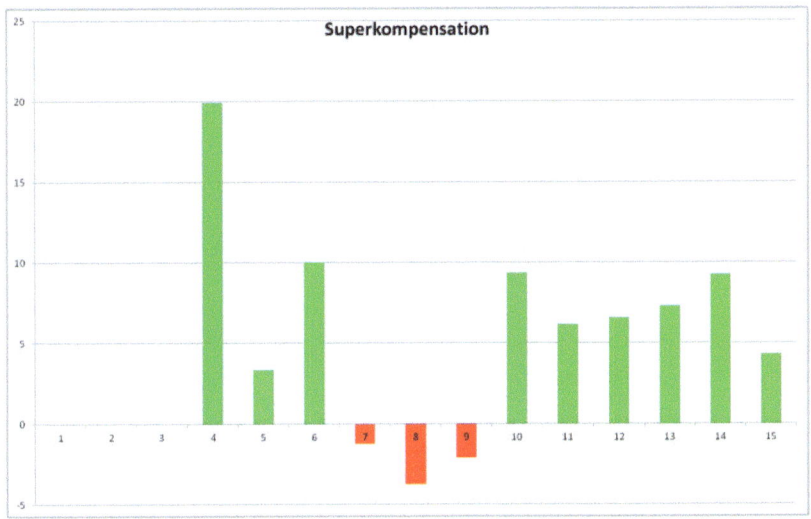

Abb. 8: Werte der Superkompensation zur Laufeffizienz in Abb. 7

Im Vergleich der Testverläufe 3 (10-Km-Läufer) und 4 (Marathonläuferin) fallen die Veränderungen im Verlauf 3 deutlich höher aus als im Verlauf 4. An erster Stelle ist dies, wie bereits mehrfach angesprochen wurde, eine Frage des Ausgangsniveaus. Je niedriger es ist, umso größer sind die durch das Training erreichbaren Steigerungsraten. Im Vergleich dieser beiden Fälle kommt aber noch eine weitere Erklärung in Betracht. Das Training für einen 10-Km-Wettkampf unterscheidet sich sehr grundlegend vom Marathontraining. Im ersten Fall geht es darum, die Schnelligkeit zu verbessern und im zweiten, ein Tempo über eine lange Distanz aufrecht erhalten zu können. Im 10-Km-Training wird dies durch kurze schnelle Einheiten und im Marathontraining durch längere Einheiten mit entsprechend niedrigerem Tempo erreicht. Hinsichtlich der Laufampel geht es beim Marathontraining weniger um große Verbesserungen der Laufeffizienz, sondern vor allem um die Vermeidung von Übertraining, das durch negative Werte der Superkompensation angezeigt wird. Die für den Marathon typischen langen Vorbereitungsperioden mit hohen Umfängen stellen diesbezüglich ein besonderes Risiko dar. Eine vorausschauende und umsichtige Trainingssteuerung ist im Marathon die Grundlage des Erfolges und ist eine besondere Herausforderung, die die Läuferin im beschriebenen Fall sehr gut gemeistert hat.

**Zweiter Teil: Vertiefende Einblicke für Wissens-
durstige**

5 Die physiologischen Grundlagen der Laufampel

Die Laufampel wurde als smarter Trainingsbegleiter für Gesundheitsläufer und ambitionierte Freizeitläufer vorgestellt. Erläutert wurde das Grundprinzip, ihre Einordnung in ein umfassendes Risikomanagement und ihre Anwendung im Lauftraining. Im Folgenden werden die physiologischen Grundlagen der Laufampel ausführlich dargestellt. Es geht um die Frage, welche Veränderungen und Anpassungsprozesse im Körper durch das Lauftraining bewirkt und in der Laufampel abgebildet werden. Das besondere Augenmerk gilt den Aspekten, die zur Verbesserung von Gesundheit, Fitness und sportlicher Leistung beitragen, aber auch denen, die ihnen schaden. Ermöglicht wird so ein tieferer Einblick in den eigenen Organismus und ein besseres Verständnis des persönlichen Lauftrainings.

Die Laufampel ist ein einfaches Verfahren zur Messung der Leistungsfortschritte und der Überforderung im Lauftraining. Gemessen werden die beiden Parameter Geschwindigkeit und Herzfrequenz. Die für eine definierte Strecke benötigte Zeit und der dafür gemessene Durchschnittspuls werden zu gleichen Teilen gewichtet und dann addiert. Dieser Wert trägt den Namen Laufeffizienz. Die Laufeffizienz verbessert sich, wenn effektiv trainiert wird. Sie verschlechtert sich hingegen, wenn zu viel, zu wenig oder gar nicht trainiert wird. Diese Entwicklung wird mit einem weiteren Wert, der den Namen Superkompensation trägt, aus den Verlaufswerten der Laufeffizienz berechnet. Der Test ist bewusst so konzipiert, dass jeder, der eine Pulsuhr hinreichender Qualität hat und über Grundkenntnisse in einem Programm zur Tabellenkalkulation verfügt, ihn durchführen, auswerten und interpretieren kann.

Geschwindigkeit und Herzfrequenz sind die beiden zentralen Parameter, an denen sich die Fitness und die Leistungsfähigkeit des Organismus beim Laufen ablesen lassen. Sie sind die Repräsentanten von Organen, Strukturen und Prozessen des Organismus, die nicht nur für die Laufleistung entscheidend sind, sondern darüber hinaus auch für die allgemeine Gesundheit und Funktionsfähigkeit des Organismus von größter Bedeutung sind. Die für die Laufleistung entscheidenden Körpersysteme sind die Muskulatur, der Energiestoffwechsel, das Herz-Kreislauf-System und das autonome Nervensystem. Die laufspezifische Muskulatur ist der Motor, der den Läufer in Bewegung bringt und für das Tempo sorgt. Die für die Laufarbeit benötigte Energie wird in den Muskelzellen erzeugt. Die Energieerzeugung ist auf den steten Zustrom von Sauerstoff und Nährstoffen angewiesen. Die dabei entstehenden Stoffwechselschlacken müssen dann aus der Muskulatur wieder abtransportiert werden. Diese Transportfunktion übernimmt das Herz-Kreislauf-System. All diese Prozesse müssen gesteuert und koordiniert werden. Diese Aufgabe hat das autonome Nervensystem. Man kann es mit der Software eines Betriebssystems vergleichen, das im Organismus die Bereitstellung von Energie und Leistung, ihre angemessene Dosierung sowie die Durchführung der Regeneration regelt. Diese Systeme werden im Folgenden genauer unter die Lupe genommen und eingehend beschrieben.

5.1 Der Motor: die Muskulatur

Ein Muskel besteht aus sehr vielen Muskelfasern, die, wie die einzelnen Zweige eines Reisigbündels, parallel zueinander verlaufen. Eine Muskelfaser setzt sich wiederum aus vielen kleinen Einheiten zusammen, den Myofibrillen, die kettenförmig aneinandergereiht sind. Die Myofibrillen bestehen aus Myofilamenten und Zellstrukturen. Die Myofilamente können sich unter dem Einfluss von Nervenimpulsen kontrahieren. Da sie sehr klein sind, ist auch das Ausmaß der Kontraktion gering. Führt man sich aber vor Augen, dass eine Myofibrille aus 100 bis mehrere 1000 Myofilamenten besteht, vervielfacht sich die Kontraktionsstrecke eines Myofilamentes um die Anzahl der aneinander gereihten Myofilamente und ergibt in der Summe die Kontraktionsstrecke des gesamten Muskels. In den einzelnen Myofibrillen sind zudem Zellstrukturen eingebettet. Sie führen zum Wachstum des Muskels in der Wachstumsphase in Kindheit und Jugend sowie unter dem Einfluss von körperlicher

Belastung und spezifischem Training über die gesamte Lebensspanne. Wer seinen Arm oder sein Bein aufgrund eines Bruches längere Zeit schonen musste, ist erstaunt, wie schnell die Muskelmasse schwindet, erfreulicherweise aber auch wieder rasch zunimmt, wenn der Arm oder das Bein nach der Heilungsphase seine Funktionen wieder aufnimmt. Eine weitere Aufgabe der Zellstrukturen ist die Erzeugung der für die Muskelarbeit erforderlichen Energie.

Bedeutsam für die sportliche Leistung ist die Art der Muskelfaser. Es gibt verschiedene Muskelfasertypen, die in zwei Hauptkategorien unterteilt werden. Die Muskelfasern vom Typ I reagieren langsamer und entwickeln eine geringere Kraft. Ihre besondere Stärke liegt in der Ausdauerfähigkeit. Die Muskelfasern vom Typ II reagieren deutlich schneller und entwickeln wesentlich mehr Kraft. Sie befähigen zu schneller und kraftvoller Muskelarbeit, die jedoch zu baldiger Ermüdung führt. Das Verhältnis der Muskelfasern vom Typ I und II ist genetisch bedingt. Normal sind etwa gleiche Anteile. Die Abweichungen können individuell jedoch sehr groß sein. Im Extremfall können sie 9:1 oder 1:9 betragen und somit das Talent zum Marathonläufer oder zum Sprinter festlegen. Die genetisch bedingte Verteilung von Typ I und II Muskelfasern kann durch Training nicht verändert werden, mit der Ausnahme einer begrenzten und zeitlich limitierten Umwandlung von Typ II in Typ I Fasern, die aber nur für den Hochleistungssport relevant ist. Aber die Ausbildung der Muskelfasern vom Typ I oder II kann durch ein spezielles Training differentiell gefördert werden.

Um eine Laufleistung zu erbringen, bedarf es nicht nur der entsprechenden Muskulatur, sondern die verschiedenen Muskeln müssen auch koordiniert zusammenarbeiten. Erforderlich sind hierzu neuronale Strukturen in der Peripherie des Nervensystems und gelernte Bewegungsmuster, die im zentralen Nervensystem gespeichert sind. Die Passung aus Muskulatur und ihrer Koordination unterscheidet sich von Sportart zu Sportart. Ein guter Läufer wird nicht automatisch ein guter Fahrradfahrer oder Schwimmer sein.

Ein Triathlet ist hingegen in allen drei Sportarten trainiert. Aber zwischen den einzelnen Triathleten gibt es große Unterschiede hinsichtlich ihrer Stärken und Schwächen im Laufen, Radfahren oder Schwimmen. Wer in der Kindheit und Jugend nicht die für ein effektives Schwimmen erforderlichen komplexen koordinativen Fähigkeiten ausgebildet hat, wird sie im Erwachsenenalter in dieser Qualität nicht nachholen können. Laufen hat den Vorteil, dass wir die koordinativen Fähigkeiten bereits von Kindesbeinen an erlernen. Aber die Ausbildung der laufspezifischen Muskulatur und ihre optimale Koordination sind anspruchsvoller, als es auf den ersten Blick scheint. So gibt es spezielle Übungen zur Kräftigung der Muskulatur und Verbesserung ihrer Koordination. Lauf-ABC, Rumpfstabilisierung und Barfußlauf sind Begriffe, die die verschiedenen Methoden beschreiben.

5.2 Die Energieversorgung: die Stoffwechselprozesse

Manche Leser erinnern sich vielleicht noch an den Biologieunterricht in der Schule. Die für die Muskelarbeit erforderliche Energie wird ausschließlich durch Adenosintriphosphat (ATP) erzeugt. Adenosintriphosphat wird zur Energieerzeugung in Phosphat (P) und Adenosindiphosphat (ADP) aufgespalten. Erstaunlich ist, dass jeder Mensch im gesamten Körper nur eine sehr geringe Menge ATP (etwa 80 Gramm) zur Verfügung hat. Die Zerfallsprodukte müssen also sehr schnell wieder zu ATP zusammengesetzt werden, um die Fortführung der Muskelarbeit zu ermöglichen. Die bei erhöhter Muskelarbeit zunehmende Konzentration der Zerfallsprodukte ADP und P im Körper führen zur Steigerung der Atemfrequenz und des Stoffwechsels; der gegenteilige Effekt tritt ein, wenn die Konzentration wieder abnimmt.

Es gibt drei Arten der Energieerzeugung, von denen eine aerob (mit Sauerstoff) und zwei anaerob (ohne Sauerstoff) erfolgen. Alle drei Arten haben unterschiedliche Funktionen hinsichtlich der Dauer und der Intensität der Belastung. Die erste anaerobe Energieerzeugung mit dem in der Muskulatur gespeicherten Kreatinphosphat ist die Schnellstarthilfe. Sie ermöglicht eine sofortige und maximale, aber nur sehr kurzfristige Muskelarbeit. Bei höchster Beanspruchung sind die Kreatinphosphatspeicher bereits nach fünf bis sieben Sekunden erschöpft. Bei der zweiten anaeroben Energieerzeugung wird ATP mithilfe von Glukose (Zucker) gebildet. Dabei entsteht neben ATP auch Laktat (Milchsäure). Diese Energieerzeugung wird für intensive Muskelarbeit benötigt, wie sie etwa im Wettkampf bei Kurzstreckenläufern gefordert wird. Das sich dabei ansammelnde Laktat führt jedoch zu einer Übersäuerung des Muskels und drosselt seine Leistung durch die Unterbindung der Stoffwechselvorgänge. Erst nach einer längeren Erholungsphase von 30 bis 60 Minuten ist seine Funktionsfähigkeit wiederhergestellt.

Von zentraler Bedeutung für die im Alltag zu verrichtende Muskelarbeit und natürlich den Langstreckenlauf ist die aerobe Energieerzeugung (mit Sauerstoff). Sie ist der Normalfall für alle niedrigen und mittleren Intensitäten von Muskelarbeiten, die länger als eine Minute andauern. Während die anaerobe, Laktat bildende Energiegewinnung ausschließlich auf den Energieträger Glukose angewiesen ist, kann die aerobe Energieerzeugung die Energieträger Glukose und Fett verwerten. Bei längeren Ausdauerleistungen können sich zwar die Glukosevorräte des Körpers erschöpfen, nicht jedoch die Fettreserven. Welcher Form der Energieerzeugung, aerob oder anaerob, sich der Organismus bedient, ist abhängig von der Intensität der Belastung. Bei niedrigen Intensitäten verläuft sie aerob, bei hohen anaerob und bei mittleren werden beide Formen genutzt. Bedeutsam für das Lauftraining ist die sogenannte Laktatschwelle. Sie bezeichnet den Intensitätsgrad einer Belastung, bei dem die anaerobe Energiegewinnung dominant wird und in der Folge die Laktatkonzentration im Blut sprunghaft steigt. Ein wichtiges Unterscheidungsmerkmal von Trainingsmethoden ist, ob die Belastung unterhalb, im Bereich oder oberhalb der Laktatschwelle liegt. Die Laktatschwelle wird spürbar, wenn der Körper mehr Sauerstoff verbraucht, als eingeatmet werden kann. Dies ist der Fall, wenn die Unterhaltung mit dem Laufpartner beim Joggen nicht mehr einfach ist, sondern mühsam wird. Wer seine Einkaufstaschen in den fünften Stock tragen kann, ohne „hinter den Atem zu kommen", ist sicherlich gut trainiert.

Der Test im Rahmen der Laufampel wird in einem Lauftempo absolviert, das unterhalb der Laktatschwelle liegt. Denn bis zu diesem Punkt stehen Laufgeschwindigkeit und Herzfrequenz in einer linearen Beziehung, die die Grundlage für die Berechnung der Laufeffizienz ist. Mit Erreichen der Laktatschwelle bekommt die Gerade einen Knick und wird flacher. Diesen Effekt macht sich der Conconi Test zu eigen, mit dem die Laktatschwelle grob bestimmt werden kann. Die Laufampel ist daher ein Verfahren zur Messung der aeroben Ausdauerfähigkeit.

Die Energieproduktion erfolgt in den bereits angesprochenen Zellstrukturen der Myofibrillen, den kleinsten Arbeitseinheiten der Muskulatur. Von besonderer Bedeutung sind die Mitochondrien. Sie sind die Kraftwerke der Muskulatur, in denen die aerobe Energieerzeugung abläuft. Sie sind in die Muskelzelle integriert. Der dafür erforderliche Sauerstoff wird über das in der Muskelzelle enthaltene Myoglobin (Muskeleiweiß) zugeführt. Es löst den Sauerstoff aus dem Blut und speichert ihn in der Muskelzelle. Weiterhin besitzt die Muskelzelle die Fähigkeit, die Energieträger Glykogen und Fett zu speichern. Ausdauertraining verbessert die Energieproduktion in der Muskelzelle über die folgenden Anpassungsprozesse: Die Anzahl und die Größe der Mitochondrien sowie die Menge der in ihnen enthaltenen Enzyme zur Energieproduktion nehmen beträchtlich zu. Der Myoglobingehalt im Muskel kann bis zu 80% steigen. Zudem nimmt die Speicherfähigkeit des Muskels für Glykogen und Fette erheblich zu.

5.3 Das Transportsystem: das Herz-Kreislauf-System

Die für die Energieversorgung des Organismus notwendigen Substanzen werden über das Herz-Kreislauf-System transportiert. Die Blutgefäße sind die Transportwege, das Blut ist das Transportmittel, und das Herz ist der Motor, der das Blut zirkulieren lässt. Das Herz-Kreislauf-System ist in den Körperkreislauf und den Lungenkreislauf unterteilt. Bei den Blutgefäßen werden die Arterien von den Venen unterschieden. Die Arterien transportieren sauerstoffreiches Blut und die Venen sauerstoffarmes Blut. Im Körperkreislauf wird sauerstoffreiches Blut über die Arterien den Organen und der Muskulatur zugeführt. Nach der dort erfolgten Verwertung des Sauerstoffs wird das sauerstoffarme Blut über die Venen zurückgeführt. Im Lungenkreislauf wird über die Atmung das sauerstoffarme Blut wieder mit Sauerstoff angereichert und dem Körperkreislauf zugeführt.

Die Pumpleistung des Herzens ergibt sich aus der Herzfrequenz und dem Schlagvolumen. Der Fachbegriff für die Pumpleistung ist das Herzminutenvolumen. Es gibt die Menge an Blut an, die pro Minute in den Kreislauf gepumpt wird. Ein untrainiertes Herz kommt dem erhöhten Bedarf an Sauerstoff und Nährstoffen bei sportlicher Belastung vor allem mit einer Erhöhung seiner Schlagfrequenz nach, während das trainierte Herz dem Mehrbedarf mit einem höheren Schlagvolumen gerecht wird. Das trainierte Herz arbeitet also ökonomischer, weil es bei gleicher Pumpleistung langsamer schlägt als das untrainierte. Bereits ein mehrwöchiges Ausdauertraining führt zu einer sehr deutlichen Zunahme der Muskelmasse des Herzens und zur Erweiterung der Herzkammern. Ein mehrjähriges Training führt zu komplexen Anpassungsprozessen des gesamten Herzens, die es nicht nur leistungsfähiger machen, sondern auch robuster und weniger krankheitsanfällig. Von den hier aufgeführten Veränderungen ist das Sportherz zu unterscheiden, das seine Größe und Schlagvolumen im Vergleich zum Normalherzen verdoppeln kann.

Dafür sind aber Trainingsumfänge und -intensitäten erforderlich, wie sie nur im Spitzensport üblich sind. Im Gegensatz zu einem durch Krankheit vergrößerten Herzen (z.B. Bluthochdruck), führt das Sportherz zu keinen gesundheitlichen Problemen. Das Sportherz bildet sich bei einer Reduktion des Trainings wieder zurück.

Ausdauertraining hat einen positiven Einfluss auf den Zustand der Arterien. Sie bleiben durchlässig und geschmeidig. Es wirkt den Prozessen der Arteriosklerose entgegen und ist damit ein wirksamer Schutzfaktor. Arteriosklerose ist eine Degeneration der Arterien, deren Wände im Verlauf der Jahre verhärten und verdicken. Sie ist die häufigste Todesursache in den Industrienationen und steht in engem Zusammenhang mit der für diese Länder typischen Lebensweise. Ausdauertraining hält nicht nur die Arterien jung, sondern fördert auch die Bildung von Umgehungskreisläufen. Dabei entstehen parallel zu den Hauptarterien kleine Nebengefäße, über die zusätzlich das Blut zirkuliert. So wird im Falle eines Verschlusses der Arterie die Blutversorgung weiter aufrechterhalten, was bei einem Herzinfarkt lebensrettend sein kann.

Das in den Gefäßen strömende Blut transportiert den Sauerstoff und die Nährstoffe in die Muskulatur und die Organe. Nach dem dort erfolgten Stoffwechsel werden die dabei entstehenden Produkte (z.B. Laktat) wieder abtransportiert. Unter dem Einfluss eines mehrere Wochen bis Monate dauernden Ausdauertrainings nimmt das Blutvolumen deutlich zu. Dies ist auf eine Vermehrung der roten Blutkörperchen und vor allem die Zunahme des Blutplasmas zurückzuführen. Die roten Blutkörperchen transportieren den Sauerstoff und schwimmen im Blutplasma, das überwiegend aus Wasser besteht und die Nährstoffe transportiert. Da das Blutplasma im Verhältnis zu den roten Blutkörperchen deutlich mehr zunimmt, wird das Blut insgesamt dünnflüssiger. So kann das Blut mehr Sauerstoff transportieren und seine Strömungseigenschaften verbessern sich.

An ihren Enden verzweigen sich die Arterien und Venen in ein Geflecht kleinster Blutgefäße, die Kapillaren. Sie durchziehen die Organe und die Muskulatur. Die Gefäßwände der Kapillaren sind so beschaffen, dass der Austausch von Sauerstoff und Nährstoffen durch sie hindurch erfolgen kann. Ausdauertraining führt zu einer Aktivierung ungenutzter und zur Neubildung von Kapillaren. In der Muskulatur greifen die vermehrte Durchblutung mit der beschriebenen verbesserten Aufnahmefähigkeit und Verwertung von Sauerstoff und Nährstoffen in der Muskelzelle ineinander.

Der beschriebene Körperkreislauf wird durch den Lungenkreislauf ergänzt. Hier findet der für die Stoffwechselvorgänge notwendige Gasaustausch statt. Das bei der Verbrennung (Oxidation) der Nährstoffe entstandene Kohlendioxid wird ausgeatmet und Sauerstoff eingeatmet. Der Gasaustausch zwischen Blut und Atemluft erfolgt in den Lungenbläschen. Die dafür erforderliche Luftzirkulation wird durch die Atemmuskulatur erzeugt. Man unterscheidet die Brustatmung von der Bauchatmung. Die Brustatmung wird durch die Zwischenrippenmuskulatur gesteuert und führt beim Einatmen zu einer Ausdehnung des Brustkorbes. Die Bauchatmung erfolgt mithilfe des Zwerchfells, ein Muskel, der den Brustraum vom Bauchraum trennt. Hier erweitert sich beim Einatmen der Brustraum in den Bauchraum. Da sich beim Atmen der Brustraum schneller und einfacher über den Bauchraum als den Brustkorb erweitern lässt, ist die Bauchatmung leichter und effektiver als die Brustatmung.

Wenn sich nach dem Einatmen die Lungenbläschen wieder mit frischer und sauerstoffreicher Atemluft gefüllt haben, wird der Sauerstoff durch das in den roten Blutkörperchen enthaltene Hämoglobin aufgenommen und über die Arterien des Lungenkreislaufes dem Körperkreislauf zugeführt. Regelmäßiges Ausdauertraining verbessert die Lungenfunktionen. Die pro Atemzug aufgenommene Luftmenge nimmt erheblich zu. Der trainierte Läufer benötigt daher pro Minute weniger Atemzüge, um die gleiche Luftmenge in seinen Lungen aufzunehmen, als der untrainierte. Weiterhin nehmen Kraft und Ausdauer der Atemmuskulatur zu, wodurch eine intensive Atemarbeit über einen längeren Zeitraum aufrechterhalten werden kann. Die Verbesserungen der Lungenfunktionen spielen gegenüber den anderen aufgeführten Faktoren der Ausdauerleistung aber nur eine geringe Rolle, da die Menge des von der Lunge bereitgestellten Sauerstoffes wesentlich größer ist, als der bei Ausdauerleistungen entstehende Bedarf des Organismus, sofern keine krankheitsbedingten Einschränkungen der Lungenfunktionen vorliegen.

5.4 Die Software: das autonome Nervensystem

Alle Körperprozesse werden vom Gehirn überwacht und gesteuert. Um den Organismus in die Lage zu versetzen körperliche oder geistige Leistungen zu erbringen, bedarf es Mechanismen, die die Aktivierung und die Erholung der daran beteiligten Strukturen steuern. In der Phase der Leistungserbringung müssen die dafür erforderlichen Energien freigesetzt und dosiert werden. In der darauffolgenden Phase der Erholung müssen die strapazierten Strukturen repariert und die Energiespeicher wieder aufgefüllt werden. Dieser Wechsel von Leistung und Regeneration ist ein grundlegendes Prinzip unseres Organismus. Es gilt das Gesetz: keine Leistung ohne entsprechende Regeneration.

Die Entscheidung die Sportkleidung zum Laufen anzuziehen ist ebenso bewusst, wie die Wahl der Strecke, des Lauftempos und der Dauer des Laufes. Die physiologische Regulierung der dafür erforderlichen Körperstrukturen unterliegt hingegen nicht der willentlichen Kontrolle, sondern wird autonom gesteuert. Das Gehirn steuert die Körperprozesse über zwei grundlegende Mechanismen. Über das neuroendokrine System werden Hormone in den Blutkreislauf ausgeschüttet, die zu entsprechenden Reaktionen in den Organen führen. Das autonome Nervensystem, das auch unter dem Namen vegetatives Nervensystem bekannt ist, kann über Nervenbahnen die verschiedenen Körperstrukturen sehr gezielt ansprechen und präzise steuern. Das neuroendokrine System und das autonome Nervensystem arbeiten sehr eng zusammen: Es gibt

Verbindungen in alle Regionen des Gehirns und einen intensiven Informationsaustausch zwischen Gehirn und Körper.

Das autonome Nervensystem besteht aus mehreren Hauptbestandteilen. Im zentralen autonomen Netzwerk sind verschiedene Hirnregionen miteinander vernetzt, die zusammen alle Prozesse überwachen und kontrollieren. Die Steuerung der Prozesse erfolgt dann über zwei Nervenbahnsysteme, die sich im Körper verzweigen und die einzelnen Organe ansprechen. Die beiden Nervenbahnsysteme haben die Namen Sympathikus und Parasympathikus. Wie ihre Namensgebung bereits verrät, sind ihre Aufgaben gegensätzlich. Über den Sympathikus werden die aktivierenden und leistungserzeugenden Prozesse angestoßen, während der Parasympathikus diese Prozesse drosselt und die Regeneration gewährleistet. Sie sind zudem die Namensgeber für die beiden grundlegenden Prozesse des Organismus: der sympathische und der parasympathische Regulationsmodus. Wie grundsätzlich und bedeutsam diese beiden Regulationsmodi für den Organismus sind, zeigt sich auch in der Anatomie und Spezialisierung unseres Gehirns. Die rechte Hemisphäre des Gehirns ist auf die Regulation der sympathischen und die linke auf die parasympathischen Prozesse spezialisiert.

Wie die Regulation des autonomen Nervensystems abläuft, lässt sich gut an der Herzfunktion veranschaulichen. Die Aktivierung der Herztätigkeit über den Sympathikus führt zur Erhöhung der Herzrate, der Leitungsgeschwindigkeit der Nervenbahnen des Herzens, der Kontraktionsstärke und des Schlagvolumens. Die Aktivierung des Parasympathikus führt hingegen zur Verringerung dieser Parameter. Bei einem 1000 Meter Lauf im hohen Tempo treibt der Sympathikus die Herzleistung an, und der Puls geht in die Höhe. Direkt nach dem Lauf übernimmt der Parasympathikus und regelt den Puls entsprechend des Sauerstoffbedarfs wieder herunter. Hier zeigen sich die beiden zentralen Regulationsmechanismen des autonomen Nervensystems. Die autonom-nervöse Regulationsfähigkeit beschreibt die Fähigkeit des autonomen Nervensystems zur unmittelbaren und flexiblen Anpassung an die momentanen

Erfordernisse. Es erhöht sein Aktivitätsniveau in einer Leistungssituation und reduziert es wieder in der folgenden Ruhesituation. Das sympathisch–parasympathische Aktivierungsverhältnis beschreibt die Fähigkeit, die passende Balance zwischen beiden Prozessen herzustellen, sodass ein niedriges, mittleres oder hohes sympathisches Aktivitätsniveau mit einem in etwa gleich hohen parasympathischen einhergeht. Flexible Anpassung und ausgeglichene Balance sind also die Merkmale eines gut funktionierenden autonomen Nervensystems.

Mit der sympathischen Aktivierung reagiert das autonome Nervensystem auf eine Leistungsanforderung. Grundsätzlich unterscheidet es dabei nicht, ob es sich um eine körperliche Leistungsanforderung im Rahmen eines Lauftrainings handelt oder um eine psychisch-kognitive während einer Prüfungssituation. Der Grad der Aktivierung kann durch die drei Begriffe Beanspruchung, Stress und chronischer Stress beschrieben werden. Bei Beanspruchung werden Leistungsanforderungen an den Organismus gestellt, denen er ohne größere Probleme gerecht werden kann. Sie gehen mit einer moderaten Aktivierung des autonomen Nervensystems einher. Dies kann ein nicht zu langer lockerer Trainingslauf oder eine leichte bis mittelschwere Denkaufgabe bei der Arbeit sein.

Stress entsteht, wenn die Leistungsanforderungen an den Organismus seine Möglichkeiten ihnen zu entsprechen übersteigen. Der Organismus wird auf körperlicher und psychischer Ebene in seiner Anpassungsfähigkeit herausgefordert. Auf psychischer Ebene kommen hier Bewertungen des Gelingens oder Misslingens hinzu. Bei Versagensängsten entsteht zusätzlich emotionaler Stress. Beispiele für Stress auslösende Belastungen sind ein Tempotraining, ein Wettkampf oder eine Prüfungssituation. Hier ist die Aktivierung des autonomen Nervensystems hoch. Solche Stressbelastungen sind wichtig und gesund, da sie die Leistungsfähigkeit des Organismus in seinen körperlichen und psychischen Funktionen erhalten und steigern. Die Voraussetzung ist jedoch, dass neben der hohen sympathischen Aktivierung eine entsprechende parasympathische

Gegenregulation erfolgt. In der Leistungssituation verhindert sie eine sympathische Überaktivierung, und im Anschluss sorgt sie für die erforderliche Regeneration.

Bei lange andauerndem oder gar chronischem Stress wird die Regulationsfähigkeit des autonomen Nervensystems überfordert. Die anhaltend hohe sympathische Aktivierung führt zu Beeinträchtigungen der Organfunktionen und stößt eine Vielzahl pathologischer Prozesse im Organismus an. Die parasympathische Gegenregulation versagt zunehmend in ihrer Aufgabe als Überspannungsschutz. Auf dem Weg zum chronischen Stress spielen psychische Faktoren eine immer größere Rolle. Subjektive Leistungsanforderungen lösen die objektiven ab. Man spricht hier von den inneren Antreibern. Es handelt sich dabei um Gedanken, die mit den Worten „ich muss…" und „ich darf auf keinen Fall…" beginnen und eine Tyrannei starrer Handlungsanweisungen etablieren. Mit ihnen treibt sich die Person in ein Hamsterrad nicht enden wollender Aufgaben, an deren Ende der Burnout stehen kann.

Bei chronischem Stress verliert der Organismus schließlich die Fähigkeit zur parasympathischen Gegenregulation. Das autonome Nervensystem nimmt dauerhaft Schaden und kann seinen Aufgaben nicht mehr gerecht werden. Die Liste der dadurch verursachten oder mit bedingten Krankheiten wäre zu lang, um sie an dieser Stelle aufzuführen. Am Beispiel der Herzfunktion ist eine solche Regulationsstörung des autonomen Nervensystems ein wesentlicher Faktor bei der Entstehung von Herzrhythmusstörungen, Herzinsuffizienz und Herzinfarkt. Im Sport führt sie zu einem schweren Übertrainingssyndrom, bei dem die sportliche Leistungsfähigkeit auf Monate oder gar Jahre verloren gehen kann.

Die Fähigkeit des autonomen Nervensystems zur parasympathischen Gegenregulation in und nach Belastungssituationen ist von zentraler Bedeutung für den Erhalt und die Stärkung von Gesundheit und Leistungsfähigkeit. In vielen Studien hat sich gezeigt, dass Ausdauertraining in besonderem Maße geeignet ist, die

Funktionsfähigkeit des autonomen Nervensystems zu verbessern. Da dieser Effekt unabhängig vom Alter ist, kann er durch entsprechendes Training nicht nur im jungen und mittleren, sondern auch im hohen Alter erreicht werden. Wobei ältere Menschen besonders profitieren, da hier das Ausgangsniveau niedriger ist als bei jüngeren. Um eine bedeutsame Verbesserung zu erreichen, ist bereits eine vergleichsweise kurze Trainingsdauer von vier Wochen ausreichend. Um sie langfristig zu erhalten, ist aber ein kontinuierliches Training erforderlich. Die Höhe der Verbesserung ist jedoch abhängig von der Intensität und dem Umfang des Trainings. Die besten Effekte werden mit einer Trainingsintensität erreicht, die knapp unterhalb oder im Bereich der anaeroben Schwelle liegt. Die anaerobe Schwelle zeigt sich in einer deutlich spürbaren Zunahme der Atemfrequenz. Auch beim Trainingsumfang führt eine mittlere Belastung zu den besten Effekten. Der Trainingsumfang bemisst sich hier an der Trainingszeit pro Woche, die auf die jeweils individuelle Leistungsfähigkeit abgestimmt ist. Eine darüberhinausgehende Belastung erbringt keine bedeutsamen Verbesserungen der autonom-nervösen Regulationsfähigkeit. Bei anhaltend hoher Trainingsbelastung kommt es hingegen zu einer sehr deutlichen Verschlechterung der parasympathischen Regulationsfähigkeit.

5.5 Die Laufampel: ein Test zur Messung der aeroben Ausdauerleistung und des Übertrainings

In diesem Kapitel wurde dargestellt, welche Anpassungsprozesse und Veränderungen im Organismus durch ein Lauftraining bewirkt werden. Diese Prozesse führen zu einer Zunahme der Laufgeschwindigkeit und zu einer abnehmenden Herzfrequenz. Die Veränderungen von Laufgeschwindigkeit und Herzfrequenz werden mit dem Parameter der Laufeffizienz in der Laufampel erfasst und abgebildet. Die Laufeffizienz verbessert sich, wenn effektiv trainiert wird. Sie verschlechtert sich hingegen, wenn zu viel, weniger oder gar nicht trainiert wird. Diese Entwicklung wird mit einem weiteren

Wert, der den Namen Superkompensation trägt, aus den Verlaufswerten der Laufeffizienz berechnet. Im Folgenden werden die beschriebenen physiologischen Veränderungen zusammengefasst und den möglichen Entwicklungen der Laufeffizienz in den Richtungen Verbesserung, Verschlechterung und Stagnation zugeordnet.

Körperliche Veränderungen, die zu einer Verbesserung der Laufeffizienz führen:

- die Entwicklung der Muskulatur, insbesondere der Muskelfasern vom Typ I und die gezielte neuronale Koordination der einzelnen Muskeln für die Laufbewegung;
- die Verbesserung der Energieerzeugung innerhalb der Muskelzelle durch Zunahme von Anzahl und Größe der Mitochondrien, der Menge der in ihnen enthaltenen Enzyme zur Energieproduktion, der Menge des Myoglobins zum Transport und zur Speicherung von Sauerstoff, der Speicherfähigkeit von Glykogen und Fetten;
- die Verbesserung der Durchblutung der Muskulatur (Kapillarisierung) zur Versorgung der Muskelzellen mit Sauerstoff und Nährstoffen;
- die Fähigkeit des Blutes vermehrt Sauerstoff und Nährstoffe zu transportieren durch die Zunahme von roten Blutkörperchen und Blutplasma;
- die Zunahme der Pumpleistung des Herzens durch mehr Muskelmasse und die Erweiterung der Herzkammern;
- die Verbesserung der Lungenfunktion durch die Zunahme der pro Atemzug aufgenommenen Luftmenge sowie der Kraft und Ausdauer der Atemmuskulatur;
- die Verbesserung der Regulationsfähigkeit des autonomen Nervensystems durch eine flexible und den situativen Erfordernissen angemessene Aktivierung der Energiebereitstellung und Leistungsbereitschaft des Organismus sowie eine verbesserte Regenerationsfähigkeit nach der Belastung.

Die aufgeführten Faktoren werden auch mit dem Maß der maximalen Sauerstoffaufnahme (VO$_2$max) erfasst. Es ist ein bewährtes wissenschaftliches Konzept aus der Sportmedizin und Leistungsdiagnostik zur Bestimmung der Ausdauerleistung. Im Ausdauersport wird es in Relation zum Körpergewicht angegeben (maximale Sauerstoffaufnahme pro Kilogramm Körpergewicht). Die Laufeffizienz weist also eine hohe Kongruenz zur VO$_2$max auf. Wenn die Trainingsbelastung reduziert oder das Lauftraining ganz ausgesetzt wird, kommt es zu einer Rückbildung der aufgeführten physiologischen Veränderungen. Die sportlichen und gesundheitlichen Effekte stehen, wie bereits betont, unter dem Vorbehalt eines regelmäßigen Trainings.

Die Laufampel ist aber nicht nur ein Test, mit dem die Entwicklung der individuellen Ausdauerleistung verfolgt werden kann, sondern mit ihrer Hilfe kann darüber hinaus eine Überdosierung der Trainingsbelastung ermittelt werden. Dies ist der Fall, wenn sich bei gleicher oder erhöhter Trainingsbelastung die Werte der Laufeffizienz verschlechtern. Um diesen Effekt genauer zu bestimmen, wird der Parameter mit dem Namen Superkompensation berechnet. Die Superkompensation zeigt an, ob sich die Laufeffizienz in den letzten vier Wochen verbessert, verschlechtert oder nicht verändert hat. Zur Erklärung einer Verschlechterung kommen vor allem zwei Ursachen in Frage: die Erschöpfung der Leistungsreserven des Organismus und eine veränderte Regulation durch das autonome Nervensystem.

Die Erschöpfung der Leistungsreserven bezieht sich auf die Menge der zur Verfügung stehenden Nährstoffe, die für die oben beschriebenen physiologischen Prozesse, insbesondere den Energiestoffwechsel, erforderlich sind. Sie müssen in ausreichendem Maße dort zur Verfügung stehen, wo im Körper die für die Laufleistung erforderliche Energie erzeugt wird. Bis die lokalen Nährstoffspeicher im Körper nach Belastung wieder vollständig aufgefüllt sind, kann es Tage, unter Umständen auch Wochen, dauern. Natürlich unter der Voraussetzung, dass dem Körper rechtzeitig und in ausreichender

Menge die Nährstoffe zugeführt werden. Bei anhaltend hoher Trainingsbeanspruchung reichen die Ruhezeiten nicht mehr aus, um die Nährstoffspeicher zu füllen. Kommen Ernährungsfehler hinzu, verschärft sich das Problem.

Das Ungleichgewicht von zu viel Belastung und zu geringen Ruhezeiten führt im autonomen Nervensystem zu einer Störung der Balance zwischen sympathischer und parasympathischer Regulation. Die sympathische Aktivierung dominiert und kann durch die parasympathischen Prozesse nicht mehr gegenreguliert werden. Dies markiert den Übergang vom gesunden zum schädlichen Stress. Es kommt zu einer anhaltenden sympathischen Übererregung, die der objektiven Leistungsanforderung nicht mehr angepasst ist. Diese Übererregung manifestiert sich unter anderem in einer erhöhten Herzfrequenz insbesondere bei Belastung. Der stressbedingte Anstieg der Herzfrequenz wird in der Laufeffizienz abgebildet und führt zu ihrer Verschlechterung. Wenn dieser Effekt über einen Zeitraum von vier Wochen überwiegt, kommt es zu einem deutlich negativen Wert in der Superkompensation. In diesem Fall signalisiert die Laufampel dem Läufer, dass er den Bogen überspannt hat und eine angemessene Regeneration erforderlich ist.

Nach Verbesserung und Verschlechterung der Laufeffizienz bleibt noch die Erklärung der Stagnation als dritte Möglichkeit der Verlaufsentwicklung. Angezeigt wird sie in der Laufampel durch geringe Schwankungen der Laufeffizienz in einem schmalen gleichbleibenden Korridor und Werte um null der Superkompensation. Diese Seitwärtsbewegung kann im Zustand ausreichender Erholung oder des Übertrainings erfolgen. Für den Zustand ausreichender Erholung bedeutet dies, dass bei einer gleichbleibenden niedrigen oder moderaten Trainingsbelastung und ausreichenden Ruhephasen zwischen den Trainingseinheiten das Fitness- bzw. Leistungsniveau gehalten wird. Es entwickelt sich nicht mehr weiter, wird aber auch nicht schlechter. In diesem Fall ist die Seitwärtsbewegung ein Indikator für ein gut abgestimmtes und kontinuierliches Gesundheitstraining, das zu einer deutlichen und substantiellen Verbesserung aller in diesem Kapitel beschriebenen physiologischen Funktionen führt. Gänzlich anders liegt der Fall, wenn die Trainingsbelastung anhaltend so hoch ist, dass sie durch die Regeneration nur so weit kompensiert werden kann, dass es zu keiner Verschlechterung der Leistung kommt, aber auch zu keiner weiteren Verbesserung. Die Nährstoffspeicher im Körper sind auf einem niedrigen Stand, und das autonome Nervensystem befindet sich anhaltend auf einem erhöhten Stressniveau. Je länger dieser Zustand andauert, umso größer wird die Wahrscheinlichkeit für unerwünschte negative Effekte. Dazu zählen vor allem: schlechte Leistungen im Wettkampf, Anfälligkeit für Infekte und Verletzungen, Ausbildung eines anhaltenden Übertrainings.

Die beschriebenen Zustände werden im Anhang in der Ampelphasentabelle übersichtlich dargestellt. Die Tabelle zeigt, wie sich die Laufeffizienz und die Superkompensation unter dem Einfluss verschiedener Trainingsbelastungen entwickeln können. Die neun wichtigsten Varianten werden hier mit entsprechenden Trainingsempfehlungen verknüpft.

6 Dosierung und Strukturierung von Trainingsreizen

Dieses Kapitel widmet sich der Frage, wie viel Training erforderlich ist, um die Gesundheit wirksam und nachhaltig zu verbessern und zu erhalten. Hierzu gibt es in der Literatur viele Empfehlungen, die oft mehr Verwirrung stiften, als Klarheit schaffen. Dies hat vor allem zwei Gründe: Zum einen widersprechen sich die Empfehlungen teilweise. Zum anderen sind die Angaben zur Dosierung für die Umsetzung im Training oft nicht präzise genug. Maßgeblich für die Dosierung des Trainings sind die Empfehlungen der Weltgesundheitsorganisation. Sie werden ausführlich vorgestellt und mit den Ergebnissen der Kopenhagener Herzstudie verglichen. Im nächsten Schritt werden die Ursachen für die Widersprüche dieser Empfehlungen erklärt. Dafür wird der Leser zu einem Ausflug in die Grundlagen der wissenschaftlichen Methodik eingeladen. Nach diesem etwas trockenen, aber aufschlussreichen Exkurs, geht es zur praktischen Umsetzung des Lauftrainings. Es werden die drei wichtigsten Trainingsarten für das Lauftraining eingehend beschrieben. Sie basieren auf den Grundprinzipien der Trainingswissenschaft und sind für ein effizientes Lauftraining unverzichtbar. Auf wissenschaftlicher Grundlage wird ein gestuftes Konzept für das Lauftraining vorgestellt. Es beinhaltet genaue Trainingsanleitungen vom Einsteiger bis zum erfahrenen Läufer für den Bereich des Gesundheitstrainings.

6.1 Die Empfehlungen der Weltgesundheitsorganisation

Ausdauertraining ist von zentraler Bedeutung für den Erhalt und die Stärkung der Gesundheit, den Erhalt der Funktionsfähigkeit in den verschiedenen Lebensbereichen und die Förderung der Leistungsfähigkeit. Bewegungsmangel ist hingegen einer der vier Hauptrisikofaktoren für die Sterblichkeit weltweit, dessen Bedeutung weiterhin zunimmt. Aus diesem Grund hat die Weltgesundheitsorganisation (WHO) im Jahr 2010 Empfehlungen zur Förderung körperlicher Bewegung definiert. Hierfür wurden alle verfügbaren und qualitativ hochwertigen Studien zu diesem Thema von einem Expertenteam ausgewertet und in Form von Leitlinien zusammengefasst. Die Veröffentlichung gibt Antworten auf die Fragen, für welche Erkrankungen Bewegung von präventiver Bedeutung ist, und wie die Bewegung dosiert werden muss, um eine substantielle Reduktion der Häufigkeit von Krankheiten und die durch sie verursachte Erhöhung der Sterberaten zu erreichen.

Im Fokus der WHO steht die Gruppe der nicht übertragbaren Krankheiten. Dies sind Krankheiten, die weder durch Infektion noch Vererbung übertragen werden, sondern durch verschiedene Risikofaktoren verursacht werden, bei denen Lebensstil und Verhaltensgewohnheiten eine entscheidende Rolle spielen. Zu diesen Krankheiten gehören in erster Linie koronare Herzerkrankungen, Krebs und Diabetes. Einige ihrer wichtigsten Risikofaktoren sind Bluthochdruck, erhöhter Blutzuckerspiegel und Übergewicht. Der Anteil der nicht übertragbaren Krankheiten an der weltweiten Krankheitslast liegt bei etwa 45% mit steigender Tendenz. Die WHO macht hierfür drei Hauptgründe verantwortlich: die zunehmende Lebenserwartung, rasch wachsende und ungeplante Urbanisation sowie die Globalisierung. Es ist wissenschaftlich gesichert, dass regelmäßige und ausreichende Bewegung zu einer erheblichen Reduktion des Risikos für koronare Herzkrankheiten, Schlaganfall, Bluthochdruck, Diabetes, Adipositas, Darmkrebs, Brustkrebs und Depression führt.

Zur Prävention dieser Erkrankungen hat die WHO definiert, welche sportliche Belastung erforderlich ist, um die gewünschten gesundheitlichen Gewinne zu erzielen. Um konkrete Empfehlungen zur Dosierung geben zu können, wurden die verschiedenen Merkmale sportlicher Aktivität berücksichtigt. Zu ihnen zählen: Trainingsart, Dauer, Häufigkeit, Intensität und Gesamtbelastung. Die WHO konkretisiert sie wie folgt:

- Die Trainingsart wird danach beschrieben, welche Funktionen des Organismus vorrangig trainiert werden. Dazu zählen: Ausdauer, Kraft, Beweglichkeit und Koordination. Die gesundheitliche Wirkung innerhalb dieser Kategorien kann auf verschiedene Weise erzielt werden. Die Verbesserung der Ausdauerfähigkeit kann z.B. durch Laufen, Walken, Wandern, Radfahren, Schwimmen usw. trainiert werden.
- Die Dauer einer Trainingseinheit wird in Minuten angeben.
- Die Häufigkeit beschreibt die Anzahl der Trainingseinheiten pro Woche.
- Die Intensität wird anhand der subjektiven Anstrengungsempfindung in die zwei Kategorien moderat und hoch unterteilt. Auf einer Skala von 0 – 10 (0 = nicht und 10 = maximal anstrengend) entspricht eine moderate Intensität einem Anstrengungsgrad von 3,0 bis 5,9 und eine hohe Intensität einem Anstrengungsgrad von 6 – 8. Der übliche Anstrengungsgrad liegt für moderate Intensität bei 5 – 6 und für hohe bei 7 – 8.
- Die Gesamtbelastung ist eine Funktion von Intensität, Dauer, Häufigkeit und Kontinuität des Trainings. Sie wird in Trainingszeit in Minuten pro Woche angegeben.

Die Dosierungsempfehlungen für Bewegung berücksichtigen zusätzlich das Lebensalter in drei Stufen: Kinder und Jugendliche im Alter von 5 – 17, Erwachsene zwischen 18 und 64 Jahren sowie ältere Menschen über 64 Jahre. Für die 18 bis 64-Jährigen werden die folgenden Trainingsempfehlungen gegeben:

1. Mindestens 150 Min. moderates Ausdauertraining pro Woche (Anstrengungsgrad 3-6 von maximal 10) oder mindestens 75 Min. intensives Ausdauertraining (Anstrengungsgrad 6-8) oder eine äquivalente Kombination aus moderatem und intensivem Ausdauertraining.
2. Das Ausdauertraining sollte in Einheiten von mindestens 10 Min. Dauer ausgeübt werden.
3. Für zusätzliche gesundheitliche Gewinne sollten Erwachsene ihr moderates Ausdauertraining auf 300 Min. pro Woche steigern oder das intensive Ausdauertraining auf 150 Min. pro Woche oder eine äquivalente Kombination aus moderatem und intensivem Ausdauertraining in diesem Umfang.
4. Zusätzlich sollte ein Krafttraining an mindestens zwei Tagen pro Woche durchgeführt werden, bei dem die Hauptmuskelgruppen trainiert werden.

Für Menschen, die 65 Jahre und älter sind, werden die Empfehlungen ergänzt:

- Bei eingeschränkter Mobilität sollte ein gezieltes Training zur Verbesserung des Gleichgewichts und zur Sturzprävention durchgeführt werden.
- Wenn Ältere die genannten Gesamtbelastungen aufgrund von Krankheit nicht erreichen können, sollten sie so viel trainieren, wie es ihre gesundheitlichen Einschränkungen erlauben.

6.2 Widersprüchliche Empfehlungen: ein zentrales Problem wissenschaftlicher Forschungsmethodik

Die Bewegungsempfehlungen der WHO stehen im Widerspruch zu den Ergebnissen der im Kapitel 1 dargestellten Kopenhagener Herzstudie. Die Studie ergab, dass durch regelmäßiges Laufen bei Männern im Mittel eine Verlängerung der Lebenserwartung um 6,2 Jahre und bei Frauen um 5,6 Jahre erreicht werden kann. Dieser gesundheitliche Gewinn wird bereits erreicht mit einer Trainingsdosierung von 60 bis 150 Minuten Laufen pro Woche in einem langsamen bis moderaten Tempo verteilt auf 2-3 Trainingseinheiten. Wer mehr oder in einer höheren Intensität läuft, riskiert den Verlust dieses gesundheitlichen Gewinnes. Die Empfehlungen der WHO zur Dosierung von Bewegung liegen aber weit über denen der Kopenhagener Herzstudie. Für die Auflösung dieses Widerspruches gibt es einen offensichtlichen Grund, der in den methodischen Unterschieden zwischen den Studien liegt. Um dies verständlich zu machen, ist jedoch ein kleiner Exkurs in die vielleicht etwas langweilige Welt der Forschungsmethoden erforderlich.

Erkenntnisse über den gesundheitlichen Gewinn von Bewegungstraining werden in der Regel mithilfe von experimentellen oder epidemiologischen Studien gewonnen. Bei experimentellen Studien werden Personen per Zufall einer Behandlungs- oder einer Kontrollgruppe zugewiesen. In der Behandlungsgruppe wird ein zuvor definiertes Training durchgeführt und die Personen anschließend mit denen der Kontrollgruppe verglichen, die kein Training absolvierten. Die Messungen können in zeitlichen Abständen wiederholt werden, um die zeitliche Stabilität oder die längerfristige Wirkung der Trainingseffekte zu ermitteln. In diesen Studien werden alle Teilnehmer zuvor medizinisch untersucht. Es wird geprüft, ob sie die gesundheitlichen Voraussetzungen für die geplanten Trainingsbelastungen erfüllen.

Eine solche Selektion der sporttauglichen Personen findet in epidemiologischen Studien nicht statt. Hier werden repräsentative Stichproben aus der Bevölkerung hinsichtlich ihrer Gesundheit sowie ihres Gesundheits- und Bewegungsverhaltens untersucht. Bei den epidemiologischen Untersuchungen gibt es wiederum zwei Arten von Studiendesigns: die Querschnitt- und die Längsschnittstudie. In einer Querschnittstudie werden Personen nur zu einem Zeitpunkt untersucht und in einer Längsschnittstudie zu wiederholten Zeitpunkten, oft über viele Jahre und gelegentlich sogar über die gesamte Lebensspanne.

Aber nur in der Längsschnittstudie, die die Gesundheit und das Verhalten der Personen über viele Jahre beobachtet, werden diejenigen erfasst, die Sport treiben obwohl sie die gesundheitlichen Voraussetzungen dafür nicht erfüllen oder durch die Nichtbeachtung ihrer persönlichen Grenzen ihre Gesundheit gravierend schädigen. Die Durchführung solcher Studien ist jedoch aufwändig, zeitintensiv, kostspielig und methodisch anspruchsvoll. Im Vergleich zu den anderen genannten Studien werden sie daher eher selten durchgeführt. Mit einer experimentellen Studie können jedoch Effekte untersucht werden, die in einer epidemiologischen Studie nicht erfasst werden können. Hier ist es möglich, die genaue Dosierung eines Bewegungstrainings zu ermitteln, die für das Erzielen bestimmter gesundheitlicher Gewinne erforderlich ist.

Bei der Erstellung von Leitlinien zum gesundheitsbezogenen Training müssen Risiko und Nutzen gleichermaßen berücksichtigt werden. Die Risiken, die entstehen, wenn Menschen Sport treiben, obwohl sie die gesundheitlichen Voraussetzungen dafür nicht erfüllen oder durch die Nichtbeachtung ihrer persönlichen Grenzen ihre Gesundheit gravierend schädigen. Und die gesundheitlichen Gewinne, die mit einem Bewegungstraining erzielt werden können, das in seiner Dosierung auf die Prävention bestimmter Krankheiten optimiert wurde. Das beschriebene methodische Problem und die konsequente Zusammenführung von Risiko und Nutzen von Bewegungstraining werden in der bisherigen Diskussion nicht oder nur unzureichend berücksichtigt. So kommt es zu den widersprüchlichen und teils verwirrenden Angaben in der Literatur.

Tab. 1: Erforschung der Effekte von Bewegungstraining auf die gesundheitlichen Risiken und Gewinne in Abhängigkeit von der Forschungsmethode		
Methode	Risiken	Gewinne
epidemiologische Längsschnittstudie an repräsentativer Bevölkerungsstichprobe mit wiederholten Messungen über viele Jahre	++	++
epidemiologische Querschnittstudie an repräsentativer Bevölkerungsstichprobe mit einmaliger Messung	-	+
experimentelle Studie als randomisiertes Kontrollgruppendesign mit prä-, post- und Folgeuntersuchungen	-	+++
- nicht geeignet; + geeignet, ++ gut geeignet, +++ sehr gut geeignet		

Die Kopenhagener Herzstudie ist eine Längsschnittstudie in der die Risiken und die gesundheitlichen Gewinne erfasst wurden. Die von den Autoren gegebene Dosierungsempfehlung (60 bis 150 Minuten Laufen pro Woche in einem langsamen bis moderaten Tempo verteilt auf 2-3 Trainingseinheiten) ist eine Optimierung von Risiko und Nutzen. Das Studiendesign ist zudem sehr gut geeignet, die Lebensrealität des Freizeitläufers abzubilden, da seine gesundheitliche Entwicklung in einer repräsentativen Stichprobe in seinem Lebensumfeld über viele Jahre erfasst wurde. Dass eine vergleichsweise niedrige Dosierung regelmäßigen Lauftrainings bereits ausreicht, um eine im statistischen Mittel beachtliche Verlängerung der

Lebenserwartung um ca. 6 Jahre zu erreichen, ist die gute Botschaft. Bedenklich stimmt hingegen das Ergebnis, dass dieser beeindruckende gesundheitliche Gewinn sehr schnell wieder verloren geht, wenn die Dosierung des Lauftrainings das empfohlene Maß überschreitet. Dies zeigt, dass nicht nur die Gewinne erheblich sind, sondern auch die Risiken.

Die Empfehlungen der WHO liegen mit ihrer unteren Grenze von 150 Minuten Ausdauertraining in einer moderaten Intensität bereits an der Obergrenze der Dosierungsempfehlung der Kopenhagener Herzstudie. Mit ihrer oberen Grenze liegen die Angaben der WHO in dem Bereich, in dem die Kopenhagener Herzstudie den Verlust des gesundheitlichen Gewinnes ermittelt hat. Die WHO Empfehlungen beruhen auf einer sehr breiten Grundlage qualitativ hochwertiger Studien. Es sind aber weit überwiegend Studien, in denen aufgrund ihres Designs die genannten Risiken nicht sichtbar werden. Sie sind aber besonders geeignet die Trainingsdosierungen zu ermitteln, die erforderlich sind, um eine substantielle und nachhaltige Prävention der aufgeführten Krankheiten zu erreichen.

Besonders in den experimentellen Studien zeigt sich in den letzten Jahren immer deutlicher, mit welcher Trainingsdosierung welche spezifischen Wirkungen im Organismus erzielt werden können. So wurde im August 2016 eine Studie des Kardiologen Dr. Christian Werner und Kollegen der Universität des Saarlandes mit dem Wilhelm P. Winterstein-Preis der Deutschen Herzstiftung ausgezeichnet. In der Studie konnte nachgewiesen werden, dass mit einem gemischten Lauftraining aus moderater Belastung und intensivem Intervalltraining die Telomeraseaktivität am besten gesteigert werden kann. Telomere sind schützende Bestandteile der Chromosomen. Eine erhöhte Telomeraseaktivität verhindert oder bremst eine vorzeitige Zellalterung und ist damit ein wichtiger Biomarker mit präventiver Aussagekraft.

Die WHO Empfehlungen unterscheiden zwei Dosierungsstufen für die wöchentliche Gesamtbelastung durch Training. Auf der zweiten

Stufe wird die Belastung der ersten Stufe verdoppelt, um einen zusätzlichen gesundheitlichen Gewinn zu erzielen. Eine weitere Erhöhung der Gesamtbelastung über die zweite Stufe hinaus bringt keinen weiteren bedeutsamen gesundheitlichen Gewinn. Dieser Befund zeigt sich in nahezu allen experimentellen Studien, in denen die Wirkung sehr hoher mit niedrigen und mittleren Dosierungen untersucht wurden. Entsprechend kann im Hinblick auf die Dosierung von Training der Gesundheits- vom Leistungsbereich unterschieden werden. Die Grenze zwischen Gesundheits- und Leistungstraining wird erreicht, wenn eine weitere Steigerung der Trainingsdosierung nur zu geringen gesundheitlichen Gewinnen bei überproportional steigenden gesundheitlichen Risiken führt. Dieser Definition folgend werden in diesem Buch auf der Grundlage der Kopenhagener Herzstudie und den Empfehlungen der WHO Stufen der Trainingsdosierung für das Lauftraining definiert. Einen Überblick vermittelt die Tabelle „Stufen der Trainingsdosierung" im Anhang. Für die Dosierung von Training und die Abschätzung des Risikos wird eine Unterteilung in drei Stufen vorgeschlagen: das Basis-Gesundheitstraining, das Fortgeschrittene-Gesundheitstraining und das Ambitionierte-Training.

Das Basis-Gesundheitstraining erreicht mit einer vergleichsweise niedrigen Gesamtbelastung einen bedeutsamen gesundheitlichen Gewinn bei einem niedrigen Risiko. Das Fortgeschrittene-Gesundheitstraining führt zu weiteren Gewinnen an Gesundheit, Fitness und Funktionsfähigkeit, jedoch bei zunehmenden gesundheitlichen Risiken. Da das Fortgeschrittene-Gesundheitstraining einen größeren Dosierungsbereich definiert, ist es in sich in drei Unterstufen unterteilt. Das Ambitionierte-Training ist dem Leistungsbereich zugeordnet. Es führt zu keinen weiteren bedeutsamen gesundheitlichen Gewinnen, verbessert aber erheblich die sportliche Leistungsfähigkeit. Es geht jedoch im Vergleich mit den anderen Stufen mit einem hohen Risiko einher. Das Risiko bezieht sich hier vor allem auf den Verlust der gesundheitlichen Gewinne, die durch das Lauftraining erzielt wurden. Ambitionierte Läufer finden sich dann auf der gleichen Stufe wieder, wie Menschen, die kein

Bewegungstraining absolvieren. Zur Kontrolle der Risiken und der Absicherung der gesundheitlichen Gewinne wird in diesem Buch ein Risikomanagement vorgeschlagen. Es besteht im Wesentlichen aus regelmäßigen Untersuchungen der Sporttauglichkeit, dem Trainingsstopp bei Infekten und der begleitenden Trainingskontrolle mithilfe der Laufampel.

7 Die Steuerung der Belastungsintensität

Für die praktische Umsetzung der WHO Empfehlungen sind präzisere Beschreibungen zur Steuerung der Intensität der Belastung erforderlich. Wie oben ausgeführt, orientieren sich die Angaben am subjektiven Belastungsempfinden auf einer Anstrengungsskala zwischen 0 bis 10. Der Bereich der moderaten Belastung liegt zwischen 3 bis 6 und der intensiven zwischen 6 bis 8. Die Orientierung am subjektiven Körperempfinden hat Vor- und Nachteile. Die Einschätzung ist leicht umzusetzen, da es keiner weiteren Hilfsmittel bedarf. Sie kann zudem sehr präzise sein. Andererseits können subjektive Einschätzungen durch Gedanken und Emotionen stark verfälscht werden. Die Orientierung am Körperempfinden muss zudem geschult werden. Ein Laufanfänger wird viele und erhebliche Fehleinschätzungen treffen, während für einen Weltklasseläufer das subjektive Belastungsempfinden so präzise und verlässlich ist wie eine Schweizer Uhr. Seit vielen Jahren ist es daher im Freizeit- und Leistungssport üblich, die Belastung ergänzend über die Herzfrequenz mithilfe einer Pulsuhr zu steuern. Die Kombination aus subjektivem Körperempfinden und objektiver Herzfrequenzmessung gibt jedem Läufer eine verlässliche Auskunft über seine momentane Belastung. Bevor jedoch genauere Angaben zu den Belastungsbereichen nach Herzfrequenz gemacht werden können, müssen noch einige Grundlagen der Trainingslehre erläutert werden.

In der Sportwissenschaft wurden verschieden Belastungsbereiche ermittelt, aus denen Trainingsmethoden abgeleitet und entwickelt wurden. Maßgeblich ist der Verlauf der Laktatkurve. Im so genannten Stufentest wird die Belastung in kleinen Stufen kontinuierlich bis zum maximalen Anstrengungsgrad gesteigert und auf jeder Stufe die Laktatkonzentration im Blut gemessen. Das Resultat ergibt eine exponentiell ansteigende Laktatkurve, deren Steigung an zwei Punkten deutlich zunimmt. Der erste Knick markiert die aerobe Schwelle, ab der, neben der ausschließlich Sauerstoff nutzenden Energieerzeugung, zunehmend Energie bereit gestellt wird, die ohne Sauerstoff erzeugt wird, aber Laktat bildet (siehe Kapitel 5).

Der zweite Knick markiert die anaerobe Schwelle, ab der die Energie weit überwiegend ohne Sauerstoff erzeugt wird. Ab hier kommt es zu einem steilen Anstieg der Laktatkonzentration in der Muskulatur und im Blut. Der Bereich zwischen diesen beiden Punkten wird als aerob-anaerober Übergang bezeichnet.

Ausgehend von diesen drei Bereichen des Energiestoffwechsels (aerob, aerob-anaerober Übergang, anaerob) werden drei grundlegende Methoden des Lauftrainings unterschieden: das Grundlagentraining, der Tempodauerlauf und das Intervalltraining. Im Hinblick auf die WHO Empfehlungen entsprechen das Grundlagentraining einer moderaten, der Tempodauerlauf und das Intervalltraining einer intensiven Belastung. In den Anleitungen für Freizeitläufer werden zur genauen Belastungsteuerung die Trainingsbereiche ihren korrespondierenden Herzfrequenzen zugeordnet. Die Angaben erfolgen in der Regel in Prozent der maximalen Herzfrequenz. Eine sehr verbreitete, weil einfache Schätzung der maximalen Herzfrequenz, wird mit der Faustformel 220 minus Lebensalter vorgenommen. Gebräuchlich sind auch andere Formeln, die eine bessere aber immer noch ungenaue Schätzung ergeben. Nähere Informationen hierzu finden sich bei Wikipedia unter dem Stichwort „Maximalpuls". Das beste Ergebnis liefert die Messung der maximalen Herzfrequenz über die Ausbelastung. Dieser HF-Max-Test sollte aber unter Anleitung eines erfahrenen Trainers durchgeführt werden. Da sich der Läufer bei diesem Test maximal ausbelastet, ist eine medizinische Prüfung der Sporttauglichkeit und möglicher Kontraindikationen im Vorfeld sehr zu empfehlen. Die eleganteste Lösung ist eine sportmedizinische Untersuchung, die mit einer Leistungsdiagnostik kombiniert wird. Hier erhält der Freizeitläufer detaillierte Informationen über seine Sporttauglichkeit, seinen gesundheitlichen Zustand, sein Fitnessniveau und die für ihn individuell passenden Herzfrequenzangaben für die verschiedenen Trainingsbereiche. Empfehlenswert ist eine solche Untersuchung für Läufer aller Leistungsbereiche: Anfänger, Wiedereinsteiger, Gesundheitsläufer und ambitionierte Freizeitläufer. Es sollte aber sehr darauf geachtet werden, dass die Untersuchungen in einer qualifizierten Einrichtung mit geschultem und erfahrenem Personal durchgeführt werden.

7.1 Drei grundlegende Trainingsmethoden

Die drei grundlegenden Trainingsmethoden, das Grundlagentraining, der Tempodauerlauf und das Intervalltraining sind in der Trainingswissenschaft gut begründet und haben sich in der Praxis bewährt. Ein nach diesen Prinzipien strukturiertes Training ist die Grundlage einer effektiven Verbesserung der sportlichen Leistung und Erfolge. Darüber hinaus zeichnet sich in der Forschung zunehmend ab, dass die verschiedenen Trainingsmethoden auch unterschiedliche präventive Effekte für verschiedene Krankheiten haben. So ist das Grundlagentraining besonders für die Prävention von Stoffwechselerkrankungen (z.B. Übergewicht, Diabetes, Bluthochdruck) geeignet, während das Intervalltraining und der Tempodauerlauf besondere Vorteile für die Prävention von Herz-Kreislauf-Erkrankungen haben (z.B. koronare Herzkrankheiten, Arteriosklerose). In der Konsequenz spricht vieles dafür, dass der größte gesundheitliche Gewinn mit einer auf den Läufer abgestimmten Mischung aus moderatem und intensivem Training erzielt werden kann. In den Ausführungen zu den drei grundlegenden Trainingsmethoden und ihren Belastungsintensitäten sind alle erforderlichen Informationen aufgeführt, die eine sehr präzise Steuerung der Belastung ermöglichen. Mit einiger Übung und ggf. Hilfestellungen durch einen Lauftrainer können sich Freizeitläufer vom Anfänger bis zum Fortgeschrittenen in der Steuerung ihres Lauftrainings daran gut orientieren. Am Ende des Kapitels gibt Tabelle 2 eine Übersicht der verschiedenen Trainingsmethoden mit ihren entsprechenden Herzfrequenzwerten. Die Steuerung der Belastung ist jedoch nur eine Orientierungshilfe, die ihrer Ergänzung durch das Körpergefühl bedarf. Aus diesem Grund werden in der Beschreibung der Trainingsmethoden zusätzliche Informationen zu den Signalen des Körpergefühls integriert.

7.2 Das Grundlagentraining

Das Grundlagentraining wird im aeroben Belastungsbereich durchgeführt. Es wird wiederum in die Bereiche regeneratives Training, extensives und intensives Grundlagentraining unterteilt. Das regenerative Training entspricht einer Pulsfrequenz von etwa 60% bis 70% der maximalen Herzfrequenz. Hier wird die Energie weitgehend über den Fettstoffwechsel erzeugt. Der Bereich des extensiven Grundlagentrainings liegt etwa zwischen 70% bis 80% der maximalen Herzfrequenz. Die Energie wird hier aus Fett und Glukose erzeugt, mit steigender Herzfrequenz zunehmend aus Glukose. Der Bereich des intensiven Grundlagentrainings liegt zwischen 80% bis 85% der maximalen Herzfrequenz. Hier wird die Energie überwiegend aus Glukose gewonnen und der Anteil der anaeroben Energiegewinnung mit Laktatbildung nimmt deutlich zu. Das regenerative Training und das extensive Grundlagentraining können der moderaten Bewegungsbelastung nach den WHO Kriterien zugeordnet werden. Dieser Bereich entspricht in etwa einer Herzfrequenz von 60% bis 80% der maximalen Herzfrequenz. Das intensive Grundlagentraining im Bereich von 80% bis 85% der HF-max stellt einen Übergangsbereich zwischen moderater und intensiver Trainingsbelastung dar. Im Hinblick auf die WHO Kriterien sollte es aber der intensiven Belastung zugeordnet werden.

7.3 Der Tempodauerlauf

Der Tempodauerlauf ist ein ununterbrochener Lauf in einem gleichbleibenden Tempo, das nur für eine definierte Zeit aufrechterhalten werden kann. In der Regel liegt die Dauer bei etwa 30 bis 60 Minuten; sie kann aber auch kürzer oder länger sein. Die Dauer ist abhängig vom Trainingsstand, der Intensität der Belastung und des Trainingszieles. Der Tempodauerlauf liegt im Bereich der anaeroben Schwelle. Die Energiebereitstellung hat bereits deutlich anaerobe Anteile mit erhöhter Laktatbildung. Der Energiestoffwechsel beruht weitgehend auf der Verwertung von Glukose, während der

Anteil der Fettverbrennung gering ist. Der Herzfrequenzbereich liegt etwa zwischen 85% bis 90% der HF-max. Das subjektive Belastungsempfinden liegt anfangs eher im mittleren Bereich, steigt mit zunehmender Dauer aber stark an und führt schließlich zu einer deutlich spürbaren Ermüdung. Das Signal für die Beendigung des Tempodauerlaufes ist, wenn das Tempo trotz hoher Anstrengung abnimmt. Wenn z.B. ein Tempodauerlauf über 30 Minuten geplant ist und das Tempo vor Ablauf der Zeit nicht mehr aufrechterhalten werden kann, war es zu hoch. Besteht nach 30 Minuten keine erhöhte Ermüdung, so dass das Tempo auch länger durchgehalten werden kann, war die Belastung zu niedrig. Nach dem Tempodauerlauf sollte eine deutliche Ermüdung bis kurzfristige Erschöpfung spürbar sein. Eine länger anhaltende Erschöpfung ist jedoch das Zeichen einer Überdosierung.

7.4 Das Intervalltraining

Das Intervalltraining besteht aus wiederholten kurzen Belastungsphasen hoher Intensität. Ihre Dauer beträgt in der Regel zwei bis fünf Minuten; sie können aber auch kürzer oder länger sein. Zwischen den Belastungsphasen liegen Pausen, in denen gegangen oder langsam getrabt wird. Die Dauer der Pausen ist etwas kürzer als die Belastungsphasen. Sie richtet sich vor allem nach dem Abfall der Herzfrequenz auf etwa 60% bis 70% der HF-max. Man spricht hier von einer lohnenden Pause, weil ihre Dauer so gewählt wird, dass der größte Anteil der Erholung in ihr stattfinden kann, es aber nicht zu einer vollständigen Erholung kommt. Daraus resultiert eine kumulierende Ermüdung mit steigender Anzahl der Wiederholungen. Die Anzahl der Wiederholungen und die Dauer der Pausen sind von vielen Parametern abhängig, in erster Linie aber von der Intensität der Belastung und der Dauer der Belastungsphasen. Eine für Freizeitläufer häufige Kombination sind vier bis sechs Belastungsphasen mit einer Dauer von fünf Minuten, die durch Intervallpausen von drei bis vier Minuten unterbrochen werden. Die Belastungsintensität des Intervalltrainings liegt oberhalb der anaeroben Schwelle. Es kommt zu einem starken Anstieg der

Laktatkonzentration in der Muskulatur und im Blut. Die Energie wird aus Glukose gewonnen. Die Fettverbrennung spielt hier keine Rolle mehr. Der Herzfrequenzbereich liegt etwa zwischen 90% bis 95% der HF-max. Für die Dosierung der Belastung pro Trainingseinheit gelten die gleichen Prinzipien wie für den Tempodauerlauf. Das Tempo sollte so gewählt werden, dass es am Anfang und am Ende jeder Belastungsphase sowie in der ersten Belastungsphase und in ihrer letzten Wiederholung in etwa gleichbleibt. Die Ermüdung steigt mit zunehmender Anzahl der Wiederholungen deutlich an. Nach der letzten Wiederholung sollte eine deutliche Ermüdung bis kurzfristige Erschöpfung spürbar sein. Eine länger anhaltende Erschöpfung ist das Zeichen einer Überdosierung. Für den Leistungssport gibt es verschiedene Varianten des Intervalltrainings, die an dieser Stelle aber nicht relevant sind.

7.5 Der verzögerte Anstieg der Herzfrequenz

Bei der Steuerung der Belastung mittels Herzfrequenz ist folgendes zu beachten: Die Herzfrequenz reagiert bei Belastungsbeginn mit einem verzögerten Anstieg. Dieser Effekt wirkt sich besonders im Intervalltraining aus. Hier kommt es zu deutlich unterschiedlichen Herzfrequenzen am Beginn und am Ende jeder Belastungsphase. Bei Intervallen unter zwei Minuten ist die Herzfrequenz daher kein geeignetes Maß der Steuerung. In diesem Fall eignen sich das Tempo und das Anstrengungsgefühl besser zur Belastungssteuerung. Bei Belastungsphasen von etwa fünf Minuten Dauer wird die angestrebte Herzfrequenz erst gegen Ende dieses Zeitabschnittes erreicht. Dieser Zeitpunkt verschiebt sich mit steigender Anzahl der Wiederholungen nach vorne.

Bei längeren Belastungen wie z.B. beim Tempodauerlauf kommt es zum Cardiodrift, einem allmählichen und stetigen Anstieg der Herzfrequenz bei gleichbleibender Belastung. Aufgrund verschiedener Faktoren nimmt das Schlagvolumen des Herzens mit der Dauer der Belastung ab. Das Herz kompensiert dies mit einer Erhöhung der Schlagfrequenz. Eine gute Orientierung gibt daher der

Durchschnittspuls für die Phase des Tempodauerlaufs, der in fast jeder Pulsuhr abgerufen werden kann. Für einen effektiven Tempodauerlauf liegt dieser Wert bei etwa 87% der maximalen Herzfrequenz.

Die folgende Tabelle gibt einen Überblick der verschiedenen Trainingsmethoden und den ihnen entsprechenden Bereichen der Herzfrequenz. Neben der Orientierung an der Herzfrequenz bei der Belastungssteuerung müssen noch weitere Informationen beachtet werden, wie sie im Text aufgeführt wurden. Dazu zählen vor allem das Körpergefühl und die Gleichmäßigkeit des Tempos.

Trainingsmethode	% der HF-max	Bemerkung
regeneratives Grundlagentraining	60 - 70	moderate Belastung nach den WHO Kriterien
extensives Grundlagentraining	70 - 80	
intensives Grundlagentraining	80 - 85	Übergangsbereich zwischen moderat und intensiv
Tempodauerlauf	85 - 90	Durchschnittswert für die gesamte Belastungsphase bei etwa 87% der HF-max
Intervalltraining	90 - 95	Maximalwert gegen Ende jeder Belastungsphase

Tab. 2: Trainingsarten und ihre Herzfrequenzbereiche

8 Ein Trainingskonzept in drei Stufen

Mehr Gesundheit, Fitness und Leistungsfähigkeit durch Laufen ist eine Frage der angemessenen Dosierung von Umfang und Intensität sowie der Ausgewogenheit von Belastung und Erholung. Auf der Grundlage der Bewegungsempfehlungen der WHO und den zusätzlichen Erkenntnissen der Kopenhagener Herzstudie wird in den folgenden Kapiteln ein Trainingskonzept in drei Stufen vorgestellt:

- das Basis-Gesundheitstraining,
- das Fortgeschrittene-Gesundheitstraining,
- das Ambitionierte-Lauftraining.

Wie die Namensgebung bereits verrät, steht bei den ersten beiden Varianten die Verbesserung der Gesundheit im Vordergrund. Beim Ambitionierten-Lauftraining ist die Kontrolle der Risiken von Bedeutung, die zum Verlust der gesundheitlichen Gewinne führen können. Für die beiden Varianten des Gesundheitstrainings wird eine genaue Trainingsanleitung mit Trainingsdosierung und Belastungssteuerung gegeben. Sie können somit in Eigenregie oder mit Unterstützung eines Lauftrainers durchgeführt werden. Für das Ambitionierte-Lauftraining bedarf es einer solchen Anleitung nicht, da es von ihnen bereits reichlich in der Ratgeberliteratur gibt, und sich die Zielgruppe in der Regel bestens auskennt.

Für jede der drei Trainingsvarianten werden, neben der Trainingsanleitung, ausführliche Informationen zu ihren jeweiligen gesundheitlichen Gewinnen, den motivationalen Aspekten und dem Einsatz der Laufampel gegeben. Es handelt sich hier um eine Zusammenfassung der wichtigsten Inhalte der bisherigen Kapitel. Gesundheitliche Gewinne durch Sport, im Sinne eines langfristigen Schutzes vor bestimmten Krankheiten, können nur erzielt werden, wenn das Laufen zum festen Bestandteil des Lebensstiles wird. Bis zur Erreichung dieses Zieles müssen erhebliche motivationale Hürden genommen werden. Die Kernfrage, die sich jedem Läufer stellt, ist hier: Wie finde ich die angemessene Balance zu anderen

Lebensbereichen? Auf diesem Weg erweist sich die Laufampel als hilfreiche Begleiterin. Sie ist: Motivationshilfe, Spiegel der Veränderungen, Indikator von Fortschritten und Trainingsfehlern.

8.1 Das Basis-Gesundheitstraining

Das Basis-Gesundheitstraining soll möglichst viele Menschen und verschiedene Zielgruppen ansprechen. Sein niedriger Wochenumfang und die moderate Belastungsintensität geben Anreize für ein regelmäßiges Bewegungstraining und erleichtern seine Integration in den Alltag. Die mit diesem Training erreichbaren gesundheitlichen Gewinne sind erheblich, sofern es regelmäßig ausgeübt wird. Die Effekte des Trainings können mithilfe der Laufampel überprüft und Trainingsfehler aufgedeckt werden.

Trainingsdosierung

Die Dosierung des Basis-Gesundheitstrainings orientiert sich an den Ergebnissen der Kopenhagener Herzstudie. Der Trainingsumfang beträgt 60 bis 150 Minuten Laufen wöchentlich, in einem langsamen bis moderaten Tempo, verteilt auf 2-3 Trainingseinheiten pro Woche. Die Belastung liegt ausschließlich im Bereich des Grundlagentrainings, mit einer Herzfrequenz von 60% bis 85% der HF-max. Die Hauptanteile des Trainings werden im Bereich von 70% bis 80% der HF-max durchgeführt, der den optimalen Belastungsbereich für das Basis-Gesundheitstraining bildet. Kleinere Anteile können im Bereich von 80% bis 85% der HF-max durchgeführt werden, der bereits den Übergang zum intensiven Training bildet. Der Bereich zwischen 60% und 70% der HF-max entspricht bei der Mehrzahl der Menschen der Bewegungsart des Walkens, Fahrradfahrens oder Schwimmens. Die Belastung des Laufens liegt in der Regel über 70% der HF-max. Bei einem niedrigen Fitnessniveau, wie etwa bei Einsteigern, nach längerer Sportpause oder älteren Menschen, ist eine Kombination aus Walken und Laufen sinnvoll.

Gesundheitlicher Gewinn

Solange das beschriebene Training regelmäßig durchgeführt wird, sind die gesundheitlichen Gewinne gegenüber einem bewegungsarmen Lebensstil erheblich. Die Kopenhagener Herzstudie ermittelte eine Verlängerung der durchschnittlichen Lebenserwartung von etwa sechs Jahren. Es ist davon auszugehen, dass dieser Gewinn an Lebenserwartung mit einer sehr deutlich verbesserten Lebensqualität durch die gestärkte Gesundheit einhergeht. Da die Belastungsintensität niedrig bis moderat ist, und zwischen den Trainingseinheiten genügend Zeit zur Erholung bleibt, sind die gesundheitlichen Risiken gering. Und zwar auch dann, wenn keine regelmäßigen Untersuchungen der Sporttauglichkeit durchgeführt werden. Gleichwohl sind diese Vorsorgeuntersuchungen sehr zu empfehlen.

Motivationsspektrum

Das Basis-Gesundheitstraining spricht viele Menschen und verschiedene Zielgruppen an, da es eine Reihe von motivationalen Vorteilen bietet: Der zeitliche Aufwand hält sich in Grenzen; bei geringem Einsatz locken hohe gesundheitliche Gewinne; es lässt sich gut in den Alltag integrieren, selbst wenn der Terminkalender voll ist; das Anstrengungsgefühl liegt im Wohlfühlbereich; es gibt keine hohen Anstrengungen, die emotionale Aversionen auslösen könnten; sportlicher Wettstreit und Leistungsdruck bleiben bei diesem Training außen vor. Man kann sich also ungestört auf das persönliche Wohlbefinden konzentrieren. Für die Hälfte der Bevölkerung ist das vorrangige Ziel, den Status der Bewegungsarmut zu verlassen und ein regelmäßiges Bewegungsprogramm dauerhaft in ihren Alltag zu integrieren. Für diese Zielgruppe hat das Basis-Gesundheitstraining einen einladenden statt abschreckenden Charakter. Menschen mit einer hohen zeitlichen Beanspruchung hilft dieses Programm, ihre Gesundheit bei allem Streben nicht vollkommen aus dem Auge zu verlieren. Für Menschen mit krankheitsbedingten Beeinträchtigungen eignet sich das Basis-Gesundheitstraining zur

Unterstützung der Rehabilitation. Wer z.B. nach einer Krebsdiagnose einer belastenden Chemotherapie unterzogen wird, verträgt diese mit einem solchen Training besser und leidet weniger unter den Nebenwirkungen.

Einsatz der Laufampel

Die wichtigste Information der Laufampel bei der Anwendung im Basis-Gesundheitstraining ist die Unterscheidung, ob sich die Person im Zustand des Bewegungsmangels oder im Zustand ausreichender Bewegung befindet. Zu diesem Zweck wird die Laufeffizienz zunächst ermittelt, wenn eine Person sportlich untätig gewesen ist und sich auch sonst wenig bewegt. So wird ein Referenzwert ermittelt, der dem Status „untrainiert" entspricht. Im zweiten Schritt wird das Basis-Gesundheitstraining regelmäßig ausgeübt. Die Fortschritte werden durch wiederholte Messungen mit der Laufampel dokumentiert. Nach einigen Wochen bis Monaten wird es zu keiner weiteren Verbesserung der Laufeffizienz mehr kommen, da sich der Organismus an die Trainingsdosierung angepasst hat, und im Basis-Gesundheitstraining die Trainingsdosierung auch nicht weiter erhöht wird. Der so ermittelte beste Wert der Laufeffizienz ist der Referenzwert für den Status „trainiert". Die Referenzwerte „untrainiert" und „trainiert" sollten sich deutlich unterscheiden. Wenn dies nicht der Fall ist, war das Training nicht effektiv und muss überprüft werden. Nähert sich der Referenzwert „trainiert" wieder dem Wert „untrainiert" an, so ist dies der Indikator für die Vernachlässigung des Basis-Gesundheitstrainings. Bleibt der deutliche Abstand zwischen den Referenzwerten „trainiert" und „untrainiert" bestehen, so ist dies der Indikator für ein effektives und regelmäßiges Training.

Der Parameter Superkompensation spielt im Basis-Gesundheitstraining gegenüber der Laufeffizienz eine untergeordnete Rolle, gibt aber ebenfalls wichtige Informationen. In der beschriebenen Anfangsphase des Basis-Gesundheitstrainings, wenn sich die Werte der Laufeffizienz kontinuierlich verbessern, werden diese

Fortschritte durch positive Werte der Superkompensation angezeigt. Kommt es im weiteren Verlauf zu negativen Werten der Superkompensation, ist dies der Indikator für die Vernachlässigung
des Trainings. Negative Werte der Superkompensation durch Überforderung sind im Basis-Gesundheitstraining weitgehend ausgeschlossen, da es durch die moderate Belastung und ausreichende
Erholungspausen zwischen den Laufeinheiten nicht zu einer kumulierenden Ermüdung kommt.

8.2   Das Fortgeschrittene-Gesundheitstraining

Das Fortgeschrittene-Gesundheitstraining orientiert sich an den
Empfehlungen der Weltgesundheitsorganisation, die in Kapitel 6
ausführlich dargestellt wurden. Das Fortgeschrittene-Gesundheitstraining ist eine Kombination aus moderatem und intensivem Training, das nach den beschriebenen Grundsätzen der Trainingslehre
strukturiert ist. Gegenüber dem Basis-Gesundheitstraining führt es
zu zusätzlichen Gewinnen an Gesundheit und Fitness. Die verschiedenen Trainingsdosierungen für den Gesundheitsbereich finden
sich in einer Übersicht im Anhang.

Trainingsdosierung

Die WHO empfiehlt 150 bis 300 Minuten moderates Ausdauertraining pro Woche oder 75 bis 150 Minuten intensives Ausdauertraining oder eine äquivalente Kombination aus moderatem und intensivem Ausdauertraining. Das Fortgeschrittene-Gesundheitstraining
besteht aus drei Trainingseinheiten pro Woche, deren Dauer und
Intensität dem Trainingsstand und den Bedürfnissen des Läufers
flexibel angepasst werden können. Die Summe der Trainingsdauer
pro Woche liegt im unteren Bereich bei 150 Minuten und im oberen
Bereich bei 220 Minuten. Es besteht aus vier Trainingsarten, die
sich in ihrem Charakter und Belastungsspektrum deutlich unterscheiden.

Die Joggingeinheit

Das Tempo der Joggingeinheit ist moderat und liegt im Belastungsbereich von 70% bis 80% der HF-max. Die Dauer reicht von 45 bis 60 Minuten. Alternativ kann die Einheit auch durch Schwimmen ersetzt werden.

Die Stoffwechseleinheit

Die grundlegenden Merkmale der Stoffwechseleinheit sind ihre betont niedrige Belastungsintensität und ihre längere Dauer. Die Belastungsintensität liegt bei 70% der HF-max. Sie kann am Anfang der Einheit etwas darunter, am Ende etwas darüber liegen. Der Durchschnittspuls sollte aber nicht deutlich über 70% liegen, denn dann ginge der Charakter und die Zielsetzung dieser Einheit verloren. Die Dauer kann anfangs 60 Minuten betragen, sollte dann aber auf 90 Minuten gesteigert werden. Eine Belastung von 70% der HF-max bedeutet für die Mehrzahl der Gesundheitsläufer, dass die Bewegungsart überwiegend zügiges Gehen statt Laufen ist, insbesondere bei Steigungen. Alternativ kann die Einheit auch als Wanderung oder als Fahrradtour durchgeführt werden. Dann kann die Einheit auch deutlich länger werden, da die Belastung in diesen Bewegungsarten wesentlich niedriger als 70% der HF-max ist. Grundsätzlich ist die Dauer von 90 Minuten keine Obergrenze, sondern eine Untergrenze. Die Dauer kann nach Belieben und individuellen Möglichkeiten auch erheblich länger als 90 Minuten betragen, solange die niedrige Belastungsintensität eingehalten wird. Die subjektiv niedrige Belastungsintensität bedeutet nicht, dass die Stoffwechseleinheit nicht belastend ist. Bei entsprechend langer Dauer kann die Gesamtbelastung deutlich höher als bei einem Tempotraining sein.

Die Dauerlaufeinheit

In eine Joggingeinheit wird eine Phase Tempodauerlauf eingefügt. Die Merkmale und Durchführung eines Tempodauerlaufes wurden in Kapitel 7.3 beschrieben. Die Einheit beginnt mit einem Einlaufen über 10 Minuten bei einer Belastung von etwa 70% bis 75% der HF-max. Dann folgt die Phase des Tempodauerlaufes mit einer Belastung von etwa 85% bis 90% der HF-max. Die Dauer dieser Belastungsphase liegt an der unteren Grenze bei 15 Minuten und an der oberen Grenze bei 30 Minuten. Anschließend folgt eine weitere Phase im Joggingtempo mit einer Belastung zwischen 70% bis 80% der HF-max und einer Dauer von 20 Minuten. Die Gesamtzeit der Dauerlaufeinheit liegt also zwischen 45 und 60 Minuten.

Die Intervalleinheit

In eine Joggingeinheit werden nach den Prinzipien des in Kapitel 7.4 beschriebenen Intervalltrainings mehrere Phasen mit hoher Belastung eingefügt. Die Einheit beginnt mit einem Einlaufen über 10 Minuten bei einer Belastung von etwa 70% bis 75% der HF-max. Dann folgen mehrere Phasen schnellen Laufens von fünf Minuten Dauer mit einer Belastung von 90% bis 95% der HF-max. Aufgrund des zur Belastung zeitverzögerten Anstieges der Herzfrequenz werden diese Pulswerte jedoch erst gegen Ende der Belastungsphase erreicht und mit zunehmender Wiederholungszahl der Belastungsphasen etwas früher. Die Anzahl der Wiederholungen liegt an der unteren Grenze bei drei und an der oberen Grenze bei sechs. Zwischen den Belastungsphasen werden Pausen von drei bis vier Minuten Dauer eingelegt, in denen gegangen oder betont langsam getrabt wird. Auf die letzte Belastungsphase erfolgt ein Auslaufen im Joggingtempo über 10 Minuten. Die Gesamtzeit der Intervalleinheit liegt somit zwischen 45 und 70 Minuten.

Die Trainingsstruktur

Für das Fortgeschrittene-Gesundheitstraining werden die beschriebenen Einheiten zu einer Trainingsstruktur zusammengestellt, die die unterschiedlichen Effekte der einzelnen Einheiten so kombiniert, dass ein maximaler gesundheitlicher Gewinn erzielt werden kann. Für die Gesamtbelastung pro Woche durch das Training werden eine Unter- und eine Obergrenze festgelegt. Die untere Grenze markiert den Übergang zum Basis-Gesundheitstraining und die obere, den Übergang zum Ambitionierten-Lauftraining. Je nach Trainingsfortschritt, Möglichkeiten und Belieben kann das Fortgeschrittene-Gesundheitstraining innerhalb dieser Grenzen langsam gesteigert oder variiert werden. Die Grundstruktur besteht aus Stoffwechseleinheit, Tempoeinheit und Joggingeinheit. Im ersten Schritt wird die Stoffwechseleinheit von 60 auf 90 Minuten ausgedehnt. Im zweiten Schritt werden die Tempophasen verlängert (Tempodauerlauf und Wiederholungen im Intervalltraining). Im letzten Schritt werden die Tempoeinheiten pro Woche verdichtet (die Joggingeinheit wird durch eine zweite Tempoeinheit ersetzt). Die Einheiten werden so über die Woche verteilt, dass zwischen den Einheiten Erholungstage liegen. Dies gilt insbesondere nach oder zwischen den Tempoeinheiten. Der Test für die Laufampel kann in alle Einheiten integriert werden, jedoch nur einmal in der Woche. Er wird stets zum Beginn der Einheit nach der Einlaufphase von 10 Minuten gestartet. Bei der Durchführung der Tempoeinheiten sollten die Anleitungen zur Belastungsdosierung für den Tempodauerlauf und das Intervalltraining in Kapitel 7 genau beachtet werden. Für die Steigerung der Trainingsdosierung bietet sich eine Unterteilung in drei Stufen an (siehe Übersicht im Anhang):

Fortgeschrittenes-Gesundheitstraining als Übergang zum Basis-Gesundheitstraining (FG-1), mit einer Gesamtdauer von 150 Minuten pro Woche, bei 135 Minuten moderater und 15 Minuten intensiver Belastung:

- Stoffwechseleinheit über 60 Minuten,
- Dauerlaufeinheit über 45 Minuten, darin 15 Minuten Tempodauerlauf oder Intervalleinheit über 45 Minuten mit 3x5 Minuten Tempophasen,
- Joggingeinheit über 45 Minuten.

Fortgeschrittenes-Gesundheitstraining mittlerer Belastung (FG-2) mit einer Gesamtdauer von etwa 220 Minuten pro Woche bei 180 - 190 Minuten moderater und 30 Minuten intensiver Belastung:

- Stoffwechseleinheit über 90 Minuten,
- Dauerlaufeinheit über 60 Minuten, darin 30 Minuten Tempodauerlauf oder Intervalleinheit über 70 Minuten mit 6x5 Minuten Tempophasen,
- Joggingeinheit über 60 Minuten.

Eine Variante dieser Version mit einer Gesamtdauer von etwa 180 Minuten pro Woche bei 150 Minuten moderater und 30 Minuten intensiver Belastung wäre:

- Stoffwechseleinheit über 90 Minuten,
- Dauerlaufeinheit über 45 Minuten, darin 15 Minuten Tempodauerlauf,
- Intervalleinheit über 45 Minuten mit 3x5 Minuten Tempophasen.

Fortgeschrittenes-Gesundheitstraining als Übergang zum Ambitionierten-Lauftraining (FG-3), mit einer Gesamtdauer von etwa 220 Minuten pro Woche, bei 160 Minuten moderater und 60 Minuten intensiver Belastung:

- Stoffwechseleinheit über 90 Minuten,
- Dauerlaufeinheit über 60 Minuten, darin 30 Minuten Tempodauerlauf,
- Intervalleinheit über 70 Minuten mit 6x5 Minuten Tempophasen.

Ausgehend von der beschriebenen Grundstruktur des Fortgeschrittenen-Gesundheitstrainings sind, wie die Beispiele zeigen, zahlreiche Variationen möglich, um es den individuellen Vorlieben und Möglichkeiten anzupassen. Es lässt auch Spielraum für die Integration von Alternativtraining. So können, wie bereits erwähnt, das Stoffwechseltraining durch eine längere Wanderung oder Fahrradtour und die Joggingeinheit durch Schwimmen variiert werden.

Gesundheitlicher Gewinn

Das Fortgeschrittene-Gesundheitstraining bietet gegenüber dem Basis-Gesundheitstraining zusätzliche gesundheitliche Gewinne. Aber auch hier gilt, wie beim Basis-Gesundheitstraining, dass diese nur erzielt werden können, wenn das Training regelmäßig durchgeführt und zum festen Bestandteil des Lebensstiles wird. Der zusätzliche gesundheitliche Gewinn resultiert aus der Kombination moderater und intensiver Belastung im Rahmen eines strukturierten Trainings und des insgesamt höheren Trainingsumfanges pro Woche.

Die hohen Belastungen durch das Tempotraining (Tempodauerlauf und Intervalltraining) fordern die Pumpleistung des Herzens heraus. In der Folge kommt es zu einer Kräftigung des Herzmuskels und Verbesserung der Blutversorgung des Herzens. Der erhöhte Blutdurchfluss in den Arterien und die damit einhergehenden Scherkräfte vermindern die Ablagerungen an den Gefäßwänden und halten die Blutgefäße elastisch. Diese Prozesse sind entscheidende Faktoren in der Prävention von Herzinfarkt, koronaren Herzerkrankungen, Arteriosklerose, Schlaganfall und peripheren arteriellen Verschlusskrankheiten.

Der höhere Wochenumfang und in besonderem Maße die Stoffwechseleinheit führen zu einer Optimierung metabolischer Prozesse. Dazu gehören vor allem die Verbesserung des Fettstoffwechsels, die Regulierung von Blutzuckerspiegel, Blutfettwerten und Blutdruck sowie die Veränderung der Energiebilanz. Diese Faktoren sind ein guter Schutz vor Übergewicht, Diabetes, Bluthochdruck und den bereits genannten Herz-Kreislauf-Erkrankungen. Die Optimierung der metabolischen Prozesse gelingt aber nur, wenn die Bewegung durch eine ausgewogene Ernährung ergänzt wird. Gravierende Ernährungsfehler können durch Bewegung nicht kompensiert werden.

In Kapitel 5.4 wurden die Funktionen des autonomen-Nervensystems (ANS) erläutert. Ausdauertraining verbessert die Regulationsfähigkeit des ANS und führt zu einer erhöhten Stressresistenz. Körperliche und psychische Belastungen können besser abgefangen und gegenreguliert werden. Darüber hinaus verbessert sich die gesamte Erholungsfähigkeit des Organismus. Die Regulationsfähigkeit des ANS verbessert sich aber nur substantiell, wenn die Trainingsdosierung hinreichend hoch ist. Dies gewährleistet das Fortgeschrittene-Gesundheitstraining, jedoch nicht das Basis-Gesundheitstraining.

Umfang und Intensität des Fortgeschrittenen-Gesundheitstrainings haben eine erhebliche stimmungsregulierende und antidepressive Wirkung. Sie ist die Folge der Stressresistenz des ANS und der durch das Laufen vermittelten positiven Erlebnisse. Das Laufen durchbricht die für die Depression typischen Prozesse wie negative Gedanken, Selbstabwertungen, Hilflosigkeit und Inaktivität. Bei leichter bis mittelgradiger Depression zeigte in Studien Ausdauertraining die gleiche Wirkung wie antidepressive Medikamente und war ihnen teilweise sogar überlegen.

Ein weiterer zusätzlicher gesundheitlicher Gewinn resultiert aus der Wechselwirkung der genannten Faktoren. Bessere Stressresistenz, gesündere Stressverarbeitung, verbesserte Stimmung, verbessertes Körper- und Gesundheitsbewusstsein führen im Allgemeinen zu weiteren positiven Gesundheitseffekten wie bessere Ernährung und Reduktion ungesunder Verhaltensweisen (z.B. Alkoholkonsum, Rauchen, Verzehr von Süßigkeiten, exzessives Arbeiten). Diese Wechselwirkungen bieten nicht nur einen zusätzlichen Schutz vor den bereits genannten Krankheiten, sondern auch vor weiteren, wie z.B. verschiedenen Formen von Krebserkrankungen. So ist die präventive Wirkung von Ausdauertraining für Brustkrebs und Darmkrebs inzwischen nachgewiesen.

Motivationsspektrum

Viele der aufgeführten gesundheitlichen Gewinne werden erst langfristig realisiert. Krankheiten sind abstrakte Ereignisse in ferner Zukunft. Solange wir nicht von ihnen betroffen sind, können wir uns mit gedanklichen Konstruktionen der Unverletzbarkeit beruhigen. Haben wir das Glück, von diesen Krankheiten verschont zu bleiben, werden diese Konstruktionen in den Rang persönlicher Wahrheiten befördert. Solange wir gesund sind, brauchen wir uns gar nicht um unsere Gesundheit zu kümmern, um uns prospektiv eine lebenslange Gesundheit zu bescheinigen. Vorbilder sind hier schnell zur Hand. Wie etwa der Altbundeskanzler Helmut Schmidt, der als starker, lebenslanger Raucher bei guter Gesundheit ein biblisches Alter erreichte. Kümmern wir uns um unsere Gesundheit, sind wir aber auch nicht auf der sicheren Seite. Zu viele Faktoren, die außerhalb unserer Kontrolle liegen, spielen eine Rolle. Auch hier muss man nicht lange nach passenden Beispielen suchen. Die vage Aussicht auf einen gesundheitlichen Gewinn in ferner Zukunft ist daher oft nur ein schwacher motivationaler Anreiz, sich um die eigene Gesundheit zu kümmern.

Starke motivationale Anreize bieten hingegen die kurzfristigen Gewinne an Lebensqualität durch das Fortgeschrittene-Gesundheitstraining. So vermittelt das genussvolle langsame Laufen und die belebende Anstrengung des Tempotrainings ein intensives Köper- und Sinneserleben. „Runners-High" ist nicht nur eine Frage der Endorphine, sondern vor allem der Zufriedenheit und der Glücksmomente des sich selbst Erlebens im erfolgreichen Handeln. Auch der Alltag wird leichter. Die verbesserte Fitness, die Stress reduzierende Wirkung des Trainings und seine stimmungsaufhellenden Effekte führen dazu, dass viele Aufgaben leichter fallen, die Energie zunimmt und die Müdigkeit abnimmt. Die Trainingsfortschritte durch das strukturierte Training ermöglichen zudem das Laufen in der Gemeinschaft. Man kann mithalten. Laufen wird zum sozialen Ereignis. Damit ergeben sich Möglichkeiten neue Beziehungen zu knüpfen und zu intensivieren. Schöne und intensive Erlebnisse in der Gemeinschaft bereichern den Erfahrungsschatz.

Das Fortgeschrittene-Gesundheitstraining beeinflusst erheblich den Lebensstil. Wer sich regelmäßig zwischen 150 und 220 Minuten pro Woche für das Lauftraining und weitere 30 Minuten für die Dehn- und Kräftigungsübungen reserviert, ist nicht nur organisatorisch erfolgreich, sondern hat sich auch für einen entsprechenden Lebensstil entschieden. Der Zeitumfang ist zu groß, um ihn mal eben noch nebenbei zu berücksichtigen. Hierfür müssen die Prioritäten in der Rangreihe der wöchentlichen Aufgaben verändert werden. Dies ist aber nur dauerhaft möglich, wenn weitreichende Veränderungen in der inneren Struktur von übergeordneten Handlungszielen und Werten vorgenommen werden. Die Geschichte von Eva und ihrer Entwicklung zur Gesundheitsläuferin in Kapitel 3.1 beschreibt diesen Prozess anschaulich. Die Geschichte zeigt auch, dass der Zeitaufwand für das Fortgeschrittene-Gesundheitstraining nicht so groß ist, dass, bei entsprechender Organisation, die Erledigung oder Ausübung anderer Aufgaben, Pflichten und Aktivitäten unangemessen behindert würde.

Einsatz der Laufampel

Das Fortgeschrittene-Gesundheitstraining ist nach den Grundsätzen der Trainingslehre strukturiert und es bietet zahlreiche Variationsmöglichkeiten der Dosierung von Umfang und Intensität. Dadurch ist es nicht nur besonders effektiv hinsichtlich der gesundheitlichen Gewinne, sondern auch zur Verbesserung der Fitness. Die Laufampel bietet die Möglichkeit, die Wirkung verschiedener Trainingsdosierungen abzubilden. Durch die präzisen Rückmeldungen der Trainingseffekte gelangt der Läufer zu einem tieferen Verständnis der Veränderung seines Organismus durch Training. Er lernt, welches Training für ihn effektiv und welches wenig effektiv ist. Diese zeitnahe Rückmeldung auf das eigene Handeln fördert zudem erheblich die Laufmotivation.

Mit der Laufampel werden, wie im Falle des Basis-Gesundheitstrainings (Kapitel 8.1), die Referenzwerte der Laufeffizienz für den Status „untrainiert" und „trainiert" ermittelt. Da bei fortgeschrittenen Gesundheitsläufern davon ausgegangen werden kann, dass sie nicht bei null anfangen, würde der Status entsprechend mit „gering trainiert" und „gut trainiert" bezeichnet. Der Status „wenig trainiert" entspricht in etwa dem Stand der Laufeffizienz nach einer mehrwöchigen Laufpause wegen Krankheit oder aus anderen Gründen. Aufgrund der höheren Trainingsbelastung in Umfang und Intensität ist die Differenz zwischen den Referenzwerten „untrainiert" und „trainiert" im Fortgeschrittenen-Gesundheitstraining größer als im Basis-Gesundheitstraining. Bleibt die Laufeffizienz in der Nähe des Referenzwertes „trainiert", ist dies der Indikator für ein regelmäßiges und effektives Training. Nähert sich die Laufeffizienz hingegen dem Referenzwert „untrainiert", ist dies der Indikator für die Vernachlässigung des Trainings oder von Trainingsfehlern. Diese Zusammenhänge werden in den Graphiken der Testverläufe der verschiedenen Läufer in Kapitel 4.2 anschaulich.

Im Gegensatz zum Basis-Gesundheitstraining gewinnt der Wert der Superkompensation im Fortgeschrittenen-Gesundheitstraining an Bedeutung. Aufgrund der höheren Trainingsbelastung kann es hier zu einer kumulierten Ermüdung kommen. Sie ist das Symptom einer Überforderung, die dann entsteht, wenn die Trainingsbelastung so schnell gesteigert wird, dass die Anpassungsprozesse des Organismus nicht folgen können. Der Indikator ist hier ein deutlich negativer Wert der Superkompensation. Trotz fortgesetzten Trainings verschlechtern sich hier die Werte der Laufeffizienz. Wird das Training hingegen stark vernachlässigt, kommt es ebenfalls zu einer Verschlechterung der Laufeffizienz mit negativen Werten der Superkompensation.

8.3 Das Ambitionierte-Lauftraining

Im Ambitionierten-Lauftraining steht die Verbesserung der sportlichen Leistungsfähigkeit im Vordergrund. In diesem Streben geht es vor allem darum, die Gesundheit nicht aus den Augen zu verlieren. Was so naheliegend klingt, ist jedoch alles andere als selbstverständlich. Wo hier die Probleme liegen, und wie sie umgangen werden können, zeigt das folgende Kapitel.

Trainingsdosierung

Die Trainingsdosierung im Ambitionierten-Lauftraining liegt oberhalb der des Fortgeschrittenen-Gesundheitstrainings. Hier gibt es eine beachtliche Fülle von Trainingsplänen, die in Zeitschriften, Ratgebern und im Internet angeboten werden. Ausgerichtet sind sie auf unterschiedliche Streckenlängen und Zeiten. Die Streckenlängen beziehen sich auf die üblichen Wettkampfdistanzen von 10 Kilometer, Halbmarathon und Marathon. Die Zielzeiten der Trainingspläne orientieren sich an den Möglichkeiten von Freizeitläufern. Maßgebend für die Trainingspläne sind die sportlichen Ziele. Gesundheitliche Fragen werden nur am Rande behandelt. Ambitionierte Läufer setzten sich in der Regel ausführlich mit den verschiedenen Trainingsplänen auseinander, diskutieren und erproben ihre verschiedenen Varianten. Es erübrigt sich daher, nähere Informationen zu den Trainingsplänen des ambitionierten Laufens zu geben. Es hieße, Eulen nach Athen zu tragen.

Gesundheitlicher Gewinn

Mit Trainingsdosierungen, die oberhalb des beschriebenen Fortgeschrittenen-Gesundheitstrainings liegen, können weitere gesundheitliche Gewinne erzielt werden. Die Zuwächse sind im Allgemeinen aber so gering, dass der Aufwand unverhältnismäßig wird. Fitness und Leistungsfähigkeit nehmen hingegen weiterhin zu. Aber das Risiko, den gesundheitlichen Gewinn wieder zu verlieren, steigt im Ambitionierten-Lauftraining erheblich. Mehr trainieren für mehr gesundheitlichen Gewinn ist oberhalb des Fortgeschrittenen-Gesundheitstrainings folglich wenig sinnvoll. Hier geht es vor allem darum, die Risiken im Blick und unter Kontrolle zu halten, die in verdeckten Erkrankungen, Infekten und Übertraining bestehen. Zur Kontrolle dieser Risiken wurde in Kapitel 2 das Konzept zum Risikomanagement beschrieben. Unter der Voraussetzung eines umsichtigen Risikomanagements sollte dem Ambitionierten-Lauftraining bis hinauf zum Hochleistungssport nichts im Wege stehen. Ob es durch jahrelangen intensiven und hochintensiven Ausdauersport zu Schäden des Organismus kommt, die zu einer gravierenden Beeinträchtigung der Gesundheit und Limitierung der Lebenserwartung führen können, ist wissenschaftlich aktuell eine unbeantwortete Frage. Da die Wissenschaft aber beginnt, sich mit dieser Frage zu beschäftigen, können in der Zukunft wohl Antworten erwartet werden.

Motivation

Bei ambitionierten Läufern gibt es keine Probleme, sich zum Laufen zu motivieren. Das Laufen ist zum festen Bestandteil von Lebensart und Lebenskultur geworden. Durch die Leidenschaft angetrieben ist das Laufen zum motivationalen Selbstläufer geworden. Ohne Laufen wäre das Leben ärmer, und der ambitionierte Läufer würde es schmerzhaft vermissen. Da das Laufen in der persönlichen Zielstruktur von großer Bedeutung ist, können die Konflikte mit anderen, konkurrierenden Zielen relativ leicht gelöst werden. Die Selbstorganisation gelingt hier weitgehend mühelos. Dies bedeutet aber keineswegs, dass das Leben des ambitionierten Läufers nur aus Laufen besteht und alles Andere zu kurz kommt. Das Leben als Ganzes in seiner Struktur aus Familie, Arbeit und sozialen Kontakten funktioniert ebenso gut wie bei anderen. Insofern ist der ambitionierte Läufer auch ein Vorbild. Er beweist, dass eine regelmäßige sportliche Aktivität, selbst in größeren Umfängen, keine Frage der Zeit, sondern der Priorität ist.

Die Achillesferse des ambitionierten Läufers ist das Ausblenden der aufgeführten gesundheitlichen Risiken. Die Gesundheit wird den sportlichen Zielen oft untergeordnet. Man kümmert sich um die Gesundheit, wenn die sportlichen Ziele bedroht sind. Aber gesundheitliche Fragen werden auch gerne ausgeblendet, wenn sie der Erreichung sportlicher Ziele im Wege stehen. Das passende Argument ist schnell gefunden. Als ambitionierter Läufer macht man ja weit mehr für seine Gesundheit als die meisten anderen Menschen. Der unerschütterliche Glaube an die eigene Stärke und Unverletzbarkeit beseitigt dann die letzten Zweifel. Im Hinterkopf lauert stets die Sorge, dass eine zu große Beachtung der Gesundheit der sportlichen Leistung schaden könnte. Hier wird oft als Gegensatz gesehen, was im Kern symbiotisch verbunden ist. Jede sportliche Leistung, bis zur Höchstleistung, kann nur mit, aber niemals gegen den eigenen Körper erreicht werden. Jeder kennt die Sternschnuppen am sportlichen Himmel, die kurz aufleuchten und dann verglüht im Dunkel verschwinden.

Einsatz der Laufampel

Dem ambitionierten Läufer sei das Konzept zum Risikomanagement an dieser Stelle noch einmal ganz besonders „ans Herz gelegt". Es besteht aus der jährlichen Untersuchung der Sporttauglichkeit, dem Trainingsstopp bei Infekten und der trainingsbegleitenden Belastungssteuerung mit der Laufampel. Im Ambitionierten-Lauftraining sind die Werte der Superkompensation von vorrangiger Bedeutung. Der Sinn eines Trainingsplanes ist, dass sich die Leistung im Verlauf des Trainings verbessert. Dieser Prozess wird in einer steten Verbesserung der Laufeffizienz abgebildet. In die Berechnung der Superkompensation fließen jeweils die vier letzten Werte der Laufeffizienz ein, die im Abstand von einer Woche erhoben wurden. Je größer die positiven Werte der Superkompensation sind, umso größer ist der Leistungsfortschritt der letzten vier Wochen. Hat die Superkompensation einen Wert um null, stagniert die Leistung in den letzten vier Wochen. Wird ihr Wert negativ, hat sie sich verschlechtert. Wer vier Wochen lang nach einem

Trainingsplan fleißig trainiert aber keine Verbesserung erreicht, hat sich bis an die Grenze der Überdosierung belastet und ist mit einer Regenerationsphase gut beraten. Eine Verschlechterung der Leistung, die durch einen deutlichen negativen Wert der Superkompensation angezeigt wird, verweist auf Trainingsfehler. Wer in dieser Weise mit seinem Training fortfährt, schadet nicht nur seiner sportlichen Leistungsfähigkeit, sondern auch seiner Gesundheit.

Nähert sich ein Läufer im Training seiner persönlichen Leistungsgrenze, verringern sich die Fortschritte. Das Abflachen der Kurve der Leistungssteigerung ist üblicherweise auch der Zeitpunkt des angestrebten Wettkampfes. Zu den Grundsätzen der Trainingslehre gehört, dass solche Trainingsphasen durch längere Erholungspausen mit deutlich weniger und alternativem Training voneinander abgesetzt werden. Solche Erholungsphasen führen zu einer deutlichen Verschlechterung der Laufeffizienz. Was im Gesundheitstraining unerwünscht ist, ist im Ambitionierten-Lauftraining das Merkmal einer umsichtigen Zyklisierung des Trainings. Die Laufeffizienz ist also auch ein Regenerationsmarker. Im Dienste seiner Gesundheit und seiner Leistungsfähigkeit ist der ambitionierte Läufer gut beraten, eine deutliche Verschlechterung der Laufeffizienz zwischen den Trainingsphasen zuzulassen.

8.4 Übungen zur Verbesserung von Kraft und Beweglichkeit

Die Trainingsanleitungen konzentrieren sich auf das Ausdauertraining als wichtigste Komponente zur Verbesserung der Gesundheit. Nicht berücksichtigt werden gezielte Übungen zur Verbesserung von Kraft und Beweglichkeit. Es empfiehlt sich, solche Übungen in das wöchentliche Training mit aufzunehmen. Das Laufen führt bereits zu einer Kräftigung der gesamten Muskulatur. Ergänzende Übungen sollten sich vor allem auf die Muskulatur von Rücken, Bauch, Schultern und Armen konzentrieren. Dazu braucht man aber weder ein Fitnessstudio noch Geräte. Mit einer

Gymnastikmatte und einem Satz Hanteln lässt sich das Training einfach zu Hause durchführen. Auch der Zeitbedarf ist überschaubar. Es reichen zwei- bis dreimal 10 Minuten pro Woche mit Übungen, die die großen Muskelgruppen ansprechen (z.B. Liege- und Seitstütz). Übungen zur Dehnung der Muskulatur und Verbesserung der Beweglichkeit bilden üblicherweise den Abschluss der Laufeinheiten. Auch sie beanspruchen nur wenige Minuten. Geeignete Übungen finden sich in vielen Ratgebern oder werden durch Trainer vermittelt.

9 Die Kunst sich selbst zu motivieren und zu organisieren

Menschen haben Wünsche und Träume. Sie wollen in ihrem Leben etwas erreichen. Sie suchen Glück und Zufriedenheit. Man wünscht sich gegenseitig bei vielen Gelegenheiten alles Gute und Gesundheit. Hier zeigt sich ein grundsätzlicher Zusammenhang: Die Gesundheit ist die Partnerin des Guten. Wer auf seine Gesundheit achtet, tut sich bereits etwas Gutes. Und das Gute ist schwer vorstellbar ohne die begleitende Gesundheit. Aber beides fällt uns leider nicht in den Schoß. Das Gute will erarbeitet und die Gesundheit gepflegt und gehegt werden. Für diese Aufgabe müssen wir uns jeden Tag aufs Neue motivieren und auf den Weg machen. In diesem Kapitel wird gezeigt, wie die Quellen der Motivation erschlossen und nutzbar gemacht werden können. Freude am Laufen finden und Freude daran finden, etwas für die eigene Gesundheit zu tun sind zwei Wünsche, die zusammengeführt werden wollen. Die nächsten Seiten zeigen, wie sie zueinander finden.

9.1 Das Motiv: die Quelle der Motivation

Der Wert der Gesundheit ist von zentraler Bedeutung im Leben. Sie ist das „gesunde" Gegengewicht für alle anderen Werte und Ziele. Eva hat erkannt, dass sie etwas für sich selbst und ihre Gesundheit tun muss. Es gelang ihr, ein regelmäßiges und gesundheitsbetontes Laufen in ihr Leben zu integrieren. So fand sie den Ausgleich und den gesunden Abstand zu ihrer Rolle als Mutter. Wo sie zunächst überkontrollierend, unausgeglichen und gestresst war, wurde sie zunehmend gelassen und ausgeglichen. Eine Veränderung, die nicht nur zu ihrem eigenen Vorteil war, sondern auch zum Vorteil ihrer Kinder und des ganzen Familienklimas. Auf dem Weg zu seiner Bestzeit im Marathon behielt Michael mithilfe der Laufampel seine Gesundheit stets im Blick. Es half ihm, sich vor Übertraining zu schützen, effektiv zu trainieren und sich seine Kräfte auf dem langen Weg zum Marathon gut einzuteilen. Dadurch sicherte er sich nicht nur seinen sportlichen Erfolg, sondern auch langfristig die Freude am Laufen. Ähnliche Beispiele ließen sich für alle Menschen und alle Lebensbereiche fortsetzen. Die Gesundheit ist der Garant, bei allen Aktivitäten die Bodenhaftung und den Bezug zu sich selbst zu bewahren. Der Volksmund sagt: „das gesunde Maß halten". Die zentralen Fragen sind stets: Wonach strebe ich? Wie balanciere ich mein Streben durch die Beachtung meiner Gesundheit aus?

Mit der gestiegenen und weiter steigenden Lebenserwartung bekommt die Gesundheit eine zusätzliche Bedeutung, die in der Entwicklungsgeschichte des Menschen neu ist. Der Kampf ums Überleben, geprägt durch kurze Lebenserwartung und entbehrungsreiche Lebensbedingungen, ließen den Menschen bis vor noch nicht allzu langer Zeit wenig Wahl und Spielraum: Das Überleben war wichtiger als die Langlebigkeit. In der Gegenwart, deren Lebensbedingungen durch Sicherheit, Wohlstand und ein gutes Gesundheitssystem geprägt sind, besteht die große Herausforderung hingegen in der Gestaltung und Organisation der Langlebigkeit. Jede Zeit und jede Kultur hat auch ihre besonderen Krankheiten. In der heutigen Zeit sind es vor allem Krankheiten, bei denen das Verhalten einen wesentlichen, wenn nicht sogar den entscheidenden Einfluss hat. Eine verlängerte Lebenserwartung und gute Gesundheitsversorgung führen aber auch zu einer steigenden Anzahl chronisch Kranker. Bei allen chronischen Erkrankungen spielt das Verhalten eine entscheidende Rolle. Entweder, wie bereits erwähnt, im Verlauf ihrer Entstehung oder nach Beginn der Erkrankung, wenn es darum geht, die verbleibenden Anteile der Gesundheit zu stärken und die Auswirkungen der Krankheit einzudämmen. Die Herausforderung und die Verantwortung gegenüber uns selbst besteht also in einem angemessenen Gesundheitsverhalten, mit dem jeder seinen Beitrag leisten kann, sich vor Krankheiten zu schützen und die Auswirkungen chronischer Krankheiten zu begrenzen.

Das Risiko der Langlebigkeit liegt im Verlust der Gesundheit. Dies ist mit Konsequenzen verbunden, denen sich Gesunde in der Regel nicht bewusst sind. Was es tatsächlich bedeutet, wesentliche Teile seiner Lebensqualität und Arbeitskraft zu verlieren, erschließt sich erst im realen Erleben. Wer durch Krankheit berufsunfähig wird, verliert auch einen großen Teil seines Einkommens. Die Hoffnung, dass diese Einkommenseinbußen durch die Sozialversicherungen kompensiert werden, erweist sich in der Regel als trügerisch. Die Versicherungsleistungen sichern die Grundversorgung, ermöglichen aber kein komfortables Leben. Wer arm ist und aufgrund krankheitsbedingter Funktionseinschränkungen in vielen Aktivitäten und Lebensbereichen nicht mehr mithalten kann, fällt aus vielen sozialen Bezügen heraus und gerät leicht ins soziale Abseits. Armut, Einsamkeit und der Verlust an Selbstwert sind die häufigen bitteren Realitäten, deren Bewältigung hohe Ansprüche an die Anpassungsfähigkeit der Betroffenen stellen. Der weitgehende Erhalt der Gesundheit bis in das hohe Alter ermöglicht hingegen besondere Gewinne an Lebensqualität, Funktionsfähigkeit, Arbeitsfähigkeit und Unabhängigkeit. Dies sichert die Teilnahme am Arbeitsleben und in allen Bereichen des sozialen Lebens.

Kommen wir nun zum Kern des Problems. Der Mehrzahl der Menschen sind die aufgeführten Argumente nicht unbekannt. Wir haben ein Wissen darüber und verfügen von Natur aus über eine hinreichende Intuition, unsere Gesundheit zu schützen. Die entscheidende Frage ist aber, ob wir unser Wissen und unsere gesunde Intuition nutzen. Im Bestreben eine gute Mutter zu sein, hat Eva ihre Gesundheit vernachlässigt. Michael ist in Gefahr, im Streben nach sportlichem Erfolg, seine Gesundheit aus den Augen zu verlieren. Je bedeutsamer die Ziele und Wünsche sind, umso schmerzhafter werden die Verluste empfunden. Gewinne und Verluste werden in der emotionalen Bewertung abgebildet. Die Freude auf einen in der Zukunft erwarteten Gewinn und die Angst vor Verlust und Enttäuschung sind die zwei Seiten einer Medaille. Für Gewinne und Verluste ist zudem die zeitliche Perspektive von besonderer Bedeutung. Liegen sie in der nahen oder in der fernen Zukunft? Unter Missachtung der Gesundheit locken in der nahen Zukunft höhere Gewinne. Die Beachtung der Gesundheit reduziert hingegen die Gewinnaussichten. Die Gewinne durch Gesundheit werden in der

Regel aber erst langfristig erzielt. Das gesunde Maßhalten in der Gegenwart erfordert die Auseinandersetzung mit den gesundheitlichen Risiken in ferner Zukunft. Eine solche Auseinandersetzung führt jedoch zwangsläufig zur bedrohlichen Konfrontation mit den Risiken und den existentiellen Fragen des Lebens. Die Angst ist hier der Feind der Gesundheit: die Angst vor dem Verlust der erwarteten Gewinne in der nahen Zukunft und die Angst vor der Konfrontation mit den existentiellen Fragen des Lebens in der fernen Zukunft. Die größte Herausforderung besteht demnach im angemessenen Umgang mit diesen Ängsten und Bedrohungen. Die Gefahren lauern im Ausblenden dieser Ängste oder des sich in sie Hineinsteigerns in übertriebener und irrationaler Weise. Dieses Buch soll Mut machen, sich den genannten Ängsten und Risiken zu stellen und Anleitungen für einen angemessenen Umgang mit ihnen geben. In der Bilanz werden die langfristig zu erzielenden Gewinne deutlich größer sein als mögliche Verluste. Es ist das Plädoyer für ein langfristiges und nachhaltiges Investment. In der Ausbeutung der Ressourcen unseres Planeten können wir die Kosten auf künftige Generationen abwälzen. In der Vernachlässigung und Ausbeutung unserer persönlichen gesundheitlichen Ressourcen bekommen wir selbst die Rechnung präsentiert.

9.2 Die Organisation der Motivation

Wer weiß, wohin er will, ist noch nicht am Ziel. Vor ihm liegt ein weitgehend unbekannter Weg, dessen Hürden noch zu überwinden sind. Eine grundlegende Überzeugung, das Motiv, muss in tägliches Handeln umgesetzt werden. Ziele und Teilziele müssen überlegt und zielführende Handlungsstrategien entwickelt und erprobt werden. Misserfolge und Enttäuschungen müssen verarbeitet und analysiert werden, um Handlungsstrategien zu optimieren. Alles muss so organisiert werden, dass hinreichende und beständige Erfolgserlebnisse generiert werden, um den Motivationsmotor am Laufen zu halten. Eine Vielzahl von Aufgaben also, die bewältigt werden wollen. Dies wurde im Kapiteln 3 ausführlich am Beispiel der Gesundheitsläuferin Eva und des ambitionierten Freizeitläufers

Michael dargestellt. Nun stellt sich die Frage, ob es einen Kompass gibt, der einem die Orientierung erleichtert und den Weg zum Ziel weist.

Mit dieser Frage hat sich die Motivationsforscherin Gabriele Öttinger über viele Jahre und in zahlreichen Studien beschäftigt. Sie hat eine Methode entwickelt, mit der Menschen ihre Motivationsprozesse auf eine einfache Art und Weise steuern und organisieren können. Die Zusammenfassung ihrer Forschungsergebnisse hat sie 2015 in ihrem Buch „Die Psychologie des Gelingens" veröffentlicht. Der Name der Methode („WOOP") fasst seine vier Hauptkomponenten zusammen: W steht für Wish (Wunsch), O für Outcome (Ergebnis), O für Obstacle (Hindernis) und P für Plan. In ihren Grundzügen ist die Methode leicht verständlich und schnell erklärt. Zunächst wird der Wunsch in einem kurzen prägnanten Satz als Ziel formuliert. Im Rahmen einer Phantasiereise durch die Welt der inneren Wünsche wird im nächsten Schritt all das Schöne erkundet, was die innere Vorstellungskraft zu diesem Thema hergibt. Nach Abschluss dieser kreativen Suchphase wird wiederum das schönste Ergebnis in einem kurzen Satz zusammengefasst. Erst dann erfolgt die Beschäftigung mit den möglichen Hindernissen auf dem Weg zur Wuncherfüllung. Auch diese werden im Rahmen einer Phantasiereise erkundet. Die Aufmerksamkeit wird auf die Hindernisse gelenkt, die in einem selbst liegen. Ebenso wird darauf geachtet, ob es ein tatsächliches Hindernis und keine Ausrede ist. Das Haupthindernis wird in all seinen Details betrachtet und mit einem kurzen Satz benannt wird. Anschließend wird nach Lösungen für das Haupthindernis gesucht. Dies können ein konkretes Vorgehen, aber auch ein Gedanke, eine veränderte Sichtweise oder eine Haltung sein. Die gefundenen Lösungsmöglichkeiten werden zu einem konkreten Vorgehen geordnet und durch eine Wenn-Dann-Beziehung mit dem Hindernis verknüpft: Wenn das Hindernis auftritt, dann wird der Plan mit seinen Lösungsstrategien angewendet.

Öttinger widerlegt in ihren Studien die Wirksamkeit naiven positiven Denkens. Wer glaubt, die Beschwörung eines sehnlichen

Wunsches in Phantasievorstellungen würde genügen, um die Kraft zu finden das Vorhaben anzupacken und zu realisieren, täuscht sich. Das Gegenteil ist der Fall. Zahlreiche Studien haben gezeigt, dass Träumen die Motivation lähmt, das Vorhaben in der Realität anzupacken. Die virtuelle Wunscherfüllung wird zum Ersatz des realen Erlebens. Nun ist es aber unbestritten, dass lebhafte Wunschvorstellungen positive Energien freisetzen. Aber wie können diese Energien genutzt werden, um das Vorhaben zu realisieren, statt sich durch kurzfristige Beruhigungen davon abhalten zu lassen? Die Antwort ist nach Öttinger das mentale Kontrastieren. Es besteht darin, dass die bildhaften Vorstellungen eines Wunsches mit den Hindernissen auf dem Weg seiner Erfüllung kombiniert werden und zwar in der oben beschriebenen Reihenfolge: erst der Wunsch und dann das Hindernis. Hierdurch bekommen die Wunschvorstellungen ihren Realitätsbezug. Durch dieses Vorgehen rücken die Wünsche in den Vordergrund der Aufmerksamkeit, die auch realisierbar sind. Dies bewirkt einen Motivationsschub. Es weckt den Tatendrang, wenn ein sehnlicher Wunsch erreichbar wird. Eine weitere Verstärkung der Handlungsimpulse wird erreicht, wenn das mentale Kontrastieren mit einer Durchführungsintention kombiniert wird. Die Durchführungsintention ist die oben beschriebene Wenn-dann-Verknüpfung zwischen dem Hindernis und dem Plan seiner Beseitigung. Die Kombination des mentalen Kontrastierens mit der Durchführungsintention bildet eine sehr effektive und natürliche Einheit: Mein sehnlicher Wunsch wird erreichbar und ich fühle mich gewappnet, ein konkretes Hindernis auf dem Weg zum Ziel überwinden zu können.

Menschen kommen häufig nicht weiter, weil sie sich selbst im Weg stehen. Dafür gibt es viele Gründe: Sie wissen nicht, was sie wollen. Sie verrennen sich in unrealistische Wünsche. Sie können falsche Wünsche nicht von ihren wahren trennen. Sie erfüllen sich ihre Wünsche in Tagträumen und finden dann nicht mehr die Energie es anzupacken und zu realisieren. Sie türmen in ihrer Vorstellung alle möglichen und unüberwindbaren Hindernisse auf und können darüber sogar vergessen, dass sie Wünsche haben. Die WOOP

Methode macht Wünsche bewusst, präzisiert sie, trennt die erreichbaren von den unrealistischen, stärkt Motivation und Tatkraft und führt Menschen auf intuitive Weise zu ihren Zielen. Entwickelt wurde sie in 20-jähriger Forschungstätigkeit. Die Methode kann in allen Lebensbereichen angewendet werden. In zahlreichen Studien zu verschiedenen Wunschklassen, Problemstellungen und Personengruppen konnte ihre Wirksamkeit belegt werden.

Im Folgenden wird die Anwendung von WOOP für Gesundheitsläufer und ambitionierte Freizeitläufer am Beispiel von Eva und Michael erläutert. Auf ihrer Internetseite „woopmylife.org" vermittelt Öttinger eine Einführung in die Methode und gibt die nachstehende Anleitung:

Wunsch:
„Liegt Ihnen Ihr Wunsch am Herzen? Ist er grundsätzlich erfüllbar? Ist er dennoch etwas herausfordernd? Haben Sie ihn in 3-6 Wörtern zusammengefasst?"

Schönstes:
„Ist das Schönste wirklich das Allerschönste an der Erfüllung Ihres Wunsches? Haben Sie das Schönste in 3-6 Wörtern zusammengefasst? Haben Sie sich ausreichend Zeit genommen, sich das Schönste vorzustellen? Falls nicht: Schließen Sie noch einmal Ihre Augen und stellen Sie sich das Schönste vor."

Hindernis:
„Liegt Ihr Hindernis in Ihnen selbst? Ist es wirklich das wichtigste, innere Hindernis oder eher eine Ausrede? (Schürfen Sie tiefer!) Haben Sie Ihr Hindernis in 3-6 Wörtern zusammengefasst? Haben Sie sich ausreichend Zeit genommen, sich Ihr Hindernis vorzustellen? Falls nicht: Schließen Sie noch einmal Ihre Augen und stellen Sie sich Ihr inneres Hindernis vor."

Plan:
„Haben Sie eine effektive Handlung oder einen effektiven Gedanken, den Sie sich sagen können gefunden, um das Hindernis zu überwinden? Haben Sie Ihre Handlung/Ihren Gedanken in 3-6 Wörtern zusammengefasst? Prüfen Sie, ob Ihr Plan nach dem folgenden Schema „wenn (Hindernis), dann (Handlung)" aufgebaut ist. Falls nicht, machen Sie den Wenn-dann-Plan noch einmal."

In der Anwendung durch Eva als Vertreterin der Gesundheitsläufer könnte WOOP zu den folgenden Ergebnissen führen:

Wunsch:
Freude beim Laufen erleben.

Schönstes:
Eva schließt die Augen und träumt sich in ihren Wunsch hinein. Es dauert nicht lange und aus ihrer Phantasie steigen Bilder auf. Sie sieht sich gemeinsam mit ihrer Freundin Stefanie durch den Wald laufen. Es ist ein schöner, sonniger Tag im Mai. Ein intensives Farbenspiel aus Licht und Schatten im satten Ton des frischen Grüns schmeichelt ihren Augen. In einem entspannten und lockeren Lauftempo bewegen sie sich Seite an Seite einen schmalen Pfad entlang, der sich von Farn gesäumt durch die Bäume schlängelt. Das Laufen fühlt sich leicht an. Sie wird getragen von ihrer Kraft und Vitalität. Sie fühlt sich gelöst und frei aber nicht allein. Nachdem sie es eine Weile genossen hat, sich ihren Träumereien hinzugeben, beginnt sie darüber nachzudenken, was das Schönste an den erlebten Wunschvorstellungen ist. Die Wahl fällt ihr nicht leicht, denn es bietet sich einiges an: die schöne Natur, das intensive Körpererleben, die Verbundenheit mit Stefanie, das Gefühl der Freiheit. Nachdem ihre Gedanken eine Weile zwischen diesen Punkten hin und her gewandert sind, schiebt sich plötzlich ein Gedanke in den Vordergrund: „mich selbst spüren!" Sie geht diesem Gedanken noch eine Weile nach und gelangt zu der Überzeugung, dass diese Worte das schöne Gefühl ihrer Vorstellung am besten auf den Punkt bringen. Dabei wird ihr bewusst, dass dieses Gefühl in den letzten

Jahren ihres Lebens zu kurz gekommen ist. Bei all der Verantwortung, Pflichten und Aufgaben hat sie sich selbst ein gutes Stück verloren.

Hindernis:
Beim Nachdenken über die möglichen Hindernisse auf dem Weg zur Erfüllung ihres Wunsches fallen ihr sofort ihre Kinder ein. Sie denkt: „Ich kann sie doch nicht sich selbst überlassen und vor meiner Verantwortung davonlaufen!" Sie schließt noch einmal die Augen und konzentriert sich auf ihre Aufgaben in der Versorgung ihrer Kinder. Sofort kommen ihr zahlreiche Beispiele und Erinnerungen in den Sinn, wie sie sich fürsorglich um ihre Kinder kümmerte. Auch diese Bilder wecken schöne Gefühle, die ihr Mutterherz höherschlagen lassen. Nach einer Weile wird ihr schöner Tagtraum aber jäh unterbrochen, als ihr auffällt, dass die Kinder in ihrer Vorstellung noch sehr klein sind. Ihre Erinnerungen an ein fürsorgliches Miteinander bilden Ereignisse ab, die viele Jahre zurückliegen. Ihre Kinder sind inzwischen aber deutlich älter und selbstständiger geworden. Diese Erkenntnis führt sie zu der Einsicht, dass nicht die Bedürfnisse der Kinder das Haupthindernis sind, sondern dass sie sich selbst im Weg steht: „Ich kann nicht loslassen!", sagt sie zu sich selbst.

Plan:
Nachdem sie erkannt hatte, welches Hindernis ihrer Wunscherfüllung im Weg steht, kommen ihr bereits Ideen in den Sinn, wie sie das Hindernis überwinden könnte. Dabei hilft ihr die Erkenntnis, dass der Hauptteil des Hindernisses in ihr selbst begründet ist, folglich auch in ihrer Hand liegt. Sie fragt sich: „Wie lerne ich das Loslassen?" Die Antwort auf ihre Frage lässt nicht lange auf sich warten: „Indem ich den Kindern lasse, was sie können!" Sie ist überrascht wie naheliegend und stimmig dieser Gedanke ist. Eine gute Mutter zeichnet sich ja nicht nur durch die Fürsorge für ihre Kinder aus, sondern auch durch deren Unterstützung auf dem Weg in die Selbstständigkeit. Nachdem sich die Dinge auf diese Weise in ihrem Kopf geordnet haben, ist der Weg für weitere Ideen zur Gestaltung

ihres Planes frei. Sie nimmt sich vor, zuerst in Ruhe die Vorstellungen und Ideen der Kinder darüber zu erfragen, wie die Dinge geregelt werden können, wenn sie aufgrund ihrer regelmäßigen Lauftermine nicht verfügbar ist. Wenn die Ideen und Wünsche der Kinder vorliegen, will sie im nächsten Schritt ihren Mann mit einbeziehen. Gemeinsam soll eine Organisation erarbeitet werden, die sich eng an den Ideen der Kinder ausrichtet, alle beteiligt und ihr regelmäßige Lauftermine ermöglicht. Um ihren Plan abzurunden, fasst sie ihn in einem Wenn-dann-Schema zusammen: „Wenn ich laufen gehe, spreche ich mit den Kindern und meinem Mann frühzeitig die verabredete Planung noch einmal kurz durch."

In der Anwendung durch Michael als Vertreter der ambitionierten Läufer könnte WOOP zu den folgenden Ergebnissen führen:

Wunsch:
Eine neue persönliche Bestzeit im Marathon.

Schönstes:
Er schloss die Augen und nach kurzer Zeit sprudelten die Bilder aus den Quellen seiner Phantasie: Er läuft durch die Straßen einer großen Stadt, gemeinsam mit vielen anderen Läufern. An den Straßenrändern zahlreiche Zuschauer, teilweise mit Schildern, auf denen Namen stehen. Lautsprecher oder Musikgruppen heizen die Stimmung mit wechselnder Musik auf. Gerade sind es die Trommeln einer Sambagruppe, die dem Rhythmus seiner Schritte Beine machen. Dazu die anfeuernden Zurufe der Zuschauer. Über allem schwebt eine gespannte und erwartungsfrohe Atmosphäre. Alles fließt zusammen in das typische Marathongefühl. Am Straßenrand steht ein Schild mit der Aufschrift 10 Km. Er spürt seine kraftvollen Schritte. Die Umgebung verändert sich. Erst führt die Strecke durch einen Park, dann durch ein Industriegebiet. Die Zuschauer sind weitgehend verschwunden. Die Läufer um ihn herum haben sich ausgedünnt. Die Kilometerangaben auf den Schildern werden größer, aber nicht seine Ermüdung. Kilometer 30 liegt hinter ihm. Es wird wieder lebendig am Rande der Strecke. Die anfeuernden Rufe

nehmen zu. Es geht hinein in das Stadtzentrum. Trotz einer leichten Müdigkeit hält er sein Tempo mit Leichtigkeit. Die letzten Kilometer. Er schaut auf seine Uhr. Er ist deutlich unter seiner Zeit. Seine Euphorie wächst. Die Zielgerade liegt vor ihm. Er erhöht das Tempo, fliegt vorbei an seinen Mitläufern. Die Menge der Zuschauer am Rande tobt. Die große Uhr über dem Ziel zeigt ihm schon von weitem: „Du wirst heute der Sieger sein!" Und genau so fühlt er sich, als er die Ziellinie überschreitet.

Als er die Augen öffnete und seinen Tagraum mit etwas Abstand betrachtete, musste er doch ein wenig über sich selbst schmunzeln. Es schien ihm alles ein wenig übertrieben. Hatte er sich nicht zu sehr in eine Sportromantik hineingesteigert? Aber da war immer noch dieses euphorische und stolze Gefühl des Sieges (Schönstes), das nicht mehr von ihm weichen wollte. Ihm wurde bewusst: Es hatte ihn gepackt!

Hindernis:
„Es wäre eine tolle Sache", dachte er. Aber die erlebte Realität war eine andere. Er erinnerte sich an seinen letzten Versuch, als er sich an einer neuen Bestzeit die Zähne ausgebissen hatte. Bereits bei Kilometer 25 konnte er sein Tempo nicht mehr halten. Ab Kilometer 30 begann das „langsame Sterben", und er wurde auf demütigende Weise nach hinten durchgereicht. Es dauerte Wochen, bis er sich nach dem Lauf wieder richtig erholt hatte. Eine solche Niederlage wollte er nicht noch einmal erleben. Dass er sich im Training vorher so intensiv vorbereitet und alles gegeben hatte, machte seine Enttäuschung noch größer. Offensichtlich fehlte es ihm am erforderlichen Talent. „Da kann ich mich anstrengen wie ich will, ohne auf einen grünen Zweig zu kommen!", sagte er zu sich selbst. Bei diesen Gedanken stutzte er einen Moment, denn plötzlich schob sich etwas vom gerade Gedachten in den Vordergrund seiner Aufmerksamkeit: „... im Training alles gegeben!" „Halt!", dachte er, „vielleicht habe ich mich einfach nur im Training überfordert?" Diese Sichtweise schien ihm plausibel. Zudem lag das Hindernis nun nicht mehr außerhalb, sondern innerhalb seiner Kontrolle. Das Hindernis

(„mich im Training überfordern") bot genügend Ansatzpunkte, es anders und besser zu machen.

Plan:
Zunächst wählte er einen Trainingsplan, der zu ihm und seinem sportlichen Ziel passte. Dieses Mal wird der Trainingsplan aber nur der Orientierung dienen. Die persönliche Anpassung wird hingegen mit der Laufampel vorgenommen. Mit wöchentlichen Messungen will er die Entwicklung seiner Form überprüfen. Wenn ihm die Laufampel durch das Ergebnis „orange" oder gar „rot" signalisiert, dass sein Organismus mit der Verarbeitung der Trainingsreize überfordert ist, dann will er den Trainingsplan durch eine angemessene Regenerationsphase anpassen (wenn „Hindernis", dann „Handlung"). Er denkt: „Vielleicht reicht es nicht für die Bestzeit, aber dann überfordere ich mich nicht und bewahre mir die Freude am Laufen."

Den Fokus variieren

Die beiden Beispiele beziehen sich auf langfristige Ziele mit einer Zeitperspektive von Monaten bis ein Jahr. In Bezug auf den Umgang mit der eigenen Gesundheit sogar auf die gesamte Lebensspanne. Die genannten besten Ergebnisse und Haupthindernisse sind zudem von sehr grundsätzlicher Natur. Bereits die einmalige Durchführung einer WOOP Übung kann erhebliche positive und langfristige Auswirkungen haben, wie Öttinger in ihren Untersuchungen nachweisen konnte. Ihr ganzes Potential entfaltet die Methode aber erst in ihrer häufigen Anwendung. Die naheliegendste Begründung ist das Erlangen von Übung und Routine in der Anwendung der Methode. Der Hauptgrund liegt jedoch in der dynamischen Anpassung an die aktuellen Gegebenheiten. Das Ziel liegt in der Zukunft, aber das Handeln findet in der Gegenwart statt. Die Zeitperspektive verändert sich somit von Monaten und Jahren auf Stunden und Tage. Sich verändernde aktuelle Gegebenheiten führen zu einer reichhaltigen Variation von schönen Ergebnissen, aber auch von Hindernissen und Plänen ihrer Überwindung. Freude beim

Laufen erleben ist nicht besonders schwierig, wenn ich fit und ausgeruht bin, Zeit habe, das Wetter schön ist, und ich Lust zum Training habe. Aber das Warten auf diese seltene Konstellation würde
das ganze Vorhaben scheitern lassen. Die entscheidenden Fragen
sind also: „Wie erlebe ich Freude am Laufen, wenn ich lustlos bin,
müde bin, es regnet, es kalt ist, und wie überwinde ich diese Hindernisse?"

Die WOOP Methode nutzt die Kraft der Intuition. Bildhafte Vorstellungen und Phantasiereisen haben daher einen zentralen Stellen-
wert. Menschen haben ein Wissen darüber, was sie im Grunde wollen, wie sie es erreichen können, und wie sie sich selbst dabei im
Wege stehen. Ein wesentlicher Teil dieses Wissens steht aber über
den unmittelbar bewussten Denkprozessen und wirkt im Verborgenen. Es ist das Denken über das Denken und wird in der Fachspra-
che mit dem Begriff „Metakognition" bezeichnet. Die WOOP Methode erschließt den Zugang zur metakognitiven Ebene und nutzt
die Quellen unserer Motivation und Handlungsplanung, wie Oettinger betont. Wenn es regnet und kalt ist, ich deshalb keine Lust zum
Laufen habe und es mir lieber zu Hause auf dem Sofa gemütlich
mache, dann ist mir in der Regel auch bewusst, dass der „innere
Schweinehund" die Kontrolle übernommen hat. Hier helfen auch
die vielen gut gemeinten Ratschläge von außen nicht, die mir ohne-
hin bereits bekannt sind. Mit WOOP ist es jedoch möglich, den inneren Schweinehund zu überlisten.

Der Wunsch „Freude beim Laufen erleben" umfasst ganz unterschiedliche Rahmenbedingungen des Laufens, wie in der Geschichte von Eva deutlich wurde. Am Beispiel „Laufen bei widrigem
Wetter" lädt WOOP ein, sich auf eine Phantasiereise zum Thema
„Freude beim Laufen bei Regen und Kälte" zu begeben. Die Rahmenbedingungen könnten die folgenden sein: Eva hatte sich vorgenommen, nach der Arbeit zu laufen, aber es regnet schon den ganzen Tag, es ist kalt, und sie hat deshalb keine Lust zum Laufen. Das
Haupthindernis ist also auf den ersten Blick das Wetter. In ihrer
Pause bei der Arbeit findet sie die Zeit für eine WOOP Übung. Es

dauert nicht lange und ihre Vorstellung bietet ihr verschiedene schöne Erinnerungen an: ein langer Spaziergang im Urlaub am Meer bei Regen und Wind, das Erlebnis von schäumenden Wellen und rauer Natur. Ein Fußballspiel ihres Sohnes Moritz bei strömendem Regen, das er und seine Mannschaft gewonnen haben. Wie er durchnässt, durchfroren, dreckig bis über die Ohren aber überglücklich nach Hause kam. Momente aus ihrer Kindheit, als sie gemeinsam mit anderen Kindern im Regen spielte und die Faszination verschiedener Pfützen entdeckte. Sie denkt daran, dass ihre Form sich gerade so gut entwickelt und es schade wäre, wenn sie ihr Training jetzt vernachlässigen würde. Auch die Aussicht auf eine weitere Verbesserung ihrer Werte in der Laufampel ist verlockend. Das Laufen würde der ermüdenden Gleichförmigkeit ihres heutigen Tages einen belebenden Akzent entgegensetzen. All diese Vorstellungen machen sie neugierig auf das Laufen bei Regen. Als bestes Ergebnis wählt sie: „meine Fitness halten und verbessern".

Die Hindernisse hingegen sind unübersehbar. Schon die Vorstellung durchnässter Kleidung auf der Haut bei niedrigen Temperaturen lässt sie frösteln. Ihre Sporttasche, die im Kofferraum ihres Autos liegt, hat sie vor zwei Tagen gepackt, als die Wetterentwicklung noch recht günstig schien. Alle Kleidungsstücke in der Tasche sind aber für das heutige Wetter ungeeignet. Und bei genauerem Nachdenken hat sie für ein solches Wetter keine wirklich geeignete Kleidung in ihrer Kollektion. Heute zu laufen, mit der Kleidung aus ihrer Tasche, wäre die Garantie für nasses Frieren, womöglich mit einer Erkältung als Gratiszugabe. „Nein danke!", ist ihre klare Antwort. Die Idee für einen Plan zur Überwindung des Hindernisses folgt auf dem Fuße. Es ist die Binsenweisheit, dass es kein schlechtes Wetter gibt, sondern nur die falsche Kleidung. „Ich muss mir die passende Laufkleidung kaufen!", fällt es ihr wie Schuppen von den Augen. Die Aussicht auf dieses Shoppingvergnügen beflügelt sie. Sie macht Nägel mit Köpfen und beschließt, statt heute zu laufen, die Zeit für einen ausgiebigen Stadtbummel zum Kauf von wetterfester Laufkleidung zu nutzen. „So werde ich dann für alle Fälle gerüstet sein!", rundet sie ihren Plan ab. Zum Abschluss schreibt sie die Zusammenfassung ihres WOOP Ergebnisses auf eine Karteikarte.

WOOP für kurz- und mittelfristige Anpassungen der Wunscherfüllung:

- Wunsch: Freude beim Laufen im Regen finden,
- schönstes Ergebnis: Meine Fitness bewahren und verbessern,
- Hindernis: durchnässt und durchgefroren sein,
- Plan: wetterfeste Laufkleidung kaufen,
- Durchführungsintention: Wenn ich meine Sporttasche für mein Lauftraining vorbereite, dann prüfe ich das Wetter und packe im Zweifel zusätzlich wetterfeste Kleidung ein.

Nun wirkt diese Lösung in ihrer Zusammenfassung nicht besonders spektakulär. Die Angelegenheit könnte auch mit einem einfachen Ratschlag erledigt sein. Beispielsweise hätte Eva zu einer Arbeitskollegin sagen können, dass sie heute eigentlich laufen wollte, aber wegen des Wetters keine Lust dazu hat. Die Kollegin hätte vielleicht mit dem Spruch geantwortet, dass es kein schlechtes Wetter gibt, sondern nur die falsche Kleidung. Es ist möglich, dass Eva diesen Ratschlag angenommen und umgesetzt hätte. Wahrscheinlich hätte sie aber mit einem trockenen „ja, ja" geantwortet und bei sich selbst gedacht: „Danke für den tollen Ratschlag, aber das weiß ich auch selbst!". Das Laufvorhaben wäre für heute gestrichen worden, und sie hätte die Zeit auf der Couch verbracht, weil der Lösung die Verknüpfung mit dem Wunsch und dem inneren Hindernis fehlt. Der Weg hingegen, auf dem WOOP zum Ziel führt, veranschaulicht im Beispiel des Laufens bei Regen, wie intuitive, assoziative und rationale Prozesse der Informationsverarbeitung ineinandergreifen und zum Erfolg führen. Die Lösungen sind oft so effizient wie unspektakulär. Der weite Weg zum fernen Ziel löst sich eben stets in kleinen Schritten auf.

Zum Abschluss noch ein weiteres WOOP Beispiel zu Michael als Vertreter der ambitionierten Läufer. Bei einer WOOP Übung kam ihm der Wunsch „mich ausruhen" in den Sinn. Er fühlte sich etwas müde, abgeschlagen und lustlos. Irgendwie fehlte ihm heute der Schwung. Der Wunsch entsprang also einem Bedürfnis. Das schönste Ergebnis lag nahe: mich frisch, erholt und ausgeschlafen fühlen. Davor stand jedoch das Hindernis in Form seines Trainingsplanes, der für den heutigen Tag eine Tempoeinheit vorsah. Und hinter dem Trainingsplan stand sein Ziel einer neuen Bestzeit im Marathon. Er denkt: „Wenn ich mich nicht an den Trainingsplan halte, wird es auch mit meiner Bestzeit nichts. Wer sportlichen Erfolg haben will, muss sich auch quälen können. Von nichts kommt nichts!" Diese Gedanken waren der Türöffner zum wahren inneren Hindernis: „Aha, ich bin dabei, mich zu überfordern!" Das letzte Ergebnis der Laufampel kam ihm in den Sinn. Es stimmte ihn missmutig, dass der Test trotz umfangreichen Trainings keinen Fortschritt anzeigte, sondern eine Stagnation. Nach einem Plan für die Überwindung des Hindernisses brauchte er nicht mehr zu suchen, denn er hatte ihn bereits in der Tasche. Das aktuelle WOOP Ergebnis knüpfte an die Durchführungsintention seines ursprünglichen und langfristigen WOOP Ergebnisses an und war die Anpassung an die Erfordernisse der momentanen Situation.

Langfristiges WOOP Ergebnis:

- Wunsch: Eine neue persönliche Bestzeit im Marathon,
- schönstes Ergebnis: das stolze Gefühl des Sieges,
- Hindernis: mich im Training überfordern,
- Plan: rechtzeitige und hinreichende Erholungsphasen im Training,
- Durchführungsintention: wenn Anzeichen der Ermüdung und Laufampel orange dann ausreichende Erholungsphase.

Kurzfristiges WOOP Ergebnis mit Anpassung an die aktuellen Gegebenheiten:

- Wunsch: mich ausruhen,
- schönstes Ergebnis: mich frisch, erholt und ausgeschlafen fühlen,
- Hindernis: der Trainingsplan,
- Plan: rechtzeitige und hinreichende Erholungsphasen im Training,
- Durchführungsintention: wenn Anzeichen der Ermüdung und Laufampel orange, dann ausreichende Erholungsphase.

Das Beispiel zeigt, wie zwei unterschiedliche Ziele, trainieren und ruhen, sich gegenseitig behindern aber auch ergänzen können. Die sportlichen Ambitionen werden vom Streben nach persönlichem Erfolg und Selbstbestätigung motiviert. Sie stehen im Dienst des Selbstwertes. Der Wunsch nach Ausruhen und Erholung wird durch die unmittelbare Steuerung grundlegender Bedürfnisse motiviert. Er steht im Dienst der Gesundheit. Erfolgreiches Handeln verlangt die Auflösung dieses Konfliktes und die geschickte Kombination beider Ziele; denn übertriebener Ehrgeiz schadet der Gesundheit und letztlich dem sportlichen Erfolg. Die angemessene Beachtung der regenerativen Bedürfnisse nutzt der Gesundheit und ist die Voraussetzung nachhaltigen sportlichen Erfolges. Hier zeigt sich, wie die Beachtung der eigenen Gesundheit als natürliches Korrektiv für andere Verhaltensbereiche des Lebens wirkt und vor Übertreibungen schützen kann. Erfolgreiches Training basiert auf der Balance von Beanspruchung und Erholung. Dafür ist es erforderlich, ein Gespür für die Signale des Körpers zu entwickeln und diese Informationen für eine kluge Trainingsplanung zu nutzen. Die Laufampel gibt hier nützliche Hilfestellungen. WOOP unterstützt bei der Ausrichtung und Planung erfolgreichen Handelns.

10 Gebrauchsanleitung für die Laufampel

In diesem Kapitel steht die praktische Anwendung der Laufampel im Mittelpunkt. Es werden detaillierte Anleitungen gegeben, wie der Laufampeltest durchgeführt, ausgewertet und interpretiert wird. Es wird Schritt für Schritt gezeigt, wie im Sinne des Smart Running der Gewinn für Gesundheit, Fitness und sportlichen Erfolg optimiert werden kann. Dies Kapitel ist die Fortsetzung von Kapitel 2, in dem die Laufampel in ihrer Zielsetzung und Konzeption vorgestellt wurde.

Zunächst wird die Durchführung des Tests in allen Details beschrieben. Das besondere Augenmerk liegt auf den Maßnahmen, die erforderlich sind, um präzise Messungen von Herzfrequenz und Puls zu erhalten. Dabei werden die typischen Störfaktoren beschrieben, die zu Messfehlern führen können. Die erhobenen Messwerte können auf einfache Weise mit einem Programm zur Tabellenkalkulation, wie es sich auf nahezu jedem PC findet, ausgewertet und graphisch dargestellt werden. Die Erstellung einer solchen Vorlage wird eingehend beschrieben. In Kapitel 4 wurde bereits ausführlich erläutert, wie die Testergebnisse interpretiert werden. Anhand von vier Beispielen wurde dort der praktische Nutzen der Laufampel für die Steuerung des Lauftrainings anschaulich dargestellt.

10.1 Durchführung des Tests

Der Test ist sehr sensitiv gegenüber Veränderungen der Fitness und bildet sie in einer hohen Auflösung ab. Seine Sensitivität erfordert aber auch eine entsprechende Sorgfalt bei der Durchführung der Messungen, damit das Ergebnis nicht durch Störfaktoren verfälscht wird. Für den Laufampeltest gilt die grundsätzliche Regel aller Tests: Die Rahmenbedingungen müssen so konstant wie möglich gehalten werden. Zu den Rahmbedingungen zählen vor allem die Teststrecke, das Lauftempo, die Temperatur und die Streckenverhältnisse. Wenn die folgenden Regeln für die Durchführung des

Tests beachtet werden, liefert der Test präzise und verlässliche Ergebnisse.

- Der Test kann in das übliche Training integriert werden und verursacht dadurch keine weiteren Umstände. Einlaufen und Test beanspruchen zusammen etwa 30 bis 35 Minuten. Mit seiner Dauer und Belastung ist der Tests bereits eine Trainingseinheit im Rahmen des Gesundheitstrainings.
- Ambitionierte Läufer können den Test an den Anfang einer längeren oder intensiveren Trainingseinheit stellen, aber keinesfalls an das Ende. In diesem Fall würde vor allem die Ermüdung durch die vorhergehende Belastung gemessen.
- Vor dem Test findet ein zehn minütiges langsames bis lockeres Einlaufen statt.
- <u>Der Test wird stets auf einer fest definierten Strecke durchgeführt, die immer dieselbe bleibt und durch einen festen Anfangs- und Endpunkt markiert ist.</u>
- Das Gleiche gilt für die Einlaufphase. Die Strecke des langsamen bis lockeren Einlaufens führt über eine Dauer von 10 Minuten zum Startpunkt der Teststrecke. Am Ende der Einlaufphase wird eine Gehpause von etwa einer halben Minute eingelegt, in der der Puls noch einmal deutlich absinkt. Dann wird der Test gestartet.
- Die Teststrecke sollte so lang sein, dass man für sie im lockeren Lauftempo etwa 20 bis 25 Minuten benötigt.
- Sie sollte ein flüssiges Laufen gewährleisten (möglichst flach, keine größeren Steigungen, Gefälle oder unwegsame Passagen).
- <u>Die Teststrecke wird im gleichmäßigen lockeren Tempo gelaufen.</u> Dies entspricht in etwa einer mittleren Herzfrequenz von 75% der maximalen Herzfrequenz.
- Für die Teststrecke werden zwischen Anfangs- und Endpunkt <u>die Zeit (Minuten u. Sekunden) und die durchschnittliche Herzfrequenz</u> gemessen.

- Die Pulsmessung muss mit einem Brustgurt durchgeführt werden. Andere Verfahren z.B. mittels Fotosensor sind für diese Anwendung noch zu ungenau.
- Besondere Sorgfalt gilt dem störungsfreien elektrischen Kontakt des Brustgurtes zur Haut: Auf die Elektroden des Brustgurtes wird Elektrodengel aufgetragen. Die Haut muss frei von fettenden Substanzen wie z.B. Körperlotion sein. Der Brustgurt muss eng anliegen.
- Der Test wird einmal pro Woche durchgeführt, entsprechend liegt zwischen den Tests etwa eine Woche.
- Für den Test sollte man einigermaßen ausgeruht sein, also nicht direkt am Tag nach einer belastenden Trainingseinheit.
- Die Kleidung sollte so leicht sein, dass sie keinen Wärmestau verursacht und ein Temperaturempfinden von leicht kühl bis angenehm gewährleistet.
- Bei hoher Lufttemperatur wird der Test an Tageszeiten (z.B. früh am Morgen) mit angenehmen Temperaturen durchgeführt.
- Vor dem Test sollten keine den Kreislauf anregenden Substanzen wie z.B. Kaffee konsumiert werden.

Präzise Ergebnisse durch sorgfältige Messungen

Zum besseren Verständnis werden im Folgenden die typischen Fehlerquellen bei der Messung noch einmal genauer beschrieben, damit sie besser erkannt und folglich auch effektiv kontrolliert werden können. Zu den typischen Fehlerquellen zählen große Veränderungen des Lauftempos, technische Probleme, Wärmestau, kreislaufanregende Substanzen und schlechte Streckenverhältnisse. Einen Sonderfall stellen unerwartet hohe Abweichungen der Testergebnisse dar, wenn sie eine Folge latenter Infekte sind, da sie leicht mit einem Messfehler verwechselt werden können.

Lauftempo

Der Test wird in einem gleichmäßigen und lockeren Tempo gelaufen. Dies entspricht in etwa einer Herzfrequenz von im Mittel 75% der maximalen Herzfrequenz. Das Tempo wird über die gesamte Strecke, aber auch von Test zu Test, möglichst konstant beibehalten. Wer bei dem einen Test rennt, bei dem nächsten schleicht und beim übernächsten locker läuft, wird wenig aussagekräftige Ergebnisse bekommen. Oder wer auf der Teststrecke Steigerungsläufe mit Gehpausen absolviert bekommt auch kein brauchbares Testergebnis. Entscheidend ist das subjektive Tempogefühl oder Belastungsgefühl, dass jeder Läufer relativ rasch entwickelt. Mit zunehmender Fitness wird sich das objektiv gemessene Tempo bei etwa gleichbleibendem Puls erhöhen; das subjektive Gefühl für Tempo und Belastung mag sich hingegen wenig verändern. Es ist wichtig, das subjektive Belastungsgefühl des Lauftempos bei den Testläufen so konstant wie möglich zu halten. Die auf der Pulsuhr angezeigte Herzfrequenz von etwa 75% der maximalen Herzfrequenz dient dabei der Kontrolle.

Technische Probleme

Die technischen Probleme konzentrierten sich vor allem auf die Messung der Herzfrequenz. Der Kontakt zwischen Brustgurt und Haut kann durch mangelnde Feuchtigkeit oder einen Fettfilm auf der Haut (z.B. Körperlotion) beeinträchtigt sein. Gleiches gilt für einen zu locker oder falsch platzierten Brustgurt. Bei einem zu alten Brustgurt können die Elektroden verschlissen sein. Eine weitere Fehlerquelle sind schwache Batterien in der Pulsuhr oder im Brustgurt. Diese Fehler fallen in der Regel schnell auf. Sie manifestieren sich in Form von Aussetzern beim Messen der Herzfrequenz oder kurzfristigen sehr hohen Ausschlägen der Herzfrequenz, die in dem Moment weder zur Belastung noch zum Körperempfinden passen. Sehr zu empfehlen ist es, ein Elektrodengel auf die Kontakte des Brustgurtes aufzutragen, wie es bei EKG Messungen üblich ist. Das Elektrodengel bekommt man in der Apotheke.

Art der Pulsmessung

Für die Messung eignen sich nur Pulsuhren, die den Puls mit einem Brustgurt messen. Andere Messverfahren, die den Puls über Fotosensoren am Handgelenk oder Oberarm messen, sind nicht geeignet. Fotosensoren haben sich in Untersuchungen als zu ungenau und zu störanfällig erwiesen. Besonders in Bewegung kommt es bei ihnen zu häufigen Aussetzern der Herzfrequenzmessung. Diese Lücken in der Messung füllt die Pulsuhr dann mit Schätzwerten. Damit wird eine Messgenauigkeit vorgegaukelt, die in der Realität nicht existiert. Für andere Anwendungen mögen diese Ungenauigkeiten tolerabel sein, jedoch nicht für den Laufampeltest. Es ist durchaus möglich, dass die Kinderkrankheiten der Fotosensoren durch den technischen Fortschritt in absehbarer Zeit beseitigt werden. Bis dahin sollte dieser Aspekt beachtet werden.

Wärmestau und kreislaufanregende Substanzen

Faktoren, die die Herzfrequenz beeinflussen, können das Testergebnis verfälschen. Dazu gehören vor allem Wärmestau und Substanzen, die den Kreislauf anregen. Wärmestau entsteht durch hohe Lufttemperaturen oder zu dicke Kleidung. Durch die in der Anleitung beschriebenen Maßnahmen wird für den Test ein angenehmes Temperaturempfinden gewährleistet, für das die Regel gilt: lieber etwas zu kühl als zu warm. Wird anschließend eine längere Einheit bei kühlen Temperaturen gelaufen, kann man eine weitere Kleidungsschicht zum Überziehen nach dem Test mitnehmen. Unter den kreislaufanregenden Substanzen wird Kaffee wohl der häufigste Fall sein. Zwischen seinem Konsum und dem Test sollten einige Stunden Abstand liegen. Es braucht etwa acht Stunden, bis das Koffein im Kaffee vom Stoffwechsel abgebaut wurde und nicht mehr im Körper wirksam ist.

Schlechte Streckenverhältnisse

Es erklärt sich von selbst, dass schlechte Streckenverhältnisse wie Schnee, Eis, starker Gegenwind oder aufgeweichter Boden das Testergebnis verfälschen.

Latente Infekte als vermeintliche Fehlmessung

Neben den bereits aufgeführten Fehlerquellen haben auch Infekte einen erheblichen Einfluss auf das Testergebnis. Infekte zählen aber nicht zu den Fehlerquellen, sondern sind ganz im Sinne der Laufampel Warnzeichen, die einen Trainingsstopp nahelegen, um die in Kapitel 2 beschriebenen Risiken zu vermeiden. Bei Infekten, die den Läufer zumeist in Form von Erkältungen oder grippalen Infekten heimsuchen, kommt es in der Prodromalphase zu einer erhöhten Auslenkung der Herzfrequenz unter körperlicher Belastung. In dieser Phase treten noch keine oder kaum spürbare Symptome auf. Wird der Test in dieser Phase durchgeführt, ergeben sich ungewöhnlich schlechte Werte der Laufeffizienz, als Folge des erhöhten Durchschnittspulses. Können Messfehler weitgehend ausgeschlossen werden, sollten belastende Trainingseinheiten vermieden und die Signale des Körpers aufmerksam beachtet werden. Während eines Infektes gilt die Regel des absoluten Trainingsstopps. Training bei Infekten führt zu nichts Gutem: Man geht unkalkulierbare gesundheitliche Risiken ein, schadet dem Formaufbau und der Gesundheit. Das Training kann wieder aufgenommen werden, wenn alle Symptome abgeklungen sind. Die ersten Trainingseinheiten sollten eine kurze Dauer und niedrige Belastung haben. In dieser Phase ist es wichtig, die Reaktionen des Körpers auf die Belastung genau zu beobachten. Auch wenn die Symptome des Infektes abgeklungen sind, braucht der Körper noch Zeit, um sich von dem Infekt zu erholen. Bei gutem Körpergefühl kann die Trainingsbelastung dann von Einheit zu Einheit behutsam gesteigert werden. Die Begleitung dieser Phase mit Laufampelmessungen vermittelt ein gutes Verständnis von Infektverläufen und deren Auswirkungen auf den Körper.

10.2 Auswertung der Testdaten

Die Testdaten können mit einem Programm zur Tabellenkalkulation sehr einfach ausgewertet werden. Solche Programme finden sich auf nahezu jedem PC. Am Beispiel von Excel wird im Folgenden beschrieben, wie eine solche Auswertungstabelle aufgebaut und gehandhabt wird. Die Anweisungen sind so gestaltet, dass für die Erstellung der Tabelle Grundkenntnisse in Excel ausreichen. Da alle üblichen Programme zur Tabellenkalkulation ähnlich aufgebaut sind, lassen sich die Anweisungen leicht an diese Programme anpassen. Wer mit Excel nicht vertraut ist, findet sicher im Familien- oder Bekanntenkreis jemanden, der ihm behilflich ist.

Eine Excel Vorlage mit fertiger Auswertungstabelle kann über die unten genannte Internetseite bezogen werden. Gleichwohl wird empfohlen, die hier beschriebene Tabellenerstellung Schritt für Schritt nachzuvollziehen. In der Tabelle gibt es einige Tücken und Eigenarten von Excel, die man kennen sollte, um keine falschen Auswertungen zu bekommen. Letztlich sind diese Schwierigkeiten aber gut überschaubar.

www.smart-running.de

Die folgende Abbildung zeigt den Aufbau der Tabelle. Nachstehend werden die einzelnen Schritte ihrer Erstellung beschrieben:

	Kalenderwoche (KW)	Datum	Zeit Teststrecke	Zeit dezimal	Puls Teststrecke	Laufeffizienz (LE)	Superkompensation (SK)		Kommentar
				Gewichtungsfaktor:	5,65				
1	06.01.2017	0:25:00	25,00	140	281,2			
2	13.01.2017	0:24:40	24,67	141	280,3			
3	20.01.2017	0:24:10	24,17	143	279,5			
4	27.01.2017	0:25:10	25,17	135	277,1	13,0	1	
5								
6								
7								
8								
9								
10								

Abb. 9: Aufbau der Auswertungstabelle zur Laufampel

Die Tabelle Schritt für Schritt:

- Die Datei wird für jeweils ein Jahr angelegt.
- In Spalte A wird die laufende Kalenderwoche eingetragen.
- In Spalte B wird das Datum des Tests in der entsprechenden Kalenderwoche eingetragen.
- In Spalte C wird die Zeit für die Teststrecke eingetragen. Die Zellformatierung wird hier auf das Format Uhrzeit mit „Stunden:Minuten:Sekunden" eingestellt oder unter Benutzerdefiniert auf „Minuten:Sekunden" (mm:ss). Zu beachten ist, dass ein von Veränderungen unabhängiges Zeitformat gewählt wird (z.B. Sommer- und Winterzeit).
- Zur weiteren Berechnung muss das Zeitformat in Spalte D in das Dezimalformat umgerechnet werden. Die Formel lautet: „= C4*1440"; Zellformat = Zahl mit zwei Stellen hinter dem Komma.
- In Spalte F wird der Durchschnittspuls für die Teststrecke eingetragen.

196

- In Zelle F1 wird die Formel für den Gewichtungsfaktor eingetragen:
  „=MITTELWERT(E4:E56)/MITTELWERT(D4:D56)"; Zellformat mit einer Stelle hinter dem Komma.
- In Zelle F4 wird die Formel für die Laufeffizienz (LE) eingetragen: „=D4*F1+E4" (der Bezug zur Zelle des Gewichtungsfaktors muss in Excel von einem relativen in einen absoluten umgewandelt werden, damit beim Kopieren mit dem Drag & Drop Befehl der Bezug zur Zelle F1 erhalten bleibt. Dies wird mit den $ Zeichen erreicht).
- In Zelle G7 wird die Formel für die Superkompensation (SK) eingetragen:
  „=(F4-F5)+(F4-F6)+(F4-F7)+(F5-F6)+(F5-F7)+(F6-F7)"; Zellformat mit einer Stelle hinter dem Komma. Die Formel wird aber erst eingetragen, wenn in allen Bezugszellen F4 bis F7 Daten eingetragen wurden, da sonst ein unsinniges Ergebnis ausgegeben wird.
- In Spalte H und I werden Kommentare für die entsprechende Trainingswoche vermerkt, die zum besseren Verständnis der Werte beitragen. In Spalte H wird die Nummer der Trainingsempfehlung aus der Ampelphasentabelle (siehe Anhang) mit der entsprechenden Farbmarkierung dem Wert der Superkompensation zugeordnet. In Spalte I werden Informationen zur Trainingsdosierung, zum subjektiven Befinden, zu besonderen Belastungen (Wettkämpfe), Krankheit usw. vermerkt.
- Wenn innerhalb der letzten vier Kalenderwochen in einer Woche kein Test durchgeführt wurde, dann werden die vier Werte der Laufeffizienz (LE) der letzten fünf Wochen zur Berechnung der Superkompensation (SK) verwendet.
- Wenn in den letzten vier Kalenderwochen in zwei oder mehr Wochen kein Test durchgeführt wurde, bleibt die Zelle von SK leer. Eine Berechnung von SK ist in diesem Fall weder möglich noch sinnvoll. SK kann erst dann wieder berechnet werden, wenn in mindestens vier von fünf aufeinanderfolgenden Wochen Testwerte erhoben wurden. Bei

der Berechnung von SK muss darauf geachtet werden, dass alle vier Zellen, auf die sich die Formel bezieht, Werte aufweisen (siehe Hinweise unter „Handhabung der Tabelle").

- In Wochen, in denen kein Test durchgeführt wurde, werden nur die Nummer der Kalenderwoche und ggf. ein Kommentar vermerkt. Alle anderen Zellen der Zeile bleiben leer. In ihnen dürfen keine Zahlen und keine Formeln stehen.

Handhabung der Tabelle

Die Excel Tabelle hat das grundsätzliche Problem, dass sich die Formeln auf Zellen beziehen können, die keine Werte aufweisen. Dazu kommt es, wenn in einzelnen Kalenderwochen kein Test durchgeführt wurde, oder die Kalenderwochen in der Zukunft liegen. Dies kann zu Problemen und falschen Ergebnissen führen. Das Problem ließe sich in Excel mithilfe logischer Funktionen lösen, die aber höhere Ansprüche an den Anwender stellen. Die hier vorgeschlagene Lösung soll den Programmieraufwand so überschaubar halten, dass auch Excel Anfänger damit zurechtkommen. Die Lösung ist zwar etwas umständlicher, führt aber zu mehr Transparenz. Dafür sind zwei Vorgänge wichtig: 1. Die Überprüfung der Zellen, auf die sich die Formeln beziehen. 2. Das Kopieren der Formeln in andere Zellen.

Mit einem Doppelklick auf eine Zelle, in die eine Formel eingetragen wurde, werden die Formel und alle Zellen farbig umrandet dargestellt, auf die sich die Formel bezieht. So lässt sich einfach überprüfen, ob in den Zellen, auf die sich die Formel bezieht, Testwerte stehen oder nicht.

198

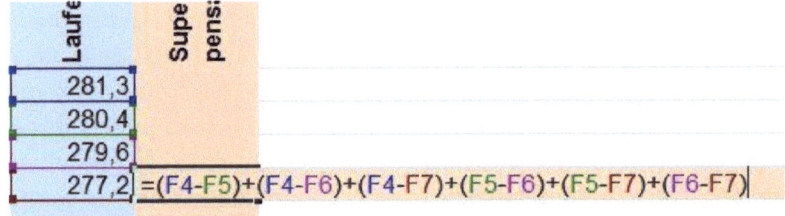

Laufe	Supe pens
281,3	
280,4	
279,6	
277,2	=(F4-F5)+(F4-F6)+(F4-F7)+(F5-F6)+(F5-F7)+(F6-F7)

Abb. 10: Ein Doppelklick auf die Zelle G7 der Tabelle in Abb. 9 zeigt die Formel und ihre Zellbezüge

Mit dem Drag & Drop Befehl wird eine Formel in die nächste Zelle kopiert: Die Zelle wird mit der Maus angeklickt, der Cursor auf die rechte untere Ecke auf das kleine Quadrat bewegt, bis ein Pluszeichen erscheint, dann die linke Maustaste drücken und festhalten, in die Zelle darunter ziehen und loslassen oder über mehrere Zellen ziehen, falls bis zu den nächsten Testwerten Wochen zu überbrücken sind. Aus den Zellen von Wochen ohne Testwerte werden die Formeln wieder gelöscht.

Lau		La		La
281,2		281,2		281,2
280,3		280,3		280,3
279,5		279,5		279,5
				277,1

Abb. 11: Kopieren einer Formel mit dem Drag & Drop Befehl in die nächste Zelle.

Bis auf eine Ausnahme werden Formeln nur in Zellen eingetragen, wenn in ihre Bezugszellen Testwerte eingetragen oder berechnet wurden. Wenn über den Drag & Drop Befehl Formeln in Zeilen kopiert wurden, die keine Testwerte aufweisen, werden sie hier wieder gelöscht. Ebenso dürfen keine Formeln in Zeilen kopiert werden, deren Kalenderwochen in der Zukunft liegen.

Die Ausnahme betrifft die Formel für den Gewichtungsfaktor, die in Zelle F1 eingetragen wurde. Ein Doppelklick auf diese Zelle lässt zwei farbige Umrandungen der Spalten D und E mit ihren Zellen von Nr. 4 – 56 erscheinen, also über alle Kalenderwochen des Jahres. Für die Berechnung der Mittelwerte berücksichtigt Excel nur Zellen, in denen Werte eingetragen oder berechnet wurden. In der Spalte D wird der Wert mit der Formel für die Umrechnung des Zeitwertes in einen Dezimalwert erzeugt. In der Spalte E wird der Wert des Durchschnittspulses per Hand eingetragen. Solange im ganzen Bereich nur Testwerte eingetragen wurden und alle anderen Zellen leer bleiben (auch keine null), ist alles in Ordnung. Man spart sich also Arbeit, wenn man die Formel für den Gewichtungsfaktor direkt für den Wertebereich des ganzen Jahres definiert. Würde man aber mit der Formel für die Berechnung der Dezimalzeit ähnlich verfahren und sie ab der ersten Woche mit dem Drag & Drop Befehl in alle 52 Zellen der Spalte D kopieren, würde in diesen Zellen der Wert null erscheinen. Die Folge wäre ein unsinniger Gewichtungsfaktor, der alle Werte von LE und SK grob verfälschen und unbrauchbar machen würde.

Falsche Werte der Superkompensation entstehen, wenn in den vier Bezugszellen der Formel teilweise keine Werte der Laufeffizienz berechnet wurden. Die leere Zelle würde dann so gewertet, als ob in ihr der Wert null stünde. Die Formel würde dann unsinnig große Abweichungen berechnen. Wie in der Beispieltabelle in Abb. 9 gezeigt, wird die Formel für SK in der Spalte G erstmalig in die vierte Zeile von vier aufeinanderfolgenden Testwerten von LE eingetragen. Die drei vorhergehenden Zellen bleiben leer.

Etwas knifflig wird es, wenn in einer Woche kein Test durchführt wird und die im Abschnitt „Aufbau der Tabelle" beschriebene Regel angewendet wird, dass in diesem Fall die vier Werte von LE der letzten fünf Wochen verwendet werden. Dafür müssen die Zellbezüge der Formel von SK verändert werden. Würde man sie unverändert kopieren, würde Excel den fehlenden Wert von LE durch null ersetzen. Es würden unsinnige Werte von SK berechnet (in der

Abbildung 274,7) solange der fehlende Wert im Zellbezug der Formel auftaucht, wie der abgebildete Tabellenausschnitt zeigt.

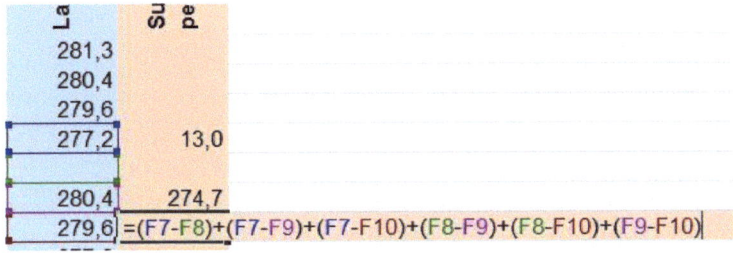

Abb. 12: Falscher Zellbezug der Formel durch fehlenden Wert.

Wenn die Zellbezüge der Formel wie im nächsten Tabellenausschnitt angepasst werden, tritt der Fehler nicht mehr auf.

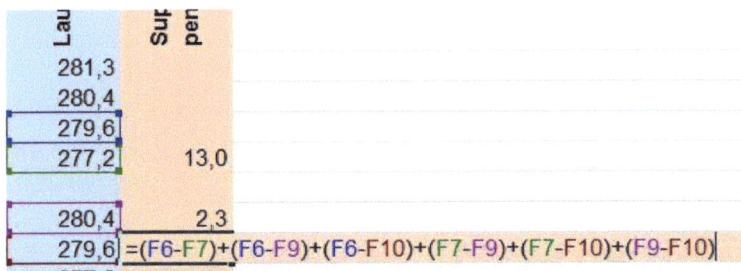

Abb. 13: Korrigierter Zellbezug der Formel zur Berechnung der Superkompensation.

Die so veränderte Formel kann dann aber nicht einfach per Drag & Drop Befehl weiter kopiert werden, sondern muss für jeden neuen SK Wert angepasst werden, bis wieder vier aufeinanderfolgende Werte von LE in der Tabelle stehen.

Hier bieten sich zwei Möglichkeiten an. In der ersten Variante wird die Formel mit den passenden Zellbezügen für jeden weiteren SK Wert neu geschrieben. Mit der zweiten Variante kann man sich diese umständliche Schreibarbeit sparen. Der Trick besteht darin, die Leerzeile zu löschen und sie später wieder einzufügen. Dies funktioniert so:

- Den Cursor auf die Zeilennummer der Kalenderwoche ohne Test bewegen, die rechte Maustaste drücken, im erscheinenden Menü Zellen löschen wählen, die Zeile wird gelöscht.
- In der nächsten Woche die neuen Testdaten eintragen und mit dem Drag & Drop Befehl die Formel für SK in die Zeile kopieren.
- Aber Achtung! Die gelöschte Zeile kann erst nach vier Wochen mit Testwerten wieder eingefügt werden, wenn die fehlende Kalenderwoche beim Kopieren nicht mehr in den Zellbezügen der SK Formel auftaucht. Das Einfügen der fehlenden Zeile ist sinnvoll, um die Kontinuität in der Darstellung der Kalenderwochen zu wahren.
- Dafür mit dem Cursor wieder auf die Zeilennummer nach der gelöschten Kalenderwoche gehen, Rechtsklick, im Menü Zellen einfügen wählen, die Zeile wird eingefügt, dann noch die Nummer der Kalenderwoche in Spalte A der neuen Zeile ergänzen, alle anderen Zellen der Zeile bleiben leer.
- Ein Doppelklick auf die Zellen von SK, die einen Bezug zur wieder eingefügten Kalenderwoche haben, zeigt, dass Excel eine automatische Anpassung der Zellbezüge der Formel vorgenommen hat.

Zu Irritationen mag die Beobachtung führen, dass sich mit jedem Satz neuer Testwerte die bisherigen Werte der Laufeffizienz und der Superkompensation in der Tabelle geringfügig verändern. Dies liegt daran, dass für die Berechnung des Gewichtungsfaktors die Mittelwerte aller Daten von Zeit und Puls berücksichtigt werden. Mit jeder neuen Messung kommt ein Wert hinzu und verändert den Mittelwert etwas. Mit zunehmender Datenmenge stabilisiert sich der Mittelwert und gibt eine immer exaktere Schätzung der

Gleichgewichtung von Zeit und Puls ab. Der sich verändernde Gewichtungsfaktor hat natürlich einen rückwirkenden Einfluss auf alle bisher berechneten Werte von Laufeffizienz und Superkompensation. Die Werte von LE und SK bleiben in ihrem Verhältnis aber gleich.

Die Tabelle der Testwerte zur Laufampel umfasst in der Regel den Zeitraum eines Jahres. Sollen Testwerte aus mehreren Jahren verglichen werden, muss eine Tabelle über den entsprechenden Zeitraum angelegt werden. Der Grund hierfür ist der Gewichtungsfaktor. Er wird aus allen Werten berechnet, die miteinander verglichen werden sollen. Es können also nur Werte der Laufeffizienz und der Superkompensation verglichen werden, deren Gewichtungsfaktor identisch ist. Werte aus verschiedenen Jahren und verschiedenen Tabellen haben in der Regel auch unterschiedliche Gewichtungsfaktoren und können daher nicht miteinander verglichen werden. Der Vergleich wird aber möglich, wenn alle Werte in einer Tabelle zusammengeführt werden. Auf diesem Weg kann die Entwicklung der Fitness über einen langen Zeitraum analysiert werden.

Graphische Darstellung der Ergebnisse

Zur besseren Übersicht und Interpretation der Ergebnisse ist es sinnvoll, die Ergebnisse graphisch darzustellen. Beispiele für die graphische Darstellung der Ergebnisse finden sich im Kapitel 4.

Eine Graphik der Laufeffizienz wird in den folgenden Schritten erstellt:

- Von der Beispieltabelle in Abb. 9 ausgehend wird Spalte F von Zelle 4-55 markiert (KW 1-52); im Menü Einfügen bei Diagramme unter Säule gruppierte Säule auswählen; es erscheint die Graphik in der Tabelle.
- Nun die Graphik in ein eigenes Blatt verschieben: Diagramm markieren, unter Entwurf Diagramm verschieben

auswählen, im sich öffnenden Fenster neues Blatt auswählen, Diagrammtitel „Laufeffizienz" eingeben.

- Das Blatt mit der Graphik kann innerhalb der Mappe verschoben werden: mit dem Cursor unten auf den Blattnahmen gehen, rechte Maustaste drücken, verschieben/kopieren, dann den geeigneten Platz auswählen.
- Legende deaktivieren unter Layout, Legende, keine.
- Um die Veränderungen der Laufeffizienz und der Superkompensation visuell zu verdeutlichen, muss die Auflösung der Graphik noch verbessert werden: dazu mit dem Cursor auf die Y-Achse (Größenachse) gehen, rechte Maustaste drücken, im erscheinenden Menü Achse formatieren auswählen, unter Achsenoptionen können Werte für Festeinstellungen eingegeben werden.
- Zur besseren Auswertung können in das Diagramm noch Trendlinien eingefügte werden, wenn hinreichend Daten vorhanden sind: Diagramm anklicken, es erscheinen in der oberen Menüleiste drei weitere Optionen, hier unter Layout, Trendlinie, weitere Trendlinienoptionen auswählen. Der gleitende Durchschnitt mit drei oder vier Perioden vermittelt eine gute Übersicht der Formentwicklung.
- Unter den Menüpunkten in der oberen Leiste Entwurf, Layout und Format können nach Belieben verschiedene Möglichkeiten der Darstellung und der Formatierung ausgewählt werden.

Die Graphik der Superkompensation wird genauso wie die der Laufeffizienz erstellt, jedoch mit den Zellen der Spalte G.

11 Anhang

11.1 Literatur

Deutsche Gesellschaft für Sportmedizin und Prävention. (2007). S1 Leitlinie, Vorsorgeuntersuchung im Sport. DGSP.

Kindermann, W. (2004). Anaerobe Schwelle, Standards der Sportmedizin. Deutsche Zeitschrift für Sportmedizin, Jg. 55, Nr. 6, 161-162.

Oettinger, G. (2015). Die Psychologie des Gelingens. Pattloch

Schnohr, P. James, H. O'Keefe, J.H. Marott, J.L. Lange, P. Gorm B. & Jensen, G.J. (2015). Dose of Jogging and Long-Term Mortality. The Copenhagen City Heart Study. Journal of the American College of Cardiology, 65, 411-419.

Techniker Krankenkasse. (2013). Beweg dich, Deutschland! TK-Studie zum Bewegungsverhalten der Menschen in Deutschland. Hamburg: TK-Pressestelle.

Weineck, W. (2010). Sportbiologie. Balingen: Spitta Verlag.

Wittling, W. & Wittling, R.A. (2012). Herzschlagvariabilität: Frühwarnsystem, Stress- und Fitnessindikator. Heiligenstadt: Eichsfeld Verlag.

World Health Organisation. (2010). Global Recommendations on Physical Activity for Health. Geneva: WHO Press.

11.2 Übersichten

11.2.1 Testanleitung

11.2.2 Stufen der Trainingsdosierung

11.2.3 Ampelphasentabelle: die Signale der Laufampel und ihre Bedeutung

Testanleitung: Nähere Informationen finden sich in Kap. 10.

- Der Test kann in das übliche Training integriert werden und verursacht dadurch keine weiteren Umstände. Einlaufen und Test beanspruchen zusammen etwa 30 bis 35 Minuten. Mit seiner Dauer und Belastung ist der Tests bereits eine Trainingseinheit im Rahmen des Gesundheitstrainings.
- Ambitionierte Läufer können den Test an den Anfang einer längeren oder intensiveren Trainingseinheit stellen, aber keinesfalls an das Ende. In diesem Fall würde vor allem die Ermüdung durch die vorhergehende Belastung gemessen.
- Vor dem Test findet ein zehn minütiges langsames bis lockeres Einlaufen statt.
- Der Test wird stets auf einer fest definierten Strecke durchgeführt, die immer dieselbe bleibt und durch einen festen Anfangs- und Endpunkt markiert ist.
- Das Gleiche gilt für die Einlaufphase. Die Strecke des langsamen bis lockeren Einlaufens führt über eine Dauer von 10 Minuten zum Startpunkt der Teststrecke. Am Ende der Einlaufphase wird eine Gehpause von etwa einer halben Minute eingelegt, in der der Puls noch einmal deutlich absinkt. Dann wird der Test gestartet.
- Die Teststrecke sollte so lang sein, dass man für sie im lockeren Lauftempo etwa 20 bis 25 Minuten benötigt.
- Sie sollte ein flüssiges Laufen gewährleisten (möglichst flach, keine größeren Steigungen, Gefälle oder unwegsame Passagen).
- Die Teststrecke wird im gleichmäßigen lockeren Tempo gelaufen. Dies entspricht in etwa einer mittleren Herzfrequenz von 75% der maximalen Herzfrequenz.
- Für die Teststrecke werden zwischen Anfangs- und Endpunkt die Zeit (Minuten u. Sekunden) und die durchschnittliche Herzfrequenz gemessen.
- Die Pulsmessung muss mit einem Brustgurt durchgeführt werden. Andere Verfahren z.B. mittels Fotosensor sind für diese Anwendung noch zu ungenau.
- Besondere Sorgfalt gilt dem störungsfreien elektrischen Kontakt des Brustgurtes zur Haut: Auf die Elektroden des Brustgurtes wird Elektrodengel aufgetragen. Die Haut muss frei von fettenden Substanzen wie z.B. Körperlotion sein. Der Brustgurt muss eng anliegen.
- Der Test wird einmal pro Woche durchgeführt, entsprechend liegt zwischen den Tests etwa eine Woche.
- Für den Test sollte man einigermaßen ausgeruht sein, also nicht direkt am Tag nach einer belastenden Trainingseinheit.
- Die Kleidung sollte so leicht sein, dass sie keinen Wärmestau verursacht und ein Temperaturempfinden von leicht kühl bis angenehm gewährleistet.
- Bei hoher Lufttemperatur wird der Test an Tageszeiten (z.B. früh am Morgen) mit angenehmen Temperaturen durchgeführt.
- Vor dem Test sollten keine den Kreislauf anregenden Substanzen wie z.B. Kaffee konsumiert werden.

Stufen der Trainingsdosierung

ausführliche Informationen zu dieser Tabellen finden sich in Kapitel 8

	Training	Dosierung	Strukturbeispiel	wissenschaftliche Grundlage
BSG	Basis-Gesundheitstraining	Gesamtdauer von 60 bis 150 Minuten pro Woche	• 2 - 3 Trainingseinheiten pro Woche • langsames bis moderates Tempo • Belastung ausschließlich im Bereich der Grundlagenausdauer	Kopenhagener Herzstudie
FG-1	Fortgeschrittenes-Gesundheitstraining als Übergang zum Basis-Gesundheitstraining	Gesamtdauer von 150 Minuten pro Woche bei 135 Minuten moderater und 15 Minuten intensiver Belastung	• Stoffwechseleinheit über 60 Minuten • Dauerlaufeinheit über 45 Minuten, darin 15 Minuten Tempodauerlauf oder Intervalleinheit über 45 Minuten mit 3x5 Minuten Tempophasen • Joggingeinheit über 45 Minuten	
FG-2	Fortgeschrittenes-Gesundheitstraining mittlerer Belastung	Gesamtdauer von etwa 220 Minuten pro Woche bei 180 - 190 Minuten moderater und 30 Minuten intensiver Belastung	• Stoffwechseleinheit über 90 Minuten • Dauerlaufeinheit über 60 Minuten, darin 30 Minuten Tempodauerlauf oder Intervalleinheit über 70 Minuten mit 6x5 Minuten Tempophasen • Joggingeinheit über 60 Minuten	Bewegungs-empfehlungen der WHO
FG-3	Fortgeschrittenes-Gesundheitstraining als Übergang zum Ambitionierten-Training	Gesamtdauer von etwa 220 Minuten pro Woche bei 160 Minuten moderater und 60 Minuten intensiver Belastung	• Stoffwechseleinheit über 90 Minuten • Dauerlaufeinheit über 60 Minuten, darin 30 Minuten Tempodauerlauf • Intervalleinheit über 70 Minuten mit 6x5 Minuten Tempophasen	
AT	Ambitioniertes-Training	an sportlichen Zielen orientierte Trainingspläne		Trainings-wissenschaft

Die persönliche Feinabstimmung der optimalen Trainingsdosierung wird mit der Laufampel erzielt.

Ampelphasentabelle: die Signale der Laufampel und ihre Bedeutung

Laufeffizienz	Superkompensation	Training	Ampel	Nr	Erläuterung	Trainingsempfehlungen
Verbesserung (fallende Werte)	positive Werte	optimal	grün	1	fordernde Trainingsreize bei guter Verarbeitung durch den Organismus	Training in der aktuellen Form beibehalten
		zu viel oder zu wenig	rot	2a	wenn Folge belastenden Trainings	Erholungsphase einlegen durch leichtes oder kein Training
			rot	2b	wenn Folge vernachlässigten Trainings	sich Gedanken über die Gründe des vernachlässigten Trainings machen und die Trainingsmotivation mit den in Kapitel 9 dargestellten Strategien stärken
Verschlechterung (steigende Werte)	negative Werte	kein oder weniger	grün	2c	wenn Folge einer Reduktion der Trainingsbelastung	durch einen Wechsel der Trainingsbelastung über Zeitperioden von Monaten, lässt sich mit der Laufampel die optimale Dosierung ermitteln (Kap. 4.2.1)
			grün	2d	wenn Folge krankheitsbedingter Trainingspausen	Trainingsstopp bis zum Abklingen aller Symptome, dann allmähliche Wiederaufnahme des Trainings bei geringer und langsam steigender Trainingsbelastung
			grün	2e	wenn Folge geplanter Erholungsphasen bei ambitionierten Läufern	ambitionierte Läufer sollten solche Phasen im Rahmen der Zyklisierung ihres Trainings fest einplanen
Gleichstand	Werte um null	Erhaltungstraining	grün	3a	wenn ausreichend Erholung und gutem Fitnesslevel	regelmäßiges Training auf dem Niveau des in Kap. 8.1 beschriebenen Basis-Gesundheitstrainings oder des Fortgeschrittenen-Gesundheitstrainings
		Mangel an Trainingsreizen	orange	3b	wenn Mangel an Trainingsreizen bei unzureichendem Fitnesslevel	sich nach den Trainingsempfehlungen des in Kap. 8 beschriebenen Basis-Gesundheitstrainings oder des Fortgeschrittenen-Gesundheitstrainings richten
		Mangel an Erholung	orange	3c	wenn ausreichend Trainingsreize bei unzureichender Erholung	Anzeichen körperlicher Ermüdung genau beachten und ggf. Trainingsbelastung und Erholung anpassen